Norbert Schulz-Bruhdoel
Michael Bechtel

# Medienarbeit 2.0

Norbert Schulz-Bruhdoel
Michael Bechtel

# Medienarbeit 2.0

Cross-Media-Lösungen

Das Praxisbuch für PR
und Journalismus von morgen

Frankfurter Allgemeine Buch

**Bibliografische Information der Deutschen Nationalbibliothek**
Die Deutsche Nationalbibliothek verzeichnet diese Publikation in der Deutschen Nationalbibliografie; detaillierte bibliografische Daten sind im Internet über http://dnb.d-nb.de abrufbar.

Norbert Schulz-Bruhdoel
Michael Bechtel

Medienarbeit 2.0

Cross-Media-Lösungen
Das Praxisbuch für PR und Journalismus von morgen

F.A.Z.-Institut für Management-,
Markt- und Medieninformationen,
Frankfurt am Main 2009

ISBN 978-3-89981-193-3

Frankfurter Allgemeine Buch



Satz/Gestaltung
Umschlag F.A.Z., Verlagsgrafik
Titelbild Shift Foto / zefa / Corbis
DTP-Layout Ernst Bernsmann, Nicole Bergmann
Druck Messedruck Leipzig GmbH, Leipzig

# INHALT

# VORWORT

„Birds do it, bees do it, even educated fleas do it. Let's do it ..." – seit Barack Obama es tat und erfolgreich damit war, folgen alle dem Song von Cole Porter: sie „twittern". Die kommenden Wahlkämpfe werden auch hierzulande online geführt, da sind sich alle Parteien einig. Selten hat eine technische Neuerung so rasch und so viele Menschen für sich eingenommen wie das Internet, seit es „sozial" geworden ist. Sozial sogar in zweierlei Hinsicht: Das „social web" kostet nichts, und es erlaubt soziale Kontakte in einem Umfang, der früher nicht vorstellbar gewesen ist.

Das Internet – und insbesondere seine Fortentwicklung Web 2.0 – bringt einschneidende Veränderungen für die gesamte Gesellschaft. Nirgends wird das so deutlich spürbar wie bei den Medien. Die Möglichkeiten des Internets entziehen den herkömmlichen Medien den Boden unter den Füßen, zugleich entsteht eine ganz neue Medienwelt. Die Rollen der Konsumenten und Produzenten von Informationen werden austauschbar. Während die Bedeutung der professionellen Medienmacher sinkt, entwickeln sich individuelle Kommunikationsangebote und gewaltige Netzwerke als Schallraum für ein chaotisch anmutendes Stimmengewirr. Nicht nur die Journalisten und Verleger verfolgen diese Entwicklung ratlos – PR-Fachleute haben ebenso große Schwierigkeiten damit.

Wir wollen mit diesem Buch keinen weiteren Titel auf den Markt werfen, der Youtube, Facebook, Twitter & Co. beschreibt und gute Ratschläge für ihre Nutzung erteilt – das tun wir auch, aber in gebotener Kürze. Nach unserer Überzeugung geht es um mehr. Der Siegeszug des Internets zieht einen tiefen Schnitt. Wir erleben einen Kulturbruch, wie er seit Gutenberg nicht mehr geschah. Kommunikationsmanagement und Journalismus stehen vor Problemen, die nur durch neue Strategien zu lösen sein werden.

Dieses Buch erklärt die Voraussetzungen, unter denen der Paradigmenwechsel in den Kommunikationsberufen geschieht, und leitet daraus Gedanken ab, welche Strategien in der neuen Medienrealität Erfolge versprechen.

Hinweis:

Kein Buch kann dem Tempo folgen, mit dem immer neue Kommunikationsoptionen entstehen. Darum stellen wir diesem Fachbuch ein Blog zur Seite, das aktuelle Tipps und Tendenzen dokumentiert (www.medienarbeit-zweinull.de).

Norbert Schulz-Bruhdoel und Michael Bechtel im Juni 2009

# I EINFÜHRUNG

„Es ist nicht gesagt, dass es besser wird,
wenn es anders wird. Wenn es aber besser werden soll,
muss es anders werden."

GEORG CHRISTOPH LICHTENBERG

Martin Spengler tritt unwillkürlich aufs Bremspedal, als er die Nachricht im Radio hört. „Ein Sprecher der Daimler AG hat heute Morgen in Stuttgart erklärt, sein Unternehmen sei von der aktuellen Finanzkrise nicht betroffen." Der junge Mann murmelt etwas wie „So ein A ..." und steuert den nächsten freien Platz am Straßenrand an. Spengler weiß es besser, denn er arbeitet im Stab Investor Relations der Daimler AG, und dort ruft er jetzt auch an: „Wer hat dieses blödsinnige Statement abgegeben? Der soll sofort die Klappe halten ..."

Die Szene ist erfunden, und einen Martin Spengler gibt es nicht. Aber der fantasierte Vorgang hat einen realen Hintergrund. In den 11-Uhr-Nachrichten des Deutschlandfunks am 10. Oktober 2008 war genau diese Nachricht zu hören. Wer regelmäßig das Geschehen an den Aktienmärkten verfolgt hatte, musste stutzig werden. Denn der Kurs des Daimler-Papiers hatte sich in kurzer Zeit halbiert. Nicht betroffen? Zwar hatte die Nachrichtenredaktion das Statement eines Daimler-Sprechers mit der Neuigkeit kombiniert, bei BMW würden die Fließbänder für einige Wochen angehalten, weil infolge der Finanzkrise die Nachfrage für hochwertige Karossen in den USA zusammengebrochen sei. Aber jeder Beobachter der aktuellen Entwicklungen konnte ahnen, dass es nicht nur einen Hersteller treffen würde. Tatsächlich waren die abstürzenden Börsenwerte nur das erste Signal, dass Daimler – wie alle anderen Autohersteller – in holpriges Gelände geraten werde.

Das Beispiel legt offen, wie unüberlegt und hilflos viele PR-Fachleute[1] auf das Tempo reagieren, mit dem sich Neuigkeiten über bisher ungewohnte Kanäle verbreiten. Während sie den herkömmlichen Instrumenten vertrauen und Statements in ein Mikrofon sprechen, haben die Akteure auf den Finanzmärkten längst die Möglichkeiten des interaktiven Web für sich nutzen gelernt. Der rasante Fall der Daimler-Aktie war eine Folge des massiven Misstrauens, das sich unter Börsenhändlern und Analysten breit machte, weil in Blogs und Foren längst Nachrichten über schlechte Verkaufszahlen kursierten. Wer immer geglaubt haben mochte, ein paar tapfere Worte über den Sender bringen zu sollen, hat seinem Unternehmen einen Bärendienst erwiesen. Kaum etwas ist so schädlich für die Glaubwürdigkeit wie offensichtliche Widersprüche.

Gerade die aktuelle Finanzkrise verdeutlicht, in welchem Umfang neue Formen des Informationstransfers das Verhalten der Menschen verändern: Wer hätte noch vor wenigen Jahren für möglich gehalten, dass sich führende Wirtschaftswissenschaftler und tonangebende Journalisten über Weblogs austauschen?

Am frühen Morgen des 24. September 2008 riefen rund 120 Ökonomie-Professoren der renommiertesten amerikanischen Hochschulen in einem flammenden Appell die Mitglieder des US-Kongresses auf, einen Plan des Finanzministers Henry Paulson zu Fall zu bringen. Dazu formulierten sie weder eine Presseerklärung, noch traten sie in Statements vor die Mikrofone von Rundfunk und Fernsehen. Sie nutzten ein Weblog mit dem ausdrucksvollen Namen „Freakonomics“ (www.freakonomics.blogs.nytimes.com), der von dem Wissenschaftler Steven D. Levitt aus Chicago und dem New Yorker Journalisten Stephen J. Dubner betrieben wird. Innerhalb weniger Stunden meldeten sich Dutzende weitere Wirtschaftsexperten als Unterstützer des Aufrufs. Noch wichtiger: Viele Kongressabgeordnete übernahmen die Argumente der kritischen Fachleute wortwörtlich – die Pläne des Finanzministers hatten keine Chance mehr, Wirklichkeit zu werden.

Transparenz, Glaubwürdigkeit und Vertrauen – Worte, die viele PR-Verantwortliche gerne wie eine Monstranz vor sich her tragen, müssen endlich mit konkreten Inhalten gefüllt werden. Die „Lizenz zum Täuschen“, wie sie eine kleine, aber lautstarke Minderheit für die PR-Zunft reklamiert[2], ist endgültig abgelaufen.

Wenn heute „Bild“ in einer Artikelfolge mahnt, nur eine private Altersversorgung könne einen geruhsamen Lebensabend ohne Geldsorgen garantieren, entlarvt morgen „bildblog“ das Kopplungsgeschäft zwischen Massenblatt und Versicherungskonzern: Anzeigenerlös gegen Gefälligkeitsartikel, und auch das von „Bild“ als Experten bemühte Professorenduo sitzt im Aufsichtsrat der Assekuranz. Der Kandidatin um das Amt des amerikanischen Vizepräsidenten, Sarah Palin, haben im Internet kursierende Videosequenzen mit ungeschickten Äußerungen mehr geschadet, als jedes Briefing und verbale Make-up ihr helfen konnten. Und umgekehrt hat das Wahlkampfteam um Barack Obama alle Möglichkeiten von Blogs, Twitter, SMS-Botschaften und Social Networks so geschickt genutzt, dass ein Maximum an Wahlberechtigten auch tatsächlich zur Wahlurne schritt und ihm zur Mehrheit verhalf.

### Die Medien müssen nicht mehr von Journalisten gemacht sein

Medienarbeit ist der zentrale Teil von Public Relations und wird es auch bleiben – allerdings nur, wenn wir unseren Medienbegriff den veränderten Verhältnissen anpassen. Medien – das bedeutet nicht mehr unbedingt Massenmedien, nicht mehr unbedingt kommerziell agierende Medienunternehmen und nicht mehr unbedingt von Profis definierte und aufbereitete Medieninhalte. Die neue Medienwelt besteht aus kommerziellen und nichtkommerziellen, professionell und amateurhaft gestalteten Medien – alle Übergangs- und Zwischenformen eingeschlossen.

Wo jeder Internetnutzer zum potentiellen Content-Produzenten wird, hat auch jede Organisation – Unternehmen, Verband, Institution oder Dienststelle – die Chance, im Netz ihre Themen zu bearbeiten und damit bekannte wie auch ganz neue Dialoggruppen zu erreichen. Oder, wie es Werner Bogula formuliert hat: „Das Internet macht jedes Unternehmen auch zu einem Medienunternehmen."[3] Eine Fülle von neuen Möglichkeiten, das Image zu beeinflussen und an der Bildung öffentlicher Meinung mitzuwirken, tut sich auf.

Die Kehrseite der Medaille: Diese neuen Möglichkeiten hat jeder – auch der Konkurrent, der Kritiker, der Denunziant. Unternehmen werden mit ihrer wohldurchdachten Kommunikation, mit ihren Produkten, mit ihrem wirtschaftlichen Handeln zum Gegenstand öffentlicher Diskussion und Bewertung. Kundenfreundlichkeit, soziale Verantwortung, Umweltauswirkungen, Sponsoring-Aktivitäten – alles kann zum Thema werden, völlig losgelöst von jeder konventionellen Berichterstattung in Zeitung, Radio oder TV. Alles kann aber aus dem Netz schnell in die kommerziellen Medien überschwappen.

Wie eine großangelegte aktuelle Studie belegt, rechnen PR-Fachleute mit einer deutlich steigenden Notwendigkeit, Unternehmensaktivitäten darzustellen und zu erklären, während heute noch der Fokus auf Produkte und Marken gerichtet ist.[4] Dem gesellschaftlichen Engagement

(Corporate Social Responsibility), dem Umweltverhalten (Sustainability) und der Internen Kommunikation geben die Befragten dabei in einer Prognose auf das Jahr 2011 eine doppelt so große Bedeutung wie heute. Es werden zunehmend Fakten und Verhaltensweisen in den Vordergrund rücken, die konkret beurteilt werden können und sich unmittelbar auf das Unternehmensimage in der Öffentlichkeit auswirken.

Von einer Vorstellung müssen sich die professionellen Kommunikatoren verabschieden: die öffentliche Meinungsbildung steuern und kontrollieren zu können. Die Mittel gleiten ihnen allmählich aus der Hand. Internet-User wollen den Dialog. Entweder eine Organisation – wie zum Beispiel ein Unternehmen – nimmt daran teil, oder die Menschen sprechen einfach untereinander, ganz ohne das Unternehmen. Und damit geht nicht nur die Kontrolle verloren, sondern obendrein jede Ahnung davon, welches Gerede im Umlauf ist.[5]

Da hilft keine Gegendarstellungsklage: Auch falsche, einseitige, böswillige Berichte – ausgelöst von eigenen Mitarbeitern, Konkurrenten, verärgerten Kunden – stehen im Internet jedermann zur Verfügung, sind dort auch kaum noch zu tilgen.

> Erfundenes und mehr oder weniger gelungene Scherze nehmen ständig zu. Das bekam Thorsten Schäfer-Gümbel, Spitzenkandidat der hessischen SPD, im Januar 2009 zu spüren, als er seinen Wahlkampf mit dem Mikroblogdienst „twitter" auffrischte. Mit einer hochgradig auf Verwechselbarkeit angelegten Seite nahm das Satireblatt Titanic den Politiker auf die Schippe. „Habe Mutter gerade erzählt, dass ich öffentlich twittere", schreibt der falsche Schäfer-Gümbel ins Netz, „Ohrfeige erhalten!" Eine angedeutete Affäre mit der Sekretärin oder Klartext über eine gewisse Affinität zu „Flüssigsnacks" hätten dem Wahlkämpfer schweren Schaden zufügen können. Tatsächlich hat die gefälschte Zwitscherei dem Kandidaten eher genutzt – die Twitter-Gemeinde fand es lustig. Und Thorsten Schäfer-Gümbel punktete bei Jungwählern, weil er sich mit diesem neuen Medium beschäftigt hatte. Sein Rivale, der amtierende Ministerpräsident Roland Koch traute sich nicht selbst an die Technik; er ließ twittern, von ehrenamtlichen Helfern der Jungen Union.

Der einzige Weg ist in solchen Fällen der offene, aufrichtige Dialog, um mit solider Information und fundierter Argumentation die eigene Position zu behaupten. Im beschriebenen Beispiel nahm es die hessische SPD sportlich und lachte mit. Aber solche bedachten Reaktionen sind aus dem Stand heraus nicht möglich, wenn die Krise da ist. Dazu müssen die Instrumente erprobt, die Plattformen eingeführt sein – neue Instrumente, neue Plattformen für neue Teilöffentlichkeiten. Organisationen jeglichen Typs müssen lernen, die neuen Möglichkeiten für ihre Informationsabsichten ebenso zu nutzen wie für die Abwehr von Gefahren, die ihnen aus dem Netz drohen könnten.

Der offene Dialog im Internet beraubt den traditionellen Journalismus seiner Agenda-Setting-Macht – und das hat gravierende Folgen. Die klassischen Medien haben ihre Macht sowohl positiv eingesetzt als auch missbraucht. Sie haben echte Missstände aufgedeckt und vermeintliche Skandale hochgespielt, sie haben Fehlverhalten an den Pranger gestellt und sich ungebührlich in das Privatleben von Menschen eingemischt. Medien haben sich für Demokratie und Gerechtigkeit in die Bresche geworfen und zugleich die plattesten Formen von Voyeurismus befriedigt. Bei alledem haben sie recht gut verdient. Ein Nachdenken über Lücken und Ungereimtheiten der konventionellen Nachrichtengebung ließen sie gar nicht erst aufkommen. Seines Monopols beraubt, steht der professionelle Journalismus jetzt zudem unter genauer Beobachtung. Schwächen und Versagen werden im Internet schnell aufgedeckt.

### Die PR-Zunft verliert ihre traditionellen Partner

In der verschärften Konkurrenzsituation lassen der Wille und der Zwang, um jeden Preis Geld zu verdienen, journalistische Standards unter die Räder kommen. Das Niveau kippt, die Trennung von Berichterstattung und Werbung existiert nur noch als Fassade. Es wird immer leichter, abseits allen journalistischen Nachrichtenwerts Dinge zu lancieren – durch professionelle Themenaufbereitung und zur Not gegen Anzeigen oder Bargeld. Es ist kein Geheimnis, dass viele wissenschaftliche Studien nur entstehen, weil ein zahlungskräftiges Unternehmen mit den Ergebnissen Fakten für seine Öffentlichkeitsarbeit schafft – ob das „Deutsche Margarine-Institut“ die angebliche Gesundheit pflanzlicher Brotaufstriche betont oder das arbeitgebernahe „Institut der deutschen Wirtschaft“ die drastische Zunahme schlecht bezahlter Arbeitsplätze zum volkswirtschaftlichen Segen erklärt. Nicht wenige Medien drucken und senden das eine wie das andere, obwohl den Redakteuren der fragwürdige Wahrheitsgehalt solcher Gutachten durchaus bewusst ist. Aber: Was noch vor wenigen Jahren als anrüchig galt und vom Deutschen Presserat mit einer Rüge geahndet wurde, greift um sich. Ein Sieg der PR-Maschinerie über den journalistischen Informationsanspruch? Man kann darin auch einen Pyrrhus-Sieg sehen.

Noch ein Schritt weiter: Die Medien selber treten tendenziell als Konkurrenz der PR-Agenturen in Erscheinung beziehungsweise dienen sich als Dienstleister selber den PR-Strategen an. Denn sie haben das Know-how und brauchen das Geld zum Überleben. Da viele Zeitungsverlage in Multimedia-Know-how investieren, machen sie sich um die Refinanzierung dieser Ausgaben Gedanken. So wie schon seit längerem die Redakteure der Printmedien vielfach Artikel schreiben, die von einem Unternehmen in Auftrag gegeben und bezahlt werden – als „Advertorial" mit Selbstironie gut umschrieben –, übernehmen die neuen „Videojournalisten" neben den kritischen Videoberichten vielfach auch die Auftragsproduktionen für Politik, Unternehmen und Verbände; erste Fälle dieser Art werden bereits kolportiert. Die Grenzen zwischen Medien und den Zulieferern in Pressestellen und PR-Agenturen lösen sich auf.

Mit der schrankenlosen digitalen Kommunikation kommt der Öffentlichkeitsarbeit allmählich ihr bisher entscheidender Partner, die Medien, abhanden. Insbesondere die Tageszeitungen stehen vor einer problematischen Zukunft. Zum einen nimmt die Bevölkerung in den Jahrgängen der 20- bis 40-Jährigen, aus denen drei Viertel der Neuabonnenten kommen, rasch ab. Zum anderen akzeptieren junge Leute die heute gemachten Zeitungen immer weniger. In den Vereinigten Staaten erreichen die dortigen Zeitungen nur noch ein Viertel der Menschen unter 21 Jahren. Im letzten Quartal 2008 überstieg der gleichen Studie zufolge erstmals im US-Bevölkerungsdurchschnitt die Zahl der Internetnutzer die der Zeitungleser.[6] Der Kölner Verleger Christian DuMont Schütte (Kölner Stadt-Anzeiger, Express, Frankfurter Rundschau, Mitteldeutsche Zeitung) sagt es drastisch: „In 25 Jahren sind die Zeitungen tot."[7]

Nicht ganz so pessimistisch ist eine aktuelle Studie der Fachhochschule Mainz, aber auch hier heißt es: Bis 2018 werden die Zeitungen rund ein Drittel ihrer Leser verlieren. Einer der Autoren, Lothar Rolke, fordert ein radikales Umdenken – weg vom Konkurrenzempfinden hin zur Kooperation: „Es mag paradox klingen, aber weil das Internet ein so großer gesellschaftlicher Veränderer ist und vorläufig bleiben wird, müssen die traditionellen Medien zu Begleitern für die Menschen werden. Das heißt, sie müssen ihnen Orientierung geben, Lernhilfen anbieten und ihnen zeigen, wie sie an die Benefits im Internet kommen können."[8]

Im März 2008 ergab eine im Auftrag des Internationalen Forums der Chefredakteure und der Nachrichtenagentur Reuters durchgeführte Umfrage[9] unter 700 leitenden Journalisten, dass kaum noch einer an die gedruckte Zeitung glaubt: 86 Prozent der Befragten meinten, dass die integrierte Print- und Online-Redaktion die Norm sein wird; 83 Prozent glaubten, dass die Journalisten parallel für alle denkbaren Medien arbeiten werden. Etwa ein Drittel der befragten Chefredakteure will entsprechenden Schulungen Priorität einräumen, etwa ebenso viele denken auch an Neueinstellungen.

## Die Digitalisierung erfasst alle Medien

Auch Radio und Fernsehen haben längst die technischen Möglichkeiten der digitalen Verbreitung schätzen gelernt. Die Intendanten der öffentlich-rechtlichen wie der privaten Sendehäuser bauen konsequent ihre Angebote im Internet aus, weil sie hoffen können, mit diesem Medium zukunftsfähig zu bleiben. Mit „tagesschau.de" ist ein Internetformat entstanden, das neben „Spiegel-online" und der „Netzeitung" zu den meistbesuchten und anerkanntesten Nachrichtenportalen zählt. Die gleiche Redaktion liefert eine Kompakt-Tagesschau, die per SMS auf die Displays der Mobiltelefone geleitet werden kann – die Neuigkeiten der Welt in 100 Sekunden. Auch das Radioprogramm liefert zu – die umfängliche tägliche Presseschau des Deutschlandfunks ist als Lesestoff oder als Hördatei verfügbar. Das ZDF geht mit „heute.de" ähnliche Wege und ist damit sehr erfolgreich. In der „ZDF-mediathek" warten Dokumentationen, Hintergrundberichte und hochwertige Diskussionssendungen auf den Internetnutzer. Die ARD hat im Mai 2008 ebenfalls eine „Mediathek" gestartet; nach eigener Auskunft stehen rund 10.000 Sendungen der einzelnen Landessender zum Download bereit.

Immer deutlicher zeichnet sich der Trend zum Sparten-Fernsehen ab: Während im Markt des digitalen Bezahlfernsehens meist Senderketten wie die RTLGruppe, ProSieben/Sat 1 oder amerikanische Medienkonzerne hinter den Sendeformaten stehen, ist im frei empfangbaren Digitalfernsehen ein bunter Strauß von Kleinunternehmern auf Sendung. Wer hier den Überblick behalten will, braucht bei über 100 Angeboten ein gutes Gedächtnis. „Gebrauchtwagen TV" gibt es ebenso wie den

„Schmuckkanal", „Bibel TV" steht neben „tv.gusto" und dem „Astro TV". Seit dem April 2008 sendet „Timm" von Berlin aus ein Vollprogramm für Schwule und Lesben. Allerdings dämpft die globale Wirtschafts- und Finanzkrise die Erfolgserwartungen der neuen Sender.

Mit großer Sorge sehen die Zeitungsverlage zu, wie sich die digitalen Angebote der Sender auch der Regionen bemächtigen. Metropolen-TV wie „Hamburg 1", „Berlin TV" oder das „Rhein-Neckar-Fernsehen" zeigen schon seit Jahren, dass Lokaljournalismus keine Domäne der Zeitungen ist. Selbstverständlich haben die Anbieter regionaler TV-Programme Erweiterungen ihrer Angebote ins Netz gestellt. In vorausschauender Abwehr gehen immer mehr Lokalzeitungen im ganzen Land den gleichen Weg. So hat der „Kölner Stadt-Anzeiger" in seinem Online-Angebot, dem „Rheinblick", täglich vier bis fünf Videobeiträge und einen TV-Nachrichtenblock aus dem Kölner Raum in professioneller Qualität.

Das Radio kann flexibler arbeiten, eine Telefonverbindung ins Studio reicht völlig aus, um glaubwürdig Live-Atmosphäre und Authentizität zu vermitteln. Die Hörfunk-Redaktionen sind zudem stärker gegliedert. So lassen sich für eine breitere Themenpalette interessierte Mitarbeiter finden. Schließlich sind in den Morgen- und Mittagsmagazinen im öffentlich-rechtlichen Radio die Sendezeiten reichlich bemessen, so dass die Forderung nach inhaltlicher Ausgewogenheit gerne durch eine Fülle von Gesprächspartnern mit verschiedenen Standpunkten eingelöst wird. Natürlich ist auch beim Radio der Crossmedia-Gedanke angekommen. Auf den Internetseiten der Sendehäuser tummeln sich zahlreiche Beiträge als Podcast-Version. Darüber hinaus ergänzen Weblogs und andere Beiträge der Redakteure manche Sendung um eine Fülle an Materialien. Ganze Sendemanuskripte stehen zum Herunterladen bereit. Der gleiche Prozess, der die Zeitungen und Zeitschriften Ton- und Bildkonserven ins Netz stellen lässt, führt bei den Radiosendern zu einer Verschriftlichung ihrer Sprechtexte.

Eine Besonderheit macht Web-Radio zu einer der am schnellsten wachsenden Internetkategorien:[10] Zu den größten Anbietern weltweit zählt das internationale Web-Radio Last.fm mit rund 4,3 Millionen Nutzern pro Monat. 7 Millionen Musiktitel[11] stehen zur Wahl, darüber hinaus veröffentlicht die Site zahlreiche Informationen rund um Bands, Tourneedaten und Plattenverträge – eine Aufgabe, die früher Zeitschriften wie „Melody Maker" wahrgenommen haben. Zahlreiche Menschen definieren ihr Zugehörigkeitsgefühl zu einer gesellschaftlichen Gruppe über ihren Musikgeschmack. So haben viele kleine und kleinste Radiosender im Web eine Chance, weil sie Musik für eine Network-Community anbieten. Und eben nicht nur Musik, sondern auch „Content".

## Neue Aufgaben für Kommunikationsmanager

Die Neugestaltung der Medienlandschaft wird natürlich nicht vollständig sein und auch nicht über Nacht geschehen: Tageszeitungen mit hohem Image-Beiwert, also die „F.A.Z." ebenso wie die „Süddeutsche Zeitung" oder das „Handelsblatt", wird es gewiss noch lange geben. Auch Edelmagazine für Entscheider und Intellektuelle bleiben uns wohl auf absehbare Zeit erhalten – von all den Publikationen ganz abgesehen, die nichts als Spaß beim Durchblättern machen wollen. Die Fotostrecken von „Geo", „Vogue" oder „Paris Match" sind Kult. Am wenigsten Sorgen muss man sich wohl um Radio und Fernsehen machen: Die Integration der Sendemedien in das Netzangebot entspricht dem Trend zur multimedialen Information und Kommunikation und ist entsprechend weit fortgeschritten.

Aber es wird immer schwerer, über die herkömmlichen Medien unterschiedliche Gruppierungen unserer Gesellschaft zugleich zu erreichen – es sei denn über teuer bezahlte Werbung. Zweifellos sind alle diese Entwicklungen noch in den Anfängen, und niemand weiß, wie schnell es gehen wird. Nach den Erfahrungen mit der Entwicklung des Internets aber gewiss schneller, als es uns lieb sein kann.

Auf Kommunikationsmanager warten daher völlig neue Aufgaben. Sie müssen einen Dreisprung schaffen, um das Beste daraus zu machen:

1. Sie müssen ihre Arbeit natürlich auch weiterhin auf die klassischen Informationsmedien stützen und dabei deren Anpassungsbemühungen an die neue digitale Medienwelt nach Kräften folgen: Das erfordert es zwingend, sich auf die multimediale Aufarbeitung von Themen einzulassen, die auch von den Medienhäusern zunehmend eingefordert wird – vom Ton- und Bewegtbild-Rohmaterial bis hin zum aufbereiteten Videobeitrag. Die Pressemitteilung mit der Bitte an die Medien, die präsentierten Informationen doch bitte nach eigenem Bedarf aufzubereiten, oder das opulent für die Journalisten ausgerichtete „Medien-Event", werden nicht mehr genügen.

2. Sie sollten die „neuen Multiplikatoren“ im Web 2.0 genauso ernst nehmen wie die professionellen Journalisten, ihnen faire Informationsangebote machen und sich auf einen echten Dialog einlassen: Vernetzte, nutzergenerierte Inhalte und Plattformen des Social Webs sorgen dafür, dass sich Inhalte jenseits der klassischen Massenmedien weltweit verbreiten können. So erreichen sie nicht nur interessierte Bezugsgruppen, sondern bei entsprechendem Nachrichtenwert auch eine breite Öffentlichkeit. Zugleich bleiben alle diese Inhalte in den Suchmaschinen auffindbar und finden über lange Zeit viele weitere Nutzer.

3. Sie sollten zunehmend ihre Ziele mit eigenen Online-Medien verfolgen. Kommunikationsmanager müssen selbst in der Lage sein, multimedial und crossmedial agierende Medien zu konzipieren. Und sie sollten lernen, mediale Prozesse verantwortlich selbst mitzugestalten – natürlich gestützt auf Dienstleister, die jüngste technische Entwicklungen und deren Folgen im Auge haben. Dabei wird es kaum noch möglich sein, zielgruppenorientiert zu denken, denn definierte Teilöffentlichkeiten können nicht mehr exklusiv angesprochen werden: In welche Richtung eine Information fließt und welche Reaktionen sie freisetzt, ist darum immer schwerer zu steuern.

Am 22. Dezember 2008 sprach der Papst vor den Kurienkardinälen in Rom anlässlich des bevorstehenden Weihnachtsfestes. Seine intime Grußbotschaft widmete das Oberhaupt der katholischen Christenheit vor dem kundigen Zuhörerkreis einem schwer fassbaren theologischen Thema: der Dualität von Schöpfungsgeschichte und der Erzählung von Christi Geburt. Er leitete daraus die Verantwortung der Kirche für den Erhalt der Schöpfung ab, forderte das Eintreten der Christen für den Umweltschutz. Er kritisierte auch Bestrebungen, den Geschlechterbegriff aufzuweichen: „Was in dem Begriff Gender vielfach gesagt und gemeint wird, läuft letztlich auf die Selbstemanzipation des Menschen von der Schöpfung und vom Schöpfer hinaus.“ Das war's, abstrakt und ziemlich spröde. Tags darauf titelte die „Basler Zeitung“ „Papst: Schwule vernichten Gottes Werk“, und „Die Welt“ assistierte „Papst nennt Homosexualität Gefahr für die Menschheit“. Der Hintergrund: Die schwule Community „queer.de“ hatte die päpstliche Ansprache noch am gleichen Tag im Netz verbreitet, eigenwillig interpretiert, und die Zeitungen haben dies wortwörtlich in ihren Schlagzeilen übernommen.

Das Worldwide Web setzt sich immer mehr durch – als zentraler Anbieter von Information, Unterhaltung und Konsum. Die schnell wachsende Attraktivität des Internets hat einen Grund sicher darin, dass es qualifizierte Angebote zum Dialog, zur Zerstreuung und zum Einkauf auf einer Plattform bietet. Öffentlichkeitsarbeit, Marketing, Vertrieb und Verkauf spielen parallel auf einer Bühne, noch nie mussten die Anstrengungen aller Akteure so gut aufeinander abgestimmt sein, damit nicht alle Stimmen in einem sinnlosen Durcheinander verrauschen.

## Die neuen medialen Möglichkeiten verlangen neue Konzepte

In der stetig zunehmenden Anzahl an Publikationen zum Thema Crossmedia heißt es unisono, durch die neuen Möglichkeiten, die das Internet der Kommunikation bietet, könnten Unternehmen die klassischen Massenmedien umgehen und direkt den Kontakt und Dialog mit ihren Bezugsgruppen und der breiten Öffentlichkeit herstellen. Das ist richtig, aber nicht die ganze Wahrheit: Angesichts der problematischen Folgen, die der Siegeszug des Internets für das Mediensystem nach sich zieht, wird den Kommunikatoren in den Unternehmen, Organisationen und Verbänden gar nichts anderes übrigbleiben. Sie werden Informationen, Neuigkeiten und Inhalte so aufbereiten und online wie konventionell so platzieren müssen, dass sie ihre relevanten Bezugsgruppen direkt und/oder indirekt erreichen.

Die herkömmliche Theorie der Konzeptionsentwicklung betont, wie wichtig eine möglichst genaue Identifikation der Zielgruppen sei, um optimale Möglichkeiten für die Kommunikation mit ihnen daraus abzuleiten. Das bleibt richtig – und wird dennoch komplett falsch sein, wenn es die Basis für die Medienarbeit von morgen sein sollte. Die neue mediale Wirklichkeit macht es unmöglich, Zielgruppen einzugrenzen. Informationen verbreiten sich völlig ungesteuert, bizarre Kombinationen von Absender und Rezipient sind – wie das Beispiel der missverständlich aufgenommenen Papstrede zeigt – nicht auszuschließen. Die Formulierung, Präsentation und Präzision der kommunikativen Inhalte und Botschaften wird damit immens wichtig:

> Wenn die römische Kurie nicht den reinen, intellektuell anspruchsvollen Text der Papstrede veröffentlicht, sondern eine Interpretation mitgeliefert hätte, wäre es nicht zu den reißerischen Schlagzeilen gekommen. Wenn der Papst meint, psychosoziale oder ideologische Variationen des Verständnisses von Mann und Frau könnten die biologischen Fakten kaum widerlegen, hätte er zwar seine Ignoranz gegenüber ein paar wenigen Transsexuellen gezeigt, wäre aber kaum missverstanden worden.

Kommunikationskonzepte werden auf das neue Gewicht von Worten, Gesten und Taten mehr Rücksicht nehmen müssen. Textelemente werden dabei auch weiterhin eine wichtige Rolle spielen: Wer nicht knapp, klar und leicht verständlich formulieren kann, wird weder Leser noch Zuhörer finden. Hier steht deutlich mehr Arbeit ins Haus – denn der gesprochene Text tritt hinzu, muss den schriftlichen Kanal ergänzen.

Und noch mehr Arbeit ist zu erwarten, weil Schrift und Wort noch viel attraktiver werden, wenn bewegte Bilder die Botschaft auch visuell anbieten. Die Chancen von Crossmedia-Produktionen liegen ja gerade in einer wohlüberlegten Verknüpfung aller denkbaren medialen Elemente in einem Informations- und Entertainment-Paket.

## Die Persönlichkeit wird zur Botschaft

Weil das gesprochene Wort und bewegte Bilder immer stärker in den Vordergrund treten werden, geraten in der Medienarbeit die Schlüsselpersonen immer stärker ins Rampenlicht: Geschäftsführer und Vorstände, Forschungsleiter und Vertriebsdirektoren müssen sichtbar werden und selbst sprechen. Der Pressesprecher war schon in den überkommenen Zeiten für die Medien immer zweite Wahl, auch die Redakteure der Zeitungen und Zeitschriften wollten die Neuigkeiten lieber unmittelbar aus dem Mund der Führungskräfte in Wirtschaft, Politik, Verwaltung und Verbänden hören. Doch die Person des Chefs wird im neuen Medienumfeld wichtiger: In einer Befragung des Instituts für Publizistik und Kommunikationswissenschaft der Freien Universität Berlin[12] unter 250 befragten PR-Chefs deutscher Unternehmen verorteten diese die Werte Qualität, Kundenorientierung und Glaubwürdigkeit in unmittelbaren Zusammenhang mit der Person des Unternehmenslenkers.

Eine andere Studie[13] zeigt, dass die Deutschen ihre CEOs besonders hart bewerten: 53 Prozent der Meinungsbildner halten die Vorstände nicht für fair, 60 Prozent halten sie nicht für ehrlich, 53 Prozent nicht für ethisch orientiert, und 89 Prozent sind der Meinung, dass ihre Einkommen zu hoch sind – das ist der Spitzenwert im internationalen Vergleich. Aber es kommt nicht von ungefähr. Die Namen Josef Ackermann, Hartmut Mehdorn oder Ferdinand Piëch mögen genügen, um daran zu erinnern, wie schwer sich deutsche Manager tun, vor Mikrofon und Kamera so zu agieren, wie es der Reputation ihrer Unternehmen guttäte.

Die Öffentlichkeitsarbeit steht vor einer dramatischen Neuorientierung. Die Rolle der Kommunikationsmanager verschiebt sich, die Beratung der eigentlich gefragten Akteure tritt in den Vordergrund: Wer sind meine Zuhörer, was wollen sie von mir hören, was kann ich sagen, wie sollte ich es sagen? Und wer bringt mir das bei, damit ich bei dieser Aufgabe nicht versage? Ein gewaltiger Trainings- und Coachingbedarf zeichnet sich ab. Aber nicht nur das: Um die Public-Relations-Arbeit so auszugestalten, wie es der Umgang mit einer Fülle verschiedener Medien erfordert, müssten die PR-Stäbe erheblich mehr Personal beschäftigen. Wahrscheinlicher ist, dass ein deutlich größerer Teil der Mitarbeiter in den Unternehmen in die Öffentlichkeitsarbeit einbezogen wird als heute. Das kann nur gutgehen, wenn die Unternehmen viel Geld in die entsprechenden Weiterbildungen investieren.

Die Bedeutungsverlagerung von den Massenmedien hin zur individualisierten Informations- und Dialogsuche in den Online-Medien hat einige PR-Schaffende so aufgerüttelt, dass sie im September 2008 eine Konferenz gemeinsam mit dem Hamburger „Trendbüro" ausrichteten. Dort wurden steile Thesen[14] formuliert, wie die Öffentlichkeitsarbeit der Zukunft aussehen müsste:

„*Persönliche Beziehungen aufbauen:* PR wird zukünftig Personal Relations zu Meinungsführern aller Art aufbauen und pflegen. Neue Tools werden die soziale Vernetzung der Kunden und ihren Einfluss messen. Dies ist nur durch eine Integration in das Service-Chain-Management der Marke möglich und erfordert eine deutlich engere Zusammenarbeit mit dem Customer Care.

*Zuhören lernen und Feedback integrieren:* PR wird zum Vermittler zwischen Marke und Konsument. Dafür werden neue (automatisierte) Tools und Kompetenzen nötig, die es ermöglichen, den Konsumenten zuzuhören und sie zu verstehen.

*Relevante Antworten anbieten:* Der Customer-Advocacy-Gedanke erhält Einzug in die Public Relations. PR wird zum Anwalt der Konsumenten. PR wird viel punktueller, gezielter und maßgeschneiderter kommunizieren. Mit den Konsumenten werden relevante Lösungen erarbeitet. Dieses Wissen wird kontinuierlich in das Unternehmen kommuniziert und integriert."

Wenn diese Sammlung banaler Selbstverständlichkeiten, hilfloser Anglizismen und blauäugiger Schönrednerei („PR wird zum Anwalt der Konsumenten") alles ist, was die Branche zu lernen bereit ist, dann wird es eng werden.

---

1 Um dieses Buch leicht lesbar zu halten, verzichten die Autoren auf die Doppelung männlicher und weiblicher Formen, oder sie weichen auf neutrale Formulierungen aus.

2 So beispielsweise Klaus Kocks, Politikberater und ehedem PR-Chef bei VW, sowie sein wissenschaftlicher Beistand, der Münsteraner Kommunikationswissenschaftler Klaus Merten. Der kassierte im Oktober 2008 eine Abmahnung des Deutschen Rats für Public Relations, weil er in einem Vortrag für die PR-Branche eine „Lizenz zur Täuschung" reklamiert und damit für viel Wirbel in der Branche gesorgt hatte.

3 Werner Bogula, Leitfaden Online-PR, Konstanz 2007, Seite 203.

4 European Communication Monitor 08 – Trends in Communication Management and Public Relations – Results and Findings. Ansgar Zerfaß u.a., November 2008.

5 Thorsten Schwarz/Gabriele Braun: Leitfaden Integrierte Kommunikation – wie Web 2.0 das Marketing revolutioniert, Waghäusel, Dezember 2006.

6 PEW Research Center, Washington DC, 23. Dezember 2008.

7 Frankfurter Allgemeine Sonntagszeitung, 27. August 2007.

8 „Mediennutzungsverhalten in der Web-Gesellschaft 2018", Prof. Dr. Lothar Rolke und Johanna Höhn, Studienschwerpunkt Unternehmenskommunikation an der FH Mainz, November 2008.

9 Redaktionsbarometer 2008, zitiert nach „horizont", Mai 2008.

10 Wall Street Journal, 7. Juli 2008.

11 Die Zahlen beruhen auf eigenen Angaben des Unternehmens.

12 Güttler/Klewes: „Nichts geht ohne den Boss", Freie Universität Berlin, 2007.

13 „Erwartungen & Enttäuschungen: Wie die Öffentlichkeit Unternehmen und ihre CEOs wahrnimmt", Braun Research Inc., Princeton April 2008 (zitiert nach Ketchum PR Newsletter).

14 13. Deutscher Trendtag und Workshop: „Manifest Identitätsmanagement", Hamburg im September 2008 (zitiert nach www.trendbüro.de).

# II MEDIENKONSUM UND GESELLSCHAFT

„Alle, die nach Abwechslung rufen, langweilen sich."

SØREN A. KIERKEGAARD

**Überblick**

- Warum alle ins Internet drängen.
- Warum die Gesellschaft immer neue Medien akzeptiert.
- Warum sich immer mehr Menschen dem Internet zuwenden.
- Warum sich das soziale Leben zum Teil im Internet abspielt.
- Warum viele Medienprodukte nicht überleben werden.

Als „Gossip Girl" im Herbst 2007 in Serie ging, waren die Einschaltquoten katastrophal; das änderte sich auch in den folgenden Monaten nicht. Der New Yorker Sender „The CW", ein Joint Venture von CBS und Warner, hätte die frivolen Geschichtchen rund um ein paar junge Leute aus besseren Kreisen längst von den Bildschirmen verbannt, wenn er nicht eine paradox scheinende Beobachtung gemacht hätte: Überall in den USA sprossen die Fanclubs von Serena, Blair, Chuck und den anderen Teenagern wie Pilze nach einem warmen Regen; die Fernsehserie genoss ein enormes Maß an Popularität. Des Rätsels Lösung: Schon nach den ersten Folgen belegte die Serie regelmäßig den ersten Platz unter den meistgesehenen Sendungen auf iTunes Store (www.apple.com/itunes), einem kommerziellen Internetportal, das pro Serienfolge immerhin zwei Dollar kassiert. Hinzu kommen Hunderttausende, die sich die Abenteuer mit einer Woche Verspätung auf der CW-Webseite anschauen. In der zweiten Adventwoche 2008 lief die 54. Folge. Millionen junge Menschen versammeln sich nicht vor den TV-Geräten, sondern genießen ihre Lieblings-Telenovela irgendwo – am PC, Notebook oder per iPod.

Ob das Beispiel die multimediale Zukunft vorwegnimmt, in der Inhalte „on demand" angesehen werden, und nicht dann, wenn das Fernsehprogramm sie ausstrahlt, wird sich zeigen. Daran glauben offensichtlich die Fernsehmacher ganz fest, denn überall drängen sie mit beispielloser Energie in die digitale Welt. In Großbritannien scheiterte im November 2008 ein Plan der BBC, landesweit 65 regionale Online-Portale aufzubauen. Das, so befand die Medienaufsichtsbehörde „Ofcom", hätte den Wettbewerb mit den Verlegern regionaler Zeitungen über die Maße verzerrt. In Deutschland aber haben die Ministerpräsidenten der Länder am 23. Oktober 2008 dem „12. Rundfunkänderungsstaatsvertrag" zugestimmt, nach dem ARD und ZDF künftig mit einer Fülle von Angeboten im Internet vertreten sein dürfen. Die Landesfürsten hatten sich vom wütenden Protest der Zeitungsverleger wenig beeindruckt gezeigt; zumal die Rundfunkräte der Sender, in denen die gesellschaftlichen Gruppen von den Gewerkschaften über die Parteien bis zu den Kirchen vertreten sind, die Pläne von ARD und ZDF unterstützt haben.

## 1 Das Fernsehen geht ins Netz

„Die fetten Jahre kommen" titelte die „Frankfurter Allgemeine Sonntagszeitung" zu den Geschehnissen. Denn die Aufwendungen für den Gang ins Web-TV können die öffentlich-rechtlichen Sendehäuser aus Gebühren finanzieren, 2009 geschätzte 7,7 Milliarden Euro.

Ganz frei in der Gestaltung ihrer Web-Angebote sind die Sender freilich nicht: Sämtliche Online-Formate und neue Angebote müssen in einem Drei-Stufen-Test dahingehend überprüft werden, ob sie mit dem öffentlich-rechtlichen Auftrag der Sender übereinstimmen. Die Testverfahren und die notwendigen Gremien entwickeln ARD und ZDF selbst; bis Ende August 2010 müssen auch die bereits bestehenden Angebote dem Test unterworfen werden. Zudem müssen „presseähnliche Angebote" im Netz einen eindeutigen Sendungsbezug haben, das heißt, sie sollen „der Aufbereitung von Inhalten einer konkreten Sendung einschließlich Hintergrundinformationen dienen, soweit auf für die jeweilige Sendung genutzte Materialien und Quellen zurückgegriffen wird ... und thematisch wie inhaltlich die Sendung unterstützend vertiefen und begleiten" (§ 2, Absatz II, Ziffer 18).

Der geänderte Staatsvertrag verlangt, solche Angebote aus dem Sportgeschehen für lediglich 24 Stunden, für alle anderen Sendebereiche maximal sieben Tage lang ins Netz zu stellen. Ausdrücklich erlaubt sind auch sendungsbezogene Angebote mit lediglich unterhaltenden Inhalten. Daran reiben sich die Verlage ganz besonders. Sie fürchten, dass ARD und ZDF mit attraktiven Serien, Comedy und Spielfilmen Kundschaft ködern, um sie letztlich an die gesamte Angebotspalette zu binden. In der Tat haben auch große Zeitungen in ihren Internetangeboten der Attraktion, die von den TV-Bildern und Live-Schaltungen aus rund 100 Auslandsstudios ausgeht, nichts Vergleichbares entgegenzusetzen.

Erfolgreich sind die öffentlich-rechtlichen Sendeanstalten im Internet schon heute – ihre Info- und Nachrichtenportale sind unter den meistbesuchten deutschen Internetseiten zu finden. Und sie sind natürlich nicht allein. Die kommerziellen Sender folgen dem gleichen Trend, weil alle wissen: Die Zukunft des Fernsehens ist digital. Deutschland liegt mit einem Digitalisierungsgrad von 29,7 Prozent deutlich unter dem westeuropäischen Durchschnitt.[15] An der Spitze liegt Finnland mit 88 Prozent, es folgt Großbritannien mit 83,2 Prozent.

Erfolgreich sogar im doppelten Sinn – die Sendesignale sind auch im Kabelnetz oder im Satellitenempfang digitalisiert; daneben steht die Entwicklung hin zu digitalen TV-Angeboten, die der Computer aufruft und auf seinem Monitor zeigt. Web-TV kann jeder empfangen, der über einen Computer mit einem leistungsstarken Internetanschluss verfügt. Streaming-Technologie überträgt Fernsehformate auf den Rechner. Zum Web-TV zählen dabei sowohl die von den klassischen TV-Sendern im Internet bereitgestellten Beiträge oder Sendungen als auch Filme auf Video-on-Demand-Portalen oder im weiteren Sinne die Angebote auf Internetseiten wie „Clipfish“ oder „Youtube“. Wer will, schaut sich die Beiträge direkt auf dem Monitor an, oder er schließt den Computer an den Großbildschirm seiner TV-Anlage an – auch eine Projektion per Beamer in gewaltigen Dimensionen ist nur eine Frage der Leuchtstärke des Beamerstrahls und der Wohnverhältnisse. Fernsehen hat einen Trend zum Luxus entwickelt: Die Verkaufszahlen des Handels belegen, dass die Bildschirmformate oft auf häusliche Kinopaläste hindeuten.

## Television to go

Aber das große Bild ist offenbar nicht immer wichtig – das Medium ist die Hauptsache. Ein schnell wachsender Personenkreis sieht sich heute schon TV-Sendungen auf dem winzigen Display seines Mobiltelefons an. Insgesamt 16 Prozent der Deutschen ab 14 Jahren, rund 10,4 Millionen

Personen, nutzen das mobile Internet.[16] Besonders junge Männer und Verbraucher mit hohem Einkommen sind sehr am mobilen Empfang von TV-Inhalten interessiert: Sie sehen fast doppelt so oft mit ihrem Mobiltelefon Fernsehen wie der durchschnittliche Handy-Nutzer. Besonders beliebt sind News-Portale wie „tagesschau.de", „N-24" oder „n-tv". Im dritten Quartal 2008 stiegen die Zugriffe auf diese Plattformen über mobile Endgeräte um 23 Prozent.

Überhaupt kehren immer mehr junge Menschen dem herkömmlichen Fernsehgerät den Rücken zu. 70 Prozent der deutschen Schüler missachten das TV-Gerät und sehen lieber über das Internet fern oder nutzen dort Videos und Filme. Als wichtigsten Grund geben die Schüler die starren Sendezeiten an, die sich schlecht mit ihrem Lebensstil vereinbaren lassen. Zudem verfügt nur eine Minderheit über ein eigenes Fernsehgerät und kann die Programmauswahl selbst bestimmen. Das ergab eine Umfrage von Emnid im Auftrag des Internetmagazins „Tomorrow".[17] 45 Prozent der befragten Schüler nutzten mindestens einmal pro Woche Bewegtbildangebote im Netz, 14 Prozent sogar täglich. In der Gesamtbevölkerung schaut knapp ein Drittel (32 Prozent) der Deutschen zumindest gelegentlich Videos im Web, wobei deutlich mehr Männer (42 Prozent) als Frauen (23 Prozent) von dieser Möglichkeit Gebrauch machen. Eine parallele Studie[18] im Auftrag von ARD und ZDF spricht gar von 92 Prozent der 14- bis 19-Jährigen, die im Internet Videos abrufen oder – zeitversetzt oder live – Fernsehsendungen anschauen. Innerhalb eines Jahres ist der Studie zufolge das Interesse an Videosequenzen im Internet um 20 Prozent gestiegen.

Die Attraktivität von bewegten Bildern im Internet insbesondere für die jüngere Generation verführt immer Weitere, ihre Aktivitäten dorthin zu verlagern oder auszuweiten. Was Barack Obama in den USA vormachte, findet hierzulande rasch Nachahmer. Markus Kavka, dienstältester MTV-Moderator, moderierte fürs ZDF auf „heute.de" die interaktive Online-Sendung „Wahl im Web" zur Hessenwahl am 18. Januar 2009. Das Konzept haben die Macher der „Nacht im Netz" zur US-Wahl entliehen: Kavka und sein Team machten live aus einem Hörsaal der Uni Gießen sichtbar, was sich rund um die Landtagswahl im Internet tat. Dabei stand die Frage im Vordergrund, ob und wie die deutschen Politiker die Möglichkeiten des Online-Wahlkampfs genutzt haben. Zuschauer konnten sich per Chat beteiligen und auf interessante Links hinweisen, davon haben aber nur wenige Gebrauch gemacht. Erklärtes Ziel des ZDF und des Moderators war, mit dem interaktiven Format gegen die Politikverdrossenheit der Jugendlichen anzukämpfen.

Ähnliche Ziele verfolgt der Europäische Parlament: Am 17. September 2008 startete das Web-Fernsehen des Europäischen Parlaments gleich mit vier Kanälen. Auf der Website von „Europarl TV" können Internetnutzer über einen Live-Stream die Plenartagungen des Parlaments verfolgen. Zusätzlich sind in einem Online-Archiv Videobeiträge über alle Tagungen der laufenden Legislaturperiode verfügbar. Neben dem Live-Kanal, in dem zukünftig auch Ausschusssitzungen übertragen werden sollen, gehören weitere drei Kanäle zu „Europarl TV": „Junges Europa" richtet sich an eine junge Zielgruppe, „Ihre Stimme" zielt auf ein breiteres Publikum, „Ihr Parlament" ist für Nutzer gedacht, die schon mit dem Europäischen Parlament vertraut sind. Die Sendungen sollen in allen 23 EU-Sprachen laufen oder zumindest untertitelt werden – im Januar 2009 klappte das noch nicht immer.

## Die Zahlen müssen stimmen

Es sind nicht nur die technischen Neuerungen, die andere Rezeptionsgewohnheiten nach sich ziehen. Die TV-Macher registrieren aufmerksam, wie sich die Werbung in den Online-Medien entwickelt. Bis in unsere Tage hinein haben sich euphorische Erwartungen nicht erfüllt – die Werbeumsätze im Internet blieben weit hinter den Prognosen aus den Anfängen des neuen Mediums zurück. Lange waren freilich die Möglichkeiten begrenzt, Banner und Pop-ups ließen der Kreativität nicht viel Spielraum. Heute aber lassen Breitbandanschlüsse und moderne Streaming-Technologie TV-Bilder in hoher Qualität zu. Damit stehen die Tore weit offen für Kohorten von Werbetreibenden, die im Internet gleiche oder ähnliche Geschichten erzählen können wie in den TV-Werbespots. Die großen Sendeanstalten, gleich ob öffentlich-rechtlich oder privat organisiert, erhoffen sich erhebliche Einnahmen durch Fernsehwerbung im Internet. In den Vereinigten Staaten, wo Fernsehen im Internet schon weiter verbreitet ist, schätzten Analysten für 2009 die Investitionen im Werbemarkt auf 900 Millionen Dollar. Das war allerdings vor der weltweiten Finanz- und Wirtschaftskrise; heute sehen Experten eher die Gefahr drastischer Einbrüche auch im Werbemarkt.

Ausschließlich kommerzielle Interessen hat der Privatsender RTL, wenn er sein Angebot mobiler Fernsehkanäle erweitert. Seit Oktober 2008 können Handy-Kunden von Vodafone die drei digitalen Spartenkanäle „RTL Crime", „RTL Living" und „Passion" auch auf dem Display ihres Mobiltelefons anschauen. Der bereits eingeführte Handy-TV-Sender „RTL

Mobile TV“ wird zudem schrittweise um Unterhaltungsformate und Nachrichtensendungen ergänzt.

Wie kaum anders zu erwarten, reagiert die traditionelle Verlagswirtschaft auf den Trend zum Web-TV. Führend ist der Axel Springer Verlag. Wie schon beim Start des Fernsehens in den fünfziger Jahren mit „HörZu“ hat der Verlag auch jetzt die Zeichen der Zeit erkannt. Gleich acht Zeitschriften mit dem Generaltitel „TV Digital“ machen ihre Leser alle 14 Tage mit den Programmen ihrer Lieblingssender im Web-TV vertraut – ob es sich um Kunden von „Premiere“ handelt oder solche von „Kabel Deutschland“, „T-Home“ oder „UnityMedia“. Eine Ausgabe für Österreich ergänzt das Portfolio; neuestes Produkt ist „TV Digital Komplett“, ein Schwergewicht mit Programmangaben von 108 Anbietern für sogenannte „Heavy User“.

Fernsehen im Internet kommt bei immer mehr Menschen an – aktuellen Marktdaten zufolge schauen 38,6 Prozent aktuelle Ausstrahlungen, Produktionen aus dem Archiv oder Videomitschnitte.[19] Die Zahl wäre vermutlich deutlich größer, wenn alle Nutzer der zahlreichen Internetseiten mit Sexvideos ehrliche Angaben machten. Die traditionelle Programmzeitschrift „HörZu“ veröffentlicht heute für jeden Wochentag eine Rubrik mit „Highlights“ aus dem Angebot von zehn ausschließlich im Web empfangbaren Stationen. Acht Seiten benötigt die Zeitschrift pro Tag, um die Programme von 56 Sendern darstellen zu können.

## 2 Das Internet auf dem Siegertreppchen

Es gibt so viel TV wie nie, und in Deutschland sind mehr Programme verbreitet als in jedem anderen europäischen Staat. Dennoch tun die Fernsehanbieter gut daran, sich auf das Internet auszudehnen. Denn ihr Publikum erweist sich als nicht sehr treu, wie eine Studie belegt.[20]

*Haben Sie in den letzten zwei Jahren Ihre Gewohnheiten geändert?*

*Nutzen Sie das Medium heute häufiger, seltener oder genauso häufig?*

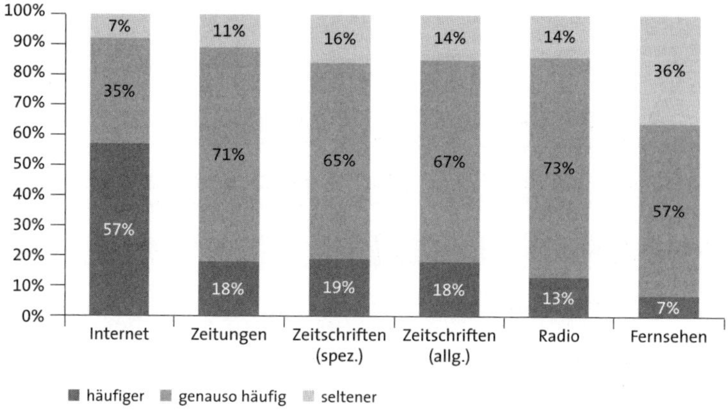


Abbildung 1 (Quelle: IBM/ZEM-Studie „Innovation in den Medien" 2008)

57 Prozent der Befragten gaben an, das Internet in den letzten zwei Jahren häufiger zu nutzen, während nur 7 Prozent eine Zunahme ihres TV-Konsums bemerkten. 36 Prozent sagten, sie hätten ihren Fernsehkonsum eingeschränkt. Andere Studien[21] zeigen, dass vor den Fernsehgeräten vorwiegend die Älteren Platz nehmen, wobei das Durchschnittsalter bei den öffentlich-rechtlichen Sendern besonders hoch ist (ZDF: 60 Jahre, Das Erste: 59, 3.Sat: 57, Arte: 55). Aber auch von den Privatsendern fühlen sich meist Menschen im mittleren Alter angesprochen – von 36 (ProSieben) bis 51 Jahren (Sat.1). Nur Musiksender wie MTV oder Viva finden das Interesse vor allem junger Menschen. Und für die wird das Fernsehen zunehmend zu einem „Begleitmedium", wie es bisher das Radio war. Der Apparat läuft, erfährt aber nicht die volle Aufmerksamkeit, weil Surfen im Web parallel geschieht.[22] Es sind also entgegen der landläufigen Annahme nicht allein die Verlage, sondern ebenso die privaten und öffentlich-rechtlichen Sendeanstalten, die durch den Siegeszug des Internets Anlass zur Sorge haben. Dieser Trend geht einher mit einer Stagnation des Fernsehkonsums seit 2002.[23]

Ebenso deutlich zeigt sich die zunehmende Vorherrschaft des Internets bei den Antworten auf die Frage, wo Konsumenten sich vor einer Kaufentscheidung informieren:

*Wo holen Sie Informationen ein, bevor Sie eine Kaufentscheidung treffen?*

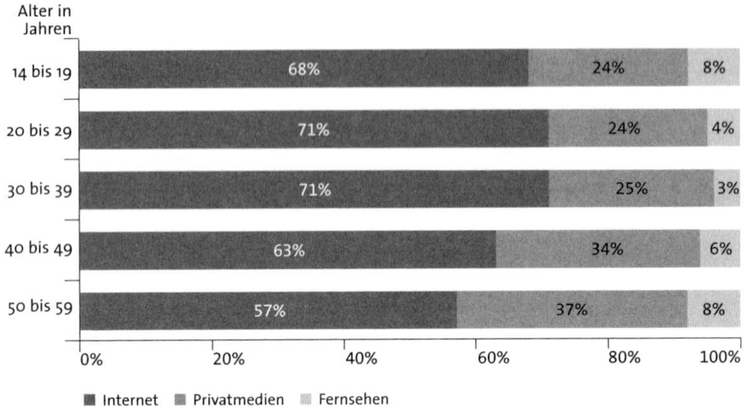


Abbildung 2 (Quelle: IBM/ZEM-Studie „Innovation in den Medien" 2008)

Über alle Altersgruppen hinweg nannten durchschnittlich 63 Prozent das Internet. Allerdings unterscheiden sich die Altersgruppen bei der Wahl des Informationsmediums stark, wenn sie nach Themen differenzieren: Während zwischen 60 und 70 Prozent der noch nicht 39-Jährigen Informationen zu Veranstaltungen vornehmlich im Internet suchen, liegt der Anteil der Älteren unter 40 Prozent. Dies gilt auch für Informationen zum TV-Programm, zu regionalen Nachrichten oder zu Finanz- und Wirtschaftsthemen. Aber Vergleiche mit älteren Untersuchungen zeigen: Der Trend weist auch hier in die gleiche Richtung.

Vier Fünftel der deutschen Haushalte sind mit mindestens einem Computer ausgestattet, der den Zugang zum Internet ermöglicht.[24] Die Zahl der „schnellen" Anschlüsse wächst rasch, so dass immer mehr Menschen auch datenintensive Anwendungen wie zum Beispiel Videos oder Web-TV nutzen können. Etwa 20 Prozent der privaten Nutzer – knapp elf Millionen Menschen – sind täglich länger als zwei Stunden online, im Durchschnitt über alle rund 55 Millionen Nutzer zwischen 14 und 69 Jahren sind es 56 Minuten. So kann es kaum verwundern, wenn die Leute besonders häufig – und zugegebenermaßen besonders klug – antworten: „Das Internet, bitte", wenn sie nur ein Medium auf eine einsame Insel mitnehmen dürften. Die Grafik zeigt, warum das Internet wohl verhindern könnte, dass Langeweile auf der Insel aufkommt:

*Wozu nutzen Sie das Internet?*

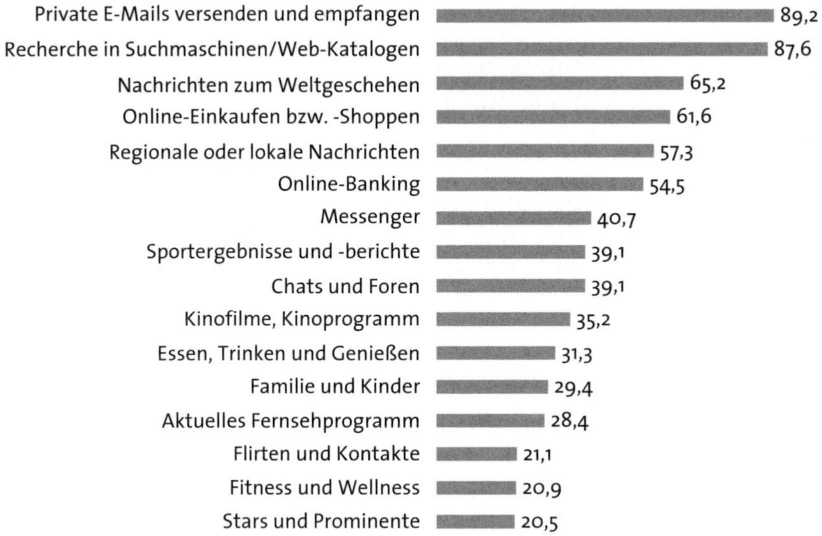


Abbildung 3 (Quelle: AGOF e.V., Internet-Facts 2008-II)

Doch Internet ist nicht Internet, das Netz entwickelt sich. Wurde es bis Mitte der neunziger Jahre des 20. Jahrhunderts vor allem als Plattform gesehen, um Informationen einzustellen oder zu vermitteln (E-Mail, Chatroom), kommen heute immer mehr Anwendungen in Gebrauch, die Interaktion erlauben. Eine der erfolgreichsten Entwicklungen dieser Art sind „Wikis" (hawaiianisch für „schnell"), wobei Text im Internet nicht nur gelesen, sondern auch verändert werden kann. Auf dieser Basis entstand zum Beispiel Wikipedia; die deutschsprachige Version dieses Internetlexikons umfasst heute annähernd 700.000 Artikel, und den überwiegenden Teil haben die Nutzer dieses Lexikons selbst geschrieben.

## Selbst gemacht statt vorverdaut

Der von Tim O'Reilly erst 2005 geprägte Begriff „Web 2.0" hat sich für derartige, von den technischen Möglichkeiten her logische Fortentwicklungen schnell eingebürgert – auch wenn er fälschlich ein neues Internet suggeriert. Die Inhalte werden nicht mehr nur von Medienunternehmen erstellt und verbreitet, sondern auch von einer Vielzahl von Nutzern, die sich mit Hilfe von Social Software zusätzlich untereinander vernetzen können. Typische Beispiele hierfür sind Wikis, Weblogs, Foto- und Videoportale wie zum Beispiel „Flickr" und „Youtube", soziale Online-Netzwerke wie „Xing", „Facebook" und „StudiVZ" und Abonnement-Dienste wie „RSS" (siehe ausführlich dazu Seite 95ff.). In jüngster Vergangenheit kamen Mikroblogs wie „Twitter" hinzu. Dabei steht der Gedanke im Mittelpunkt, vom „Push-Prinzip" (to push = stoßen: aktive Verteilung) zum „Pull-Prinzip" (to pull = ziehen: aktive Sammlung) zu gelangen und die Nutzer zu motivieren, Webseiten von sich aus mitzugestalten.

*Anteil aktiver Mitgestalter unter den Internetnutzern in Deutschland*

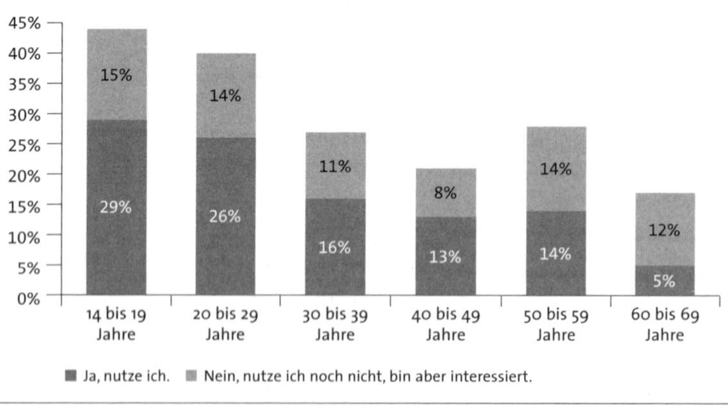


Abbildung 4 (Quelle: IBM/ZEM-Studie „Innovation in den Medien" 2008)

Wie viele Internetnutzer veröffentlichen selbst Inhalte oder sind daran mit Blick auf die Zukunft zumindest interessiert? Diese Frage ist von zentraler Bedeutung für die Entwicklung der Medienindustrie. Denn jeder zusätzlich verfügbare Inhalt kostet zumindest ein kleines Stück der begrenzten Aufmerksamkeit, die bis vor kurzem die großen Medienunternehmen unter sich aufteilen konnten. Bei den unter 30-Jährigen liegt der Anteil der Aktiven und Interessierten zwischen 40 und 44 Prozent – sie sind die Träger der Gesellschaft für die nächsten 50 Jahre und gestalten unsere Zukunft.

Der amerikanische Zukunftsforscher Alvin Toffler hat vor 25 Jahren den Begriff „Prosumer" gefunden, um Angehörige einer neuen Gesellschaft zu beschreiben.[25] In ihr mischen sich die Rollen von Produzent und Konsument; in einem Prozess zunehmender Gleichberechtigung mischen sich die Abnehmer ein und bestimmen mit, welche Art von Ware sie erwerben möchten. Es sieht danach aus, dass dieser Prozess in der Medienwirtschaft seine erste Ausprägung findet.

## 3 Gesellschaft im Wandel

Jüngeren Leuten ist kaum zu vermitteln, dass erst vor 25 Jahren die Ära der vielen TV-Programme begann: 1984 startete RTL, wenig später ging Sat.1 auf Sendung. Bis dahin gab es ARD, ZDF und ein regionales Drittes Programm – immerhin schon so viel Fernsehen, um den bis 1982 amtierenden Bundeskanzler Helmut Schmidt nach einem fernsehfreien Tag pro Woche rufen zu lassen. Bis 1973, dem Jahr, als die Fernsehbilder farbig wurden, war „Sendeschluss" an Werktagen meist vor Mitternacht. Vor 16 Uhr brauchte niemand einzuschalten. Es gab nur eine statische Grafik zu sehen, das „Testbild", und dazu ertönte ein nervtötender Pfeifton. Jede Minute unterbrach eine Stimme das quälende Geräusch und nannte den ausstrahlenden Sender. Diese Zeit scheint unendlich weit zurückzuliegen – ebenso wie die Realität der damaligen Gesellschaft.

Damals versammelte sich die Familie nach dem Abendessen vor dem Fernsehgerät – dem „virtuellen Lagerfeuer". Heute ist uns die Familie gleich ganz abhandengekommen. Wo es noch ein gemeinsames Abendessen gibt, geht danach jeder seine eigenen medialen Wege. Sogar in den Kleinkinderzimmern flimmert der eigene Fernsehapparat oder gleich der Computermonitor. Und das höchste Vergnügen des fortgeschrittenen Hardcore-Mediennutzers ist es, nicht mehr vorgefertigte Unterhaltungskost zu konsumieren, sondern selber andere zu unterhalten – mit dem Kostbarsten, was er seinem Verständnis nach zu bieten hat: der medialen Inszenierung der eigenen Persönlichkeit.

Ein Blick auf die Nachkriegsgesellschaft und ihre Menschen zeigt die Dramatik der Veränderungen, in deren Folge sich die heutige Medienwelt ausgestalten konnte. Einen ausgeprägten Charakter zu haben und anders sein zu wollen als die anderen, gilt heute als normal – das war es vor 50 Jahren nicht. Ein „eigener Stil", Exzentrik war etwas für Künstler, Politiker, für Leute, die unabhängig und wohlhabend waren. Normal war es, sich anzupassen, soziale Kontrolle funktionierte noch sehr gut. Damit aus dem angepassten Otto Normalverbraucher, dem konsumorientierten Wohlstandsbürger der fünfziger und frühen sechziger Jahre der sein Leben stilisierende, die eigene Selbstverwirklichung über das Gemeinwohl stellende Narziss des frühen 21. Jahrhunderts werden konnte, musste viel passieren.[26] Vor allem auf wirtschaftlichem Gebiet: Wo das Leben, bedingt durch die schweren Zeiten, ein steter Überlebenskampf war, bot es für individualistischen Eigensinn wenig Spielraum; es zählte der Zusammenhalt im sozialen Gefüge. Wachsender Wohlstand, kürzere, weniger kräftezehrende Arbeit und damit mehr Freizeit, mehr Bildung und gesteigerte Mobilität – das ist die Basis für die Entwicklung von Individualismus als gesamtgesellschaftliches Phänomen.

Der wachsende allgemeine Wohlstand, den das „Wirtschaftswunder" der fünfziger Jahre ermöglicht hatte, die Verminderung der Arbeitszeit durch Automation, das Aufkommen von immer mehr Arbeitsplätzen in Dienstleistungsberufen, die Verbesserung der Wohnverhältnisse, die Bildungsexpansion und auch die Verbreitung von Massenmedien wie Fernsehen und Boulevardpresse – dies alles ermöglichte größere individuelle Freiheiten. Erwerbstätigkeit ist zwar heute noch ein primäres Ziel in unserer Gesellschaft, doch hat sie nicht mehr den Stellenwert wie damals. Entscheidenden Anteil daran hatten die jungen Leute, die in einem nie gekannten Ausmaß weiterführende Schulen besuchten und studieren konnten. Plötzlich erschien die materielle Orientierung der Nachkriegsgesellschaft den Jugendlichen, die nur Wohlstand und demokratische Verhältnisse erlebt hatten, überholt und spießerhaft. Als höchstes Ziel des Menschen erhob die studentische Linke, die

Intellektuellenbewegung der sechziger Jahre, die „Selbstverwirklichung des Individuums".

Die Prozesse, die den gesellschaftlichen Wandel ausgelöst haben, wurzeln natürlich viel weiter in der Vergangenheit. Die konservative bürgerliche Gesellschaftsauffassung der fünfziger Jahre hatte bereits ihre Risse, die Autorität der Väter war bereits in den Grundfesten erschüttert, die Unterordnung der Frau nicht mehr länger haltbar. Es kommt uns hier nicht darauf an, das komplexe Geflecht von Ursachen und Wirkungen im Detail darzulegen, das den seit den späten sechziger Jahren sichtbar werdenden kulturellen Wandel ausgelöst hat. Entscheidend ist, dass sich recht schnell eine viel individuellere Lebensplanung und -gestaltung durchsetzte. Eine Vielfalt von Lebensstilen entwickelte sich, immer stärker brachen sich Lebenshunger und Erlebnisbereitschaft Bahn. Das alles wirkte ansteckend auf die älteren Generationen, die in erstaunlich großem Ausmaß die Parole der Selbstverwirklichung aufgriffen und zum Teil jugendliche Verhaltensweisen adaptierten.

Gesamtgesellschaftlich entwickelte sich so über die Jahrzehnte eine zunehmende Fragmentierung in Alters-, Bildungs-, Lebensstilgruppen. Gesellschaftlichen Großorganisationen wie Parteien, Gewerkschaften oder Kirchen, die auf ein Mindestmaß an Solidarität, Zusammenhalt und Disziplin setzen müssen, liefen die Mitglieder davon.

Ein entscheidender Einschnitt waren die umwälzenden Ereignisse der Jahre 1967/68: ein explosives Gemisch aus unbewältigter Totalitarismus- und Kriegsvergangenheit, Angst vor einer Eskalation des Kalten Kriegs und basisdemokratischem Idealismus entlud sich weltweit in einer beispiellosen Protestbewegung, die alle etablierten Werte und Normen in Frage stellte. Auf der Basis neu erkämpfter Freiheiten konnten sich gesellschaftliche Kennzeichen etablieren, die unsere heutigen Gesellschaftsbilder prägen. So sind Begriffe wie Erlebnisgesellschaft, Konsumgesellschaft, Freizeitgesellschaft oder Informationsgesellschaft im Gebrauch, je nachdem aus welcher Perspektive das Miteinander in Deutschland gesehen wird.

Diese Entwicklung verlief zwar international und erfasste die gesamte westliche Welt, verzögert und stark abgeschwächt sogar die DDR und andere Staaten des „Ostblocks". Nirgendwo sonst aber erreichte die Entfremdung zwischen traditionellen „Bürgern" und ihren Kindern geradezu revolutionäre Züge wie 1967/68 in Frankreich und Deutschland.

Das Lebensalter schied überdeutlich die Sicht auf Werte und Bindungen. Für die Jungen wurden Pflichtgefühl, Fleiß, Strebsamkeit etc. zu „Sekundärtugenden", während Werte wie Selbstverwirklichung, Kreativität und Lebensgenuss besonders wichtig wurden. Die Emanzipation der Frauen erlebte eine Wiedergeburt, nachdem seit dem Machtantritt der Nationalsozialisten jeder Gedanke an die gleichen Rechte für „das schwache Geschlecht" zur puren Feiertagsrhetorik verkommen war. Die Sexualität wurde von zahlreichen Tabus befreit, die Friedensbewegung erstarkte, esoterische Bewegungen erlebten einen gewaltigen Schub. Auch das ökologische Gedankengut wurde erstmals in jenen Tagen sichtbar, nicht wenige zeigten ihre Liebe zur Natur auch durch ihren bedenkenlosen Hang zu Cannabis und anderen Drogenpflanzen.

Wer die heutige Gesellschaft verstehen will, muss sich diese Jahre bewusst machen. Es genügt, sich daran zu erinnern, dass die Symbolfiguren jener Zeit heute sämtlich im Rentenalter stehen, so sie überhaupt noch leben – Rudi Dutschke, Daniel Cohn-Bendit, Mick Jagger, Janis Joplin, Jimi Hendrix oder Jim Morrison. Der vielbeschriebene „Wertewandel" – von vielen auch als Werteverlust erlebt –, geht auf diese Phase des Umbruchs zurück.

## Die Mediengesellschaft

Das Aufkommen privater Radio- und Fernsehangebote seit 1984 hat die deutsche Gesellschaft erheblich verändert. Wirkten zuvor ARD und ZDF quasi wie amtliche Verlautbarungskanäle[27], so fesselt heute ein überwältigendes Angebot den Durchschnittsbürger in Deutschland immer noch 3,6 Stunden pro Tag vor den Fernsehgeräten, obwohl viele Jugendliche sich bereits anderen medialen Interessen zuwenden. Die Radios sind etwa ebenso lang eingeschaltet. Die meisten Menschen können über Kabelanschluss oder Satellitenschüssel zwischen etwa 300 TV-Programmen wählen und etwa gleich viele Radiosender empfangen. Hierzulande verfügen 75 Prozent der Haushalte über mindestens einen Computer mit Internetzugang,[28] die Hälfte davon mit Breitbandtechnik. Mit rund 350 Tageszeitungen, einigen Dutzend Wochen- und Sonntagszeitungen, fast 1.400 kostenlosen Anzeigenblättern und rund 23.000 Zeitschriften sind in Deutschland so viele Printmedien verfügbar wie in keinem anderen Land. Fast alle sind auch online am Markt, darüber hinaus erscheinen immer mehr presseähnliche Publikationen ausschließlich im Netz.

Wem angesichts dieser Größenordnungen Begriffe wie „Informations-", „Kommunikations-" oder „Mediengesellschaft" einfallen, beschreibt völlig zutreffend die Realität. Die beiden erstgenannten Begriffe beziehen sich auf Handlungsvorgänge, *informieren* und *kommunizieren*, die in der Mediengesellschaft den gleichen Wert haben wie *leisten* oder *produzieren*. In dieser Gesellschaft ist Kommunikation ein Produktionsfaktor, der gleichberechtigt neben Arbeitsleistung, Standort, Kapital und Wissen tritt. Dabei richtet sich die Kommunikation nach den Möglichkeiten: Je mehr Kanäle zur Verfügung stehen, desto mehr werden auch genutzt.

Mediengesellschaft meint aber noch mehr. In der „Erlebnisgesellschaft" unterscheiden sich die Milieus in ihrer Suche nach Erlebnissen. Zum Beispiel waren die sich an jedem Wochenende wiederholende Demonstration gegen Tierversuche oder der erste Joint in dem besetzen Haus in Kreuzberg, während vom Tonband „Atom Heart Mother" von Pink Floyd lief, prägende Erlebnisse eines Berliner Spät-Achtundsechzigers, der heute grauhaarig für die Grünen im Berliner Abgeordnetenhaus sitzt (wie heißt es in der Presse? „Der Name ist der Redaktion bekannt").

In der Mediengesellschaft funktioniert Prägung auch durch vermittelte Erlebnisse, die keinerlei realen Bezug haben müssen.

Seit 1977 versammelt sich eine treue Gemeinde in den Münchener „Museum Lichtspielen", wenn dort die „Rocky Horror Picture Show" läuft. Das Publikum hat viel Geld ausgegeben, um in den Originalkostümen von Frank N. Furter, Janet oder Brad zu erscheinen. Jede Filmvorführung gleicht einem Ritual, während vieler Szenen handelt das Publikum selbst – eine frühe, bizarre Vorform interaktiver Mediengestaltung.

Gegenüber den Massenmedien der Vergangenheit wird ein entscheidender Unterschied immer deutlicher: Medienmacher und Mediennutzer sind nicht mehr ohne weiteres unterscheidbar. Wie die Pressefreiheit ein frühes und wichtiges Element in der Gesellschaft auf dem Weg zu mehr Freiheit war, zeigen die Möglichkeiten des Web 2.0 den Weg, wie sich jeder Einzelne von der Bevormundung durch die Medien befreien kann. Zu den klassischen Massenmedien Zeitung, Zeitschrift, Kino, Radio und Fernsehen gesellen sich heute Medien wie Weblogs, Wikis, Communities und andere Erscheinungsformen des Web 2.0 – alle dazu gedacht und interaktiv gestaltet, um die Informiertheit und die Kommunikation der Menschen untereinander zu fördern. Informationen können sich heute in weite Bereiche einer Gesellschaft hinein verbreiten und dort Wirkungen erzielen, ohne dass eine einzige Zeile in der

Zeitung steht oder ein einziger Satz darüber gesendet wird. Vielmehr nutzen die klassischen Medien immer öfter, was ihnen schnellere, individuelle Zulieferer mit Hilfe der neuen Techniken anbieten.

> Als am 26. November 2008 etwa 20 bis über die Zähne bewaffnete Terroristen zwei Luxushotels und das Jüdische Zentrum im indischen Mumbai angriffen, standen für mehr als 24 Stunden aussagekräftige Bilder und Tondokumente nur von den bedrängten Hotelgästen oder Besuchern des Zentrums zur Verfügung, die sie mit ihren Mobiltelefonen oder mobilen Rechnern gemacht hatten – Handy-Fotos schafften es bis in die internationalen Fernsehsender, Twitter-Nachrichten waren die einzigen authentischen Informationen. Mit ihrer Hilfe gelang es den Polizeikräften auch, die Attentäter zu orten und das Desaster zu beenden. Das indische Fernsehen und die Fotografen der indischen Presse konnten nur aus der Ferne aufgenommene Bilder brennender Bauten beisteuern.

Die Frage ist müßig, ob die Verfügbarkeit neuer Techniken den Anstoß für immer neue Medien lieferte, oder ob die Bedürfnisse der Menschen neue Medien forderten, für die dann Naturwissenschaft und Ingenieurskunst die materiellen Voraussetzungen schufen – Henne oder Ei? Faktisch haben die neuen Medien an Bedeutung gewonnen und üben auf die Gesellschaft enormen Einfluss aus. Sie sind nicht mehr Randerscheinungen, die Informationen liefern und mit ihren Angeboten zur Diskussion einladen. Sie sind die zentrale Gestaltungskraft in unserer Gesellschaft geworden. Und die Gestaltung dieser Kraft liegt mehr und mehr in der Hand jedes Einzelnen – Individuen oder juristischen Personen wie Unternehmen, Verbände und Institutionen.

Aber wie gehen Individuen mit den Medien um, wie nutzen sie deren Angebote und Möglichkeiten? Das Mediennutzungsverhalten kennzeichnet die Zugehörigkeit von Individuen zu gesellschaftlichen Gruppen. Und umgekehrt lassen Signale, die die Menschen durch Konsumgewohnheiten, Kleidungsstil, Freizeitgebaren und Ähnliches versenden, Schlüsse auf ihren Mediengebrauch zu. In der Mediengesellschaft ist es möglich, die Art der Mediennutzung und den Lebensstil einander zuzuordnen, so dass die Behauptung stimmig wird: „Sage mir, wie Du die Medien nutzt, und ich sage Dir, wer Du bist!“

## Ein Versuch, die neue Gesellschaft durchschaubar zu machen

Auf der Grundlage der Milieustudien von Gerhard Schulze und ähnlicher Ansätze anderer Wissenschaftler entwickelten Jörg Ueltzhöffer und Berthold B. Flaig um 1980 ein Modell, das die „Lebenswelten" der verschiedenen gesellschaftlichen Gruppen für die Zielgruppenbestimmung in Marketing und Werbung nutzbar machen sollte. Die nach dem Mannheimer Sigma-Institut der beiden Forscher „Sigma-Milieus" benannten Differenzierungen bezogen erstmals auch direkt das Mediennutzungsverhalten der gesellschaftlichen Gruppen ein. Wenig später legte Flaig mit seinem neugegründeten Sinus-Institut in Heidelberg eine Variante vor, die seither als laufend aktualisierte „Sinus-Milieus" in Marketing, Werbung und Öffentlichkeitsarbeit vieler Unternehmen, Institutionen und Verbände zum Einsatz kommt. Viele Studien und besonders das „AGF/GfK-Fernsehpanel", das aussagekräftigste deutsche Instrument zur Erfassung der Mediengewohnheiten, arbeiten mit den Sinus-Milieus.[29]

Soziodemografische Merkmale wie Alter, Bildung und Geschlecht gehen ebenso wie grundlegende Wertorientierungen, also zum Beispiel Einstellungen zu Freizeit, Arbeit, Konsum und Medien, in die Analyse gesellschaftlicher Gruppen ein. Die Angaben darüber beruhen auf komplexen, regelmäßigen Befragungen von etlichen tausend Personen. Für einige Milieus ist zum Beispiel der Einsatz von Mobiltelefon, Notebook, Palmtop, Blackberry oder Digitalreceiver selbstverständlich, andere zeigen gegenüber Gerätschaften der Informations- und Kommunikationstechnik (ICT-Produkte) noch starke Berührungsängste. Angaben über die milieuspezifische Mediennutzung erlauben einen Blick darauf, wie einzelne Milieus mit Printprodukten, Fernsehen, Radio, Internet und neu entwickelter Kommunikationstechnik umgehen, welche Motive sich dahinter verbergen und welche thematischen Angebote ausgewählt werden.

Das Milieumodell lässt sich in einer Matrix darstellen: die „Schichtachse" spiegelt die Soziale Lage, die „Werteachse" zeigt Grundorientierungen auf. Beide Achsen sind in drei Abschnitte eingeteilt. Je höher die Positionierung im Milieumodell, desto gehobener sind Bildung, Berufsgruppe und Einkommen; je weiter rechts, desto „moderner" ist die Grundorientierung des Milieus. Die Art der grafischen Darstellung hat zu dem etwas despektierlichen Wort „Kartoffel-Grafik" geführt:

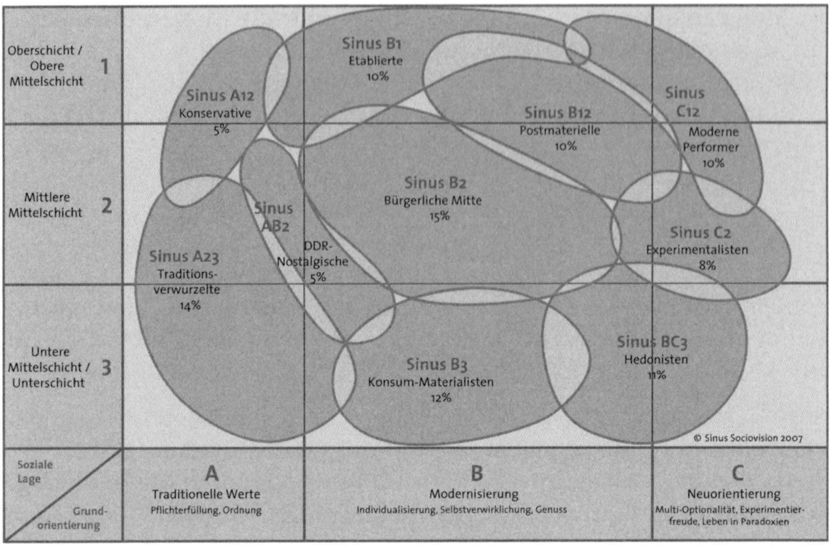


Abbildung 5: Sinus-Milieus (Quelle: AGF/GfK Fernsehforschung pc#tv. Stichtag 1.1.2009, Basis Fernsehpanel D+EU, Erwachsene 14+)

Zehn „Kartoffeln", eine für jedes Milieu, ergeben ein modellhaftes Abbild der sozialen Schichtung und der Wertestruktur der deutschen Gesellschaft in ihrer Wechselwirkung. In dieser „strategischen Landkarte" lassen sich Produkte, Marken und Medien den gesellschaftlichen Gruppen zuordnen. Die Grenzen zwischen den Milieus sind fließend; Lebenswelten sind nicht exakt eingrenzbar. Sinus Sociovision nennt das die „Unschärferelation der Alltagswirklichkeit". Berührungspunkte und Übergänge zwischen den Milieus sind deshalb grundlegende Bestandteile des Milieukonzepts.

Die Bezeichnungen der Milieus folgen einem international abgestimmten Ordnungssystem, das derzeit in 17 Ländern angewandt wird. So repräsentiert beispielsweise der Abschnitt A12 eine „Lebenswelt mit traditioneller Grundorientierung (Werteabschnitt A) und mit mittlerer bis gehobener sozialer Lage (Schichtabschnitte 1 und 2)", wie die Sinus-Forscher formulieren. Die aus der soziologischen Forschungstradition hervorgegangenen Milieubezeichnungen (wie zum Beispiel „Konservative") können eine Lebenswelt aber nicht umfassend charakterisieren, sie heben zwangsläufig nur einen bestimmten Aspekt hervor. Keineswegs sind zum Beispiel die Wähler einer konservativen Partei auf dieses Milieu beschränkt. Die Namen haben deshalb eher einen behelfsmäßigen Charakter.

Obwohl die Wertorientierungen der Menschen auch in Zeiten gesellschaftlicher Umbrüche weitgehend konstant bleiben, ist die Landschaft der sozialen Milieus ständig in Bewegung, verändert sich. So schrumpft beispielsweise nach den Erkenntnissen der Sinus-Forscher der Anteil der traditionellen Milieus kontinuierlich – von 47 Prozent vor 25 Jahren auf 20,7 Prozent heute. Hingegen wächst das moderne Segment stetig. Die Sinus-Milieus müssen deshalb kontinuierlich und in kleinen Schritten nachjustiert werden.

Die Milieus lassen sich zu größeren Segmenten gruppieren:

- Gesellschaftliche Leitmilieus,
- Traditionelle Milieus,
- Mainstream-Milieus,
- Hedonistische Milieus.

Auch andere Großgruppierungen sind möglich – zum Beispiel Zusammenfassen der „Jungen in der Gesellschaft", das heißt der C-Milieus, die „modernen Gesellschaftsglieder" würden alle B- und C-Milieus umfassen.

Zusammen mit den Angaben über den soziale Status und die milieutypischen Wertvorstellungen lassen sich Schlüsse ziehen, welchen Stellenwert Inhalt, Platzierung und Vertriebsweg von Informations- und Kommunikationsangeboten für die Angehörigen der jeweiligen Milieus haben.

## Gesellschaftliche Leitmilieus

*Die Etablierten – Sinus B 1 (10 Prozent)*

- Mittlere Altersgruppen ab 30 Jahren (Schwerpunkt: 40–60 Jahre); meist verheiratet; Drei- und Mehr-Personen-Haushalte.
- Überdurchschnittliches Bildungsniveau.
- Viele leitende Angestellte, höhere Beamte, Selbständige, Unternehmer und Freiberufler.
- Hohe und höchste Einkommen, zum Teil beträchtliche Vermögen.

Die Etablierten verstehen sich als die gebildete, gut situierte, selbstbewusste Elite unserer Gesellschaft. Sie haben hohe Exklusivitätsansprüche und zeigen entsprechende Kennerschaft und Stil, grenzen sich damit auch bewusst von anderen ab. Beruflicher Erfolg ist für sie selbstverständlich. Um ihre ambitionierten Ziele zu erreichen, verfolgen sie klare Karrierestrategien, teils durch traditionelle Erfolgsorientierung, teils durch Flexibilität und geschickte Anpassung.

Sie reagieren selbstbewusst auf den schnellen technologischen und wirtschaftlichen Wandel, sie zeigen sich fasziniert von moderner Technik. Bei echten Innovationen finden sie sich immer wieder unter den ersten, die sie erwerben. Damit demonstrieren sie Kennerschaft und Insider-Status. Die Lust auf Varianten eines vertrauten Produktes schwindet aber deutlich, wenn sie zeitintensive Einarbeitung ohne echten Zusatznutzen mit sich bringen.

MEDIENNUTZUNG

- Die regelmäßige Lektüre der Tageszeitung gilt als unverzichtbar, oft paralleler Konsum einer Lokalzeitung und einer überregionalen Tageszeitung.
- Typische Zeitschriftentitel: „Manager Magazin“, „Wirtschaftswoche“, „Stern“, „Focus Money“, „Merian“.
- Unterdurchschnittlicher TV-Konsum. Das Fernsehen wird vor allem zu Informationszwecken genutzt. Bevorzugt werden die öffentlich-rechtlichen Sender.
- Interessen: Aktuelles Geschehen, Wirtschaft, exklusiver Sport wie Golf, Tennis, Reitsport; Hochkultur, Wissen, anspruchsvolle Spielfilme und TV-Produktionen.
- Das Internet sieht rund ein Viertel der Gruppe als Informationsmedium erster Wahl; es wird selbstverständlich genutzt, auch mobil, vorwiegend als Quelle für Information und Wissen, aber auch E-Business, Web-TV.

*Die Postmateriellen – Sinus B 12 (10 Prozent)*

- Breites Altersspektrum von Anfang 20 bis zur Generation der „Jungen Alten“; häufig größere Haushalte mit Kindern.

- Hohe bis höchste formale Bildung (Abitur, Studium).
- Qualifizierte und leitende Angestellte, Beamte, Freiberufler, aber auch Schüler und Studenten.
- Hohe Einkommen, zum Teil größere Vermögen.

Liberale Grundhaltung, Weltoffenheit, Toleranz und Multikulturalität sowie ein zunehmender Widerwillen gegenüber Ideologien jeglicher Art – das sind die Merkmale dieser Gruppierung. Postmaterielle denken in globalen Zusammenhängen und Verantwortlichkeiten. Aufgrund ihrer Aufgeschlossenheit und ihrer hervorragenden Ausbildung sind sie meist erfolgreich im Beruf.

In ihrem Denken und ihren Projekten wähnen sie sich der Gesellschaft immer einen Schritt voraus. Sich selbst sehen die meisten Postmateriellen in einer privilegierten Situation – auch mental, was sie in die Klagen anderer nicht einstimmen lässt. Anders als die Etablierten haben die Postmateriellen auch in härteren Zeiten eine genussorientierte Grundhaltung bewahrt – mit Kunst, geschmackvoller Kleidung, exquisiter Wohnkultur, edlem Essen und exklusiven Reisen entschädigen sich viele für die Stresssituationen im Alltag. Auf der Suche nach Entschleunigung sind sie sehr empfänglich für Entlastung durch Service.

MEDIENNUTZUNG:

- Tages-, Wochen- und Sonntagszeitung sind wichtige Informationsquellen.
- Typische Zeitschriftentitel: „Zeit“, „Spiegel“, „Bild der Wissenschaft“, „Geo“, „Cicero“, „Brand Eins“.
- Stark unterdurchschnittlicher TV-Konsum (184 Minuten täglich), hauptsächlich zu Informationszwecken, aber auch gerne zur niveauvollen Ablenkung vom Alltag. Bevorzugt werden die öffentlich-rechtlichen Sender.
- Interessen: Aktuelles Geschehen, Kultur in aller Breite, Literatur, Dokumentationen, anspruchsvolle Spielfilme und Unterhaltung, Individualreisen.

- Für rund ein Drittel ist das Internet das wichtigste Medium, es dient als vielseitiges Informations- und Kommunikationszentrum, Web-TV, Web-Radio und mobile Dienste inklusive, um unabhängig zu sein.

*Die Modernen Performer – Sinus C 12, (10 Prozent)*

- Jüngstes Milieu in Deutschland, Altersschwerpunkt unter 30 Jahren.
- Hohes Bildungsniveau; noch viele Schüler und Studenten, zum Teil aber mit Jobs.
- Unter den Berufstätigen hoher Anteil Selbständiger und Freiberufler (Start-ups), qualifizierte und leitende Angestellte.
- Hohes Haushalts-Nettoeinkommen (gut situierte Elternhäuser); bei den Berufstätigen gehobenes eigenes Einkommen.

Die Modernen Performer sind die junge, unkonventionelle Leistungselite. Sie führen ein intensives Leben. Sie probieren vieles aus, Flexibilität und Ehrgeiz sind die Mischung, mit der sie ihre Leistungsgrenzen erproben. Sie sind nach wie vor das dynamischste, vitalste, optimistischste Milieu in Deutschland. Eine gewichtige Rolle spielt „das eigene Ding“: die Verbindung von materiellem Erfolg und lustvollem Leben. Mobilität und Flexibilität sind bei den Modernen Performern überdurchschnittlich ausgeprägt.

Konsum spielt bei den Modernen Performern eine große Rolle. Aber sie sind wählerischer, kritischer geworden. Pseudoinnovationen, Neuerungen, deren Nutzwert nicht sofort ersichtlich ist, finden keine Gegenliebe. Und: Sie sind Schnäppchenjäger aus Leidenschaft, immer begeisterungsfähig und für einen guten Deal zu haben.

MEDIENNUTZUNG:

In dieser Gruppierung besteht das größte Interesse an Kommunikation unter allen Milieus, was eine oft spontane Nutzung aller Optionen mit sich bringt.

- Keine Festlegung auf einen Zeitungstyp, aber häufig parallele Nutzung verschiedener Zeitungen.
- Mit durchschnittlich 13 Titeln pro Kopf die eifrigsten Zeitschriftenleser, von „Chip“, „PC-Welt“ und „Connect“ über „Elle“ und „GQ“ bis „Vogue“ und „Tomorrow“.

- Stark unterdurchschnittlicher, selektiver TV-Konsum (mit Schwerpunkt auf Unterhaltung). Bevorzugt werden die privaten Sender.
- Interessen: Party, Entertainment, Sport, Technik.
- Das Internet spielt mit allen Varianten eine zentrale Rolle: Für rund 55 Prozent ist es das wichtigste Medium. Modernste Technik ist selbstverständlich.

## Traditionelle Milieus

*Die Konservativen – Sinus A 12 (5 Prozent)*

- Altersschwerpunkt ab 60 Jahren; meist Zwei-Personen-Haushalte.
- Akademische Abschlüsse sind überrepräsentiert, aber auch Volksschulabschlüsse mit qualifizierter Berufsausbildung.
- Hoher Anteil von Personen im Ruhestand; typische (ehemalige) Berufe: Höhere Angestellte und Beamte, Selbständige und freie Berufe.
- Meist gehobenes Einkommensniveau, teilweise größere Vermögen.

Die Konservativen sind die Repräsentanten des alten deutschen Bildungsbürgertums, die Verteidiger der überkommenen Werte, Traditionen und der guten alten Ordnung. Ein humanistisch geprägtes Pflichtethos und das Bewusstsein für das kulturelle, nationale Erbe stärken ihr Elitebewusstsein.

Heute sind viele Konservative im Ruhestand, nach einer erfolgreichen, verantwortungsbewussten Berufskarriere. Geblieben ist ihr gesellschaftliches Verantwortungsgefühl. Sie empfinden eine zunehmende Entfremdung von der allgemeinen gesellschaftlichen Entwicklung. Auch die Skepsis gegenüber dem von Technisierung und Globalisierung getriebenen „Fortschritt" wächst. Mehr und mehr ziehen sie sich deshalb auf das enge persönliche Umfeld zurück. Finanziell sind die Konservativen mehrheitlich gut abgesichert.

MEDIENNUTZUNG:

- Regionale Tageszeitung oder konservatives, überregionales Blatt – „Die Welt", „F.A.Z.", „Welt am Sonntag".
- Typische Zeitschriftentitel: „Reader's Digest", „Das Haus", „Bunte", „Frau im Spiegel".

- Im Radio bevorzugt Klassische Musik, Wortprogramme.
- Durchschnittlicher TV-Konsum, bevorzugt Informationsprogramme, anspruchsvolle Talkshows, aber auch Spielfilmklassiker.
- Interessen: Lokales Geschehen, Hochkultur, Gruppenreisen.
- Neue Technologien werden eher abgelehnt, der Gebrauch des Internets nimmt aber in dieser Gruppe rasch zu; bereits 10 Prozent bezeichnen es als wichtiges Medium. Vor interaktiven Möglichkeiten schrecken die Angehörigen dieses Milieus aber noch zurück.

*Die Traditionsverwurzelten – Sinus A 23 (14 Prozent)*

- Altersschwerpunkt in der Kriegs- und ersten Nachkriegsgeneration (65 Jahre und älter); entsprechend hoher Frauenanteil.
- Überwiegend Volksschule/Hauptschule mit abgeschlossener Berufsausbildung.
- Hoher Anteil von Rentnern und Pensionären; früher kleine Angestellte und Beamte, Arbeiter, Facharbeiter und Bauern.
- Meist kleine bis mittlere Einkommen.

Die Traditionsverwurzelten sind die sicherheits- und ordnungsliebende Kriegs- und Nachkriegsgeneration, geprägt von traditionellen Werten wie Pflichterfüllung, Sparsamkeit, Bescheidenheit, Sauberkeit, Ordnung und Anpassung an die Notwendigkeiten. Inzwischen breitet sich aber Verbitterung aus über unzureichende Renten und wachsende Kosten in allen Bereichen, vor allem auch der Gesundheit.

Ihre Interessen kreisen eng um die eigenen vier Wände, die Familie, die eigene Gesundheit. Fernsehen, Basteln, Gartenarbeit und ehrenamtliches Mithelfen in unterschiedlichen Institutionen füllen die freie Zeit, gelegentlich auch kleinere Ausflüge und Kaffeefahrten, die inzwischen aber aus finanziellen Gründen seltener werden.

MEDIENNUTZUNG:

- Regionale Tageszeitung oder „Bild", Anzeigenblätter und Heimatzeitungen.
- Geringste Verbreitung von Zeitschriften. Typische Zeitschriftentitel: „HörZu", „Heim und Welt", „Apotheken-Umschau".

- Stark überdurchschnittlicher TV-Konsum (247 Minuten täglich), fast ausschließlich öffentlich-rechtliche Sender, neben Nachrichtensendungen bevorzugt volkstümliche Unterhaltung.
- Interessen: Gute, beruhigende Nachrichten, Gesundheit, Boulevardthemen.
- Das Internet spielt keine Rolle, bevorzugtes Kommunikationsinstrument ist das Telefon.

*Die DDR-Nostalgischen – Sinus AB 2 (5 Prozent)*

- Schwerpunkt bei den über 50-Jährigen.
- Meist einfache bis mittlere Bildung, aber auch Hochschulabschlüsse.
- Früher häufig Führungskader in Partei, Verwaltung, Wirtschaft und Kultur; heute einfache Angestellte, Arbeiter/Facharbeiter oder arbeitslos.
- Kleine bis mittlere Einkommen (Doppelverdiener); hoher Anteil an Beziehern von Altersübergangsgeld und Rente.

Die DDR-Nostalgischen – sie stellen fast ein Fünftel der ostdeutschen Bevölkerung – fühlen sich überwiegend als Verlierer der Wende. Das führte zu Verbitterung gegenüber der Gegenwart und einer gewissen Verklärung der Vergangenheit. Die beschränkten finanziellen Verhältnisse führen zu verschärfter Preisorientierung und Verzicht auf Qualität (auf Marken, auf gesunde Produkte, auf hochwertige Angebote). Unabhängig davon zeigt sich im Konsum eine neuerlich verstärkte Präferenz für Ostprodukte und -marken.

MEDIENNUTZUNG:

- Die Nutzung von Tageszeitungen sinkt weiter, „Bild".
- Typische Zeitschriftentitel: „Super Illu", „Frau von Heute", „Mini", „Glücksrevue".
- Stark überdurchschnittlicher TV-Konsum (281 Minuten täglich), private Sender stark überrepräsentiert, vorwiegend leichte Unterhaltung.
- Interessen: Boulevardthemen, Darstellungen von heiler Welt, Talkshows, Krimis.

- Die Möglichkeiten des Internets werden kaum genutzt.

### Mainstream-Milieus

*Die Bürgerliche Mitte – Sinus B 2 (15 Prozent)*

- Altersschwerpunkt: 30 bis 60 Jahre; oft Mehr-Personen-Haushalte, kinderfreundliches Milieu.
- Qualifizierte mittlere Bildungsabschlüsse.
- Einfache/Mittlere Angestellte und Beamte, Facharbeiter.
- Mittlere Einkommensklassen.

Die Bürgerliche Mitte ist der statusorientierte Mainstream. Wichtig ist, in gut gesicherten Verhältnissen zu leben. Abstiegsängste gab es schon immer, sie sind inzwischen jedoch sehr viel massiver geworden. Aus ihrem Streben nach Balance von Arbeit und Freizeit, nach einem harmonischen privaten Umfeld von gleichgesinnten, wohlsituierten Freunden, hat sich mehr und mehr die Tendenz zu Weltflucht und Abschottung entwickelt, „Cocooning" in verschärfter Form. Gleichzeitig werden die Anstrengungen und Rituale massiver, sich „nach unten" abzugrenzen. Das Sammeln materieller Statussymbole wird ergänzt durch Streben nach immateriellem Prestige.

Trotz hoher Leistungsbereitschaft, Anpassung und Flexibilität fühlt sich die Bürgerliche Mitte als eigentliche Verliererin der wirtschaftlichen Entwicklung: Pendlerpauschale, Eigenheimzulage, kostenloses Studium für die Kinder, Krankenversicherung, Altersvorsorge – alles gekürzt oder gestrichen. Angesichts der Massenentlassungsschübe auch profitabler Unternehmen sieht das Milieu seine Zukunft massiv bedroht.

MEDIENNUTZUNG:

- Regionale Tageszeitung oder „Bild".
- Typische Zeitschriftentitel: „Bunte", „Focus", „Tina", „Meine Familie & ich".
- Durchschnittlicher TV-Konsum, leichte Vorteile für private Sender; bevorzugt werden Shows und Unterhaltungssendungen, Filme.
- Interessen: Familie, lokales Geschehen, Vereinsleben, Sport.

- Das Internet spielt mit seinen E-Commerce-Angeboten eine Rolle, als Informations- und Kommunikationsmedium wächst langsam seine Bedeutung.

*Die Konsum-Materialisten – Sinus B 3 (12 Prozent)*

- Breite Altersstreuung bis 60 Jahre.
- Meist Volks-/Hauptschulabschluss mit oder ohne Berufsausbildung.
- Überdurchschnittlich viele Arbeiter/Facharbeiter, hohe Arbeitslosigkeit.
- Untere Einkommensklassen.
- Häufig soziale Benachteiligungen (Arbeitslosigkeit, Krankheit, unvollständige Familie).

Gerade aufgrund ihrer beschränkten finanziellen Mittel zeigen die Angehörigen dieses Milieus einen ausgeprägten Konsum-Materialismus. Sie lieben spontanen und prestigeträchtigen Konsum – um zu beweisen, dass sie mithalten können. Sie würden gerne so leben, wie sie sich das bei der breiten Mittelschicht vorstellen.

In der Vergangenheit führten die nicht rosigen Aussichten zur Ausblendung der Zukunft und zur Konzentration auf ein möglichst angenehmes Leben im Hier und Jetzt. Inzwischen werden Zukunftsangst und das Gefühl der Benachteiligung aber immer bedrückender. Es wird für die Konsum-Materialisten immer schwerer, ihre Hobbys zu pflegen oder sich gar spontane „Extratouren" zu gönnen. Der typische spaß- und freizeitorientierte Lebensstil des Milieus macht immer mehr einer Flucht in Traumwelten (Fernsehen, Videospiele, auch Alkohol) Platz.

MEDIENNUTZUNG:

- Boulevardzeitungen.
- Typische Zeitschriftentitel: „Sport Bild", „Revue", „Coupé", „Fernsehwoche".
- Überdurchschnittlicher TV-Konsum, bevorzugt werden private Sender, Informationsprogramme spielen kaum eine Rolle, Comedy und Shows sind wichtig.
- Interessen: Entertainment, Boulevardthemen, Sport, Erotik.

- Das Internet gilt als prestigeträchtig, wird vorwiegend für Unterhaltungszwecke genutzt. Jüngeren Milieuangehörigen gilt das Internet auch mit seinen interaktiven Möglichkeiten deutlich mehr als den Älteren. Technisch fortgeschrittene Mobiltelefone sind als Statussymbol wichtig.

### Hedonistische Milieus

*Die Experimentalisten – Sinus C 2 (8 Prozent)*

- Junges Milieu, Altersschwerpunkt unter 30 Jahren; viele Singles.
- Gehobene Bildungsabschlüsse; viele Auszubildende, Schüler und Studenten.
- Mittlere Angestellte, kleine Selbständige und Freiberufler; auch Jobber.
- Vergleichsweise hoher Anteil von Personen ohne eigenes Einkommen; Haushaltsnettoeinkommen dennoch über dem Durchschnitt (zum Teil gut situierte Elternhäuser).

Die Experimentalisten sind locker, tolerant und offen gegenüber anderen Lebensformen und Kulturen. Individualismus, ungehinderte Spontaneität, Experimentierfreude und die Suche nach Grenzerfahrungen sind der Rahmen, in dem sie ihre Gefühle und Sehnsüchte ausleben. Ihre gesellschaftskritische Einstellung ist pointiert. Das äußert sich in einer Abwendung vom herkömmlichen sozialen und politischen Engagement, in demonstrativer Ablehnung von Bio-Welle und Konsum-Wellness, in einer wertverweigernden Lebensstil-Opposition und im Selbstverständnis als gesellschaftlicher Gegenentwurf.

Die Experimentalisten sind Multimedia-Kinder. Intensiv nutzen sie alle einschlägigen Angebote und gehören zu den Erstnutzern aller kommunikativen Neuerungen. Gleichzeitig interessieren sie sich für Musik, Kunst und Kultur, für entsprechende Filme und Bücher, für exotische Szenerien, Welten und Kulturen.

MEDIENNUTZUNG:

- Tageszeitung ja, aber nicht regelmäßig; häufig „taz".
- Typische Zeitschriftentitel: gibt es nicht, alles wird ausprobiert.

- Unterdurchschnittlicher TV-Konsum, bevorzugt bei privaten Sendern, Sitcoms und Serien sind beliebt, aber auch Magazine wie „stern-tv“ oder „BIZZ“.
- Interessen: Allgemeinwissen (auch spekulatives „Wissen“), Entertainment, populäre Musik, Technik.
- Große Multimedia-Affinität: Für mehr als die Hälfte ist das Internet die wichtigste Informationsquelle. Eigene Blogs, Twitter und Web-TV spielen eine ebenso wichtige Rolle im Alltag wie das Mobiltelefon.

*Die Hedonisten – Sinus BC 3 (11 Prozent)*

- Jüngere und mittlere Altersgruppen bis 50 Jahre; Schwerpunkt unter 30 Jahren.
- Einfache bis mittlere formale Bildung – relativ oft ohne Abschluss.
- Einfache Angestellte und Arbeiter; viele Schüler und Auszubildende.
- Vergleichsweise großer Anteil von Personen ohne eigenes Einkommen; leichter Schwerpunkt bei mittleren Haushaltsnettoeinkommen.

Die Hedonisten sind meistens auf der Suche nach Spaß, Action und Unterhaltung. Sich nicht aufhalten zu lassen ist wichtig, auszubrechen aus den Zwängen des Alltags, frei und unabhängig zu sein, anders zu sein als „die Spießer“, „Lebe jetzt und zahle später“ scheint zur Devise vieler Hedonisten geworden zu sein. Noch mehr Action, noch mehr Thrill, noch mehr Kicks sollen bei der Verdrängung von Gegenwarts- und Zukunftsängsten helfen. Auch die Affinität zu Provokation und Gewalt nimmt weiter zu.

Typisch für die Hedonisten ist ihr expansiver Lebensstil. Schnelle Autos und Motorräder faszinieren sie. „Krasse“ Szenen, Clubs und Fangemeinden und Events mit starken Reizen sind das Umfeld für gemeinsame Aktivitäten. Darüber hinaus interessieren sie sich für alles, was unterhält.

MEDIENNUTZUNG:

- Regionale Tageszeitung, „Bild“ – aber nicht regelmäßig.
- Typische Zeitschriftentitel: „Auto Bild“, „Computer Bild“, „Cinema“, „TV-Spielfilm“.

- Durchschnittlicher TV-Konsum, vorwiegend private Sender; Serien, Comedy, Castingshows, Spielfilme.
- Interessen: Spaß, Fiction, Motortechnik, Erotik, Sport.
- Das Internet bezeichnen fast 40 Prozent als ihre wichtigste Informationsquelle, alle interaktiven Möglichkeiten und Angebote werden unbefangen genutzt.

## Verschiedene Schulen, ähnliche Zeugnisse

Mit Hilfe der Sinus-Milieus lassen sich auch spezifische Gruppen der Gesellschaft analysieren. 2006/07 wurden erstmals die Migrantenfamilien[31] gesondert erfasst – es zeigte sich, dass manches Vorurteil über die Integrationsbereitschaft, den Einfluss der Religionen oder den Leistungswillen unser Bild von den Einwanderern verfälscht. Im Auftrag des Bundes der Deutschen Katholischen Jugend[32] entstand im Frühjahr 2008 ein Bild der Jugend, das Kinder (9 bis 14 Jahre), Jugendliche (14 bis 19) und junge Erwachsene (19 bis 27) in nur sieben Milieus ansiedelt – DDR-Nostalgiker und Etablierte kann es in diesen Altersgruppen nicht geben, konservative Wertverpflichtungen sehen die Forscher im Milieu der „Traditionellen“. Besonders interessant: Die Milieus der Performer und der Experimentalisten stellen unter den jungen Leuten knapp 40 Prozent – das erlaubt einen Blick in die Zukunft unserer Gesellschaft. Hier spielt auf der einen Seite das Internet eine zentrale Rolle im Alltag. Andererseits zeigt sich in diesen künftigen Leitmilieus auch eine Gegenbewegung hin zu einer „Entschleunigung“. Papier – und damit sowohl das Buch als auch gut gemachte Zeitschriften – bekommt wieder einen Wert.

Einen anderen Weg geht das Münchener Marktforschungsinstitut PbS im Auftrag der Burda-Gruppe.[33] Im Frühjahr 2008 entwarf es ein Bild von der Nutzung der modernen Kommunikationstechnik: Online allgemein, Web 2.0, Mobilfunk, mobiles Internet. Dabei haben die Wissenschaftler ein anderes Modell zur Segmentierung der Gesellschaft angewandt, kommen aber zu ganz ähnlichen Schlüssen. Als enthusiastische Nutzer des Web 2.0 identifizieren sie kommunikative Menschen mit hohen Ansprüchen und weit gesteckten Zielen – in der Nomenklatur des Unternehmens die „Denkenden“ (anspruchsvolle Strategen), die „Fühlenden“ (emotionale Optimisten) und die „Sehnsüchtigen“ (kontaktsuchende Mitläufer), insgesamt neun Millionen Menschen. Hinzu kommen weitere acht Millionen „Freie“, das heißt kontaktfreudige, konsumorientierte Individualisten. Im Vergleich der Lebensstile und demografischen Profile, die Sinus Sociovision oder PbS zugrunde legen, zeigt sich eine weitgehende Entsprechung.

Die jüngsten Milieus des Sinus-Modells haben die deutlichste Affinität zu Online-Angeboten, World Wide Web und den Möglichkeiten des Web 2.0 – das deckt sich mit anderen Beobachtungen. Sie stellen knapp 30 Prozent der Bevölkerung. Tatsächlich zeigen aktuelle Ergebnisse aber auch, dass sich immer mehr Menschen mittleren Alters mit sich beschleunigender Tendenz der Online-Welt öffnen und ihren Spaß daran haben – und zwar unabhängig von Bildung und Einkommen. An rund einem Fünftel der Gesellschaft geht die Entwicklung vorbei – es sind dies die schrumpfenden Milieus der Konservativen, Traditionsverwurzelten und DDR-Nostalgiker.

Inzwischen ist eine Generation herangewachsen, die den Umgang mit dem Computer von der Schule an gewohnt ist. Wer heute 30 Jahre alt ist, hat die zweite Hälfte seines jungen Lebens mit den elektronischen Helfern verbracht. Von den heute 14- bis 19-Jährigen geben fast 60 Prozent an, seit mehr als drei Jahren mit dem Internet vertraut zu sein.[34] In der KIM-Studie von 2006[35] erklärten 46 Prozent der acht- bis neunjährigen Jungen und 39 Prozent der gleichaltrigen Mädchen, mindestens einmal pro Woche das Internet zu nutzen. So empfinden die Jüngeren die moderne Technik vor allem als hilfreich und zeitsparend. Kein Sachaufsatz mehr ohne „Google“ und „Wikipedia“, keine Französisch-Übersetzung ohne „Babylon“ – den Umgang mit Suchmaschinen, Datensammlungen und Serviceprogrammen beherrschen heute schon Kinder absolut souverän. Sie erfassen auch längere Texte am Monitor. Dies bestätigt eine von der „Stiftung Lesen“ in Auftrag gegebene Studie: Zwei Drittel der jungen Menschen bis 19 Jahre gaben an, sie machten keinen Unterschied zwischen gedruckten oder digitalen Texten, von den bis 29-Jährigen stimmten dem noch 59 Prozent zu. 41 Prozent der Befragten aller Altersgruppen sagten, sie läsen alle Texte komplett am Bildschirm und druckten nichts aus; im Jahr 2000 hatten dies nur 25 Prozent bestätigt.[36]

# 4 Das Internet ist für alle da

Wer Gelegenheit hatte zu beobachten, mit welcher Fingerfertigkeit Angela Merkel eine SMS in die Tastatur ihres Mobiltelefons tippt, ahnt vielleicht, dass die Hinwendung zu neuen Kommunikationstechniken keine Frage des Alters ist. Einer Statistik der EU[37] zufolge nutzten 2007 rund 35 Prozent der Menschen in Deutschland zwischen 55 und 74 Jahren mindestens einmal wöchentlich das Internet – das ist ein Platz im Mittelfeld: In den skandinavischen Staaten und in den Niederlanden sind es zwischen 55 und 58 Prozent, in Spanien sind es 13, in Griechenland gar nur sechs von hundert „Best Agern". Kein Segment der Internetnutzer wächst rascher als diese Gruppe, 2007 war die Zahl der über 60-Jährigen erstmals größer als die Zahl der 14- bis 19-Jährigen.

Insgesamt umfasst die Gruppe der freundlich „Silver Surfer" genannten Älteren etwa acht Millionen Menschen.[38] Ihre Aktivitäten im Web nehmen ständig zu, in Baden-Württemberg sind zum Beispiel rund 11 Prozent der über 65-Jährigen fast täglich im Netz.[39] Im Vergleich der demografischen Daten von Silver Surfern mit denen ihrer Offline-Pendants – also den über 55-Jährigen, die das Internet nicht nutzen –, werden eine Reihe von signifikanten Unterschieden deutlich. So sind die surfenden Senioren männlicher, jünger, gebildeter, zu größeren Teilen noch berufstätig und einkommensstärker.[40]

Im Internet shoppen, bei „Ebay" nach Schnäppchen suchen, Informationen rund um die Gesundheit recherchieren, Fahrkarten, Flugtickets und Hotelzimmer buchen – das waren die anfänglichen Hauptbedürfnisse. Zwischenzeitlich haben immer mehr ältere Menschen gelernt, über E-Mail zu kommunizieren, untereinander und vor allem mit Kindern und Enkeln. Ein Verlag macht gute Geschäfte mit einer Loseblattsammlung „PC-Wissen für Senioren", und die Grauköpfe lernen das Bloggen. In „seniorentreff.de" tauschen „sherpa4711", „wilhelm der 18." und „heinzdieter" ihre Ansichten über die Weltläufe aus; alles liest sich genauso spannend, amüsant, nachdenklich oder hirnlos wie die entsprechenden Texte jüngerer Satelliten der Blogosphäre.

## Virtuelle Freundschaften

Die Besucher der Seite hätten in ihrem Leben viel erlebt und aufgeschrieben, sagt Margit Fischbach, zusammen mit ihrem Ehemann Karl-

Friedrich Gründerin der Community. „Das Papier liegt aber oft nur im Schrank herum“, auf den Seiten von „seniorentreff.de“ haben hingegen schon etliche Nutzer ihre Lebenserinnerungen veröffentlicht. Auch Kurzgeschichten und Reisebeschreibungen sind beliebt. Außerdem gibt es im Seniorentreff regelmäßig Rätsel- und Themenabende, Foto- oder Gedichtwettbewerbe. Zum Thema „Wolken“ haben die Senioren faszinierende Fotos, Zeichnungen und Aquarelle ins Netz gestellt. „Das sind alles Initiativen, die von alleine laufen“, sagt Margit Fischbach. „Damit haben wir erreicht, was wir wollten: Ältere übernehmen die Initiative, finden neue Kontakte und stoppen so ihren Rückzug aus dem Leben.“ Rund ein Dutzend Communities für Senioren gibt es bereits – von „ahano.de“ über „silbernetzwerk.de“ bis „tengo.de“.

Das mag überraschen, denn eigentlich gilt das Netzwerken unter Mithilfe von 2.0-Technologie als eine Domäne der Jungen.[41] Nur 1 Prozent der über 50-Jährigen, aber 63 Prozent der 14- bis 19-Jährigen und 51 Prozent der 20- bis 29-Jährigen geben an, Communities zu nutzen, knapp ein Drittel davon sogar täglich. 61 Prozent der Jugendlichen und 53 Prozent der jungen Erwachsenen haben auch ein eigenes Profil angelegt; sie stöbern nicht nur in den Daten, die andere dem Netzwerk anvertraut haben, sondern sind selbst aktiv.[42] Die Hälfte ihrer gesamten Zeit im Internet verbringen Jugendliche mit einer Online-Community, wie eine aktuelle Befragung[43] ergab. Die Freischaltung von „schülerVZ“ im Februar 2007 löste einen bis heute andauernden Boom aus. Als wichtigsten Grund für die Nutzung von Online-Communities nennen die Jugendlichen zunächst das Thema „Freunde“ in all seinen Facetten: Alle Freunde sind ebenfalls dort aktiv, man kann mit Freunden in Kontakt bleiben oder neue Freundschaften knüpfen, sich schreiben und austauschen.

Ein weiterer wichtiger Aspekt sind Fotos, denn Austausch und Kontaktaufnahme finden natürlich auch auf der bildlichen Ebene statt. Wie Jugendstudien[44] zeigen, ist „Styling“ in dieser Altersgruppe von zentraler Bedeutung. Man präsentiert sich selbst und schaut, wie die anderen sich darstellen. Bilder gemeinsamer Aktivitäten halten das Erlebte fest und zeigen denen, die nicht dabei waren, was sie versäumt haben.

In einer Lebensphase, in der junge Menschen sich von der Familie abnabeln, sich selbst finden müssen, sich ständig neu definieren, positionieren und ausprobieren, bietet das Web 2.0 „Spielräume“, wie sie keiner Generation vorher zur Verfügung standen. Die Vernetzungsmöglichkeiten erweitern den persönlichen Aktionsrahmen kolossal; er ist nicht mehr auf die Klassenstufen der eigenen Schule oder des Sportvereins begrenzt, sondern erlaubt es, jahrgangs-, schul- oder ortsübergreifend nach interessanten Personen Ausschau zu halten und mit einem relativ hohen „Vorwissen" auf diese zuzugehen. Denn bevor ein Kontakt angebahnt wird, gibt es die Möglichkeit, in den Profilen der anderen Community-Mitglieder zu stöbern. In ihrer Selbstdarstellung geht es den Jugendlichen vor allem um Authentizität – wer sich verstellt oder allzu zurückhaltend über sich informiert, blendet sich selbst aus.

Wer aus „schülerVZ" heraus wächst, kann zu „studiVZ" wechseln – im Oktober 2005 ursprünglich als Plattform für deutsche, schweizer und österreichische Studenten gegründet, heute aber in vier weiteren europäischen Staaten aktiv. Seit Februar 2008 gibt es unter dem gleichen Dach „meinVZ", das sich allen Menschen öffnet. Rund 17 Millionen Mitglieder tauschen sich inzwischen in den drei Netzwerken aus – kostenlos. Dennoch ist das Unterfangen hochkommerziell: Seit dem 2. Januar 2007 gehören „studiVZ" und seine Ableger zur Verlagsgruppe Georg von Holtzbrinck, der Kaufpreis betrug 85 Millionen Euro. Der Nutzen für den Konzern besteht vor allem in den persönlichen Daten der Community-Mitglieder, die sich für gezielte Werbung nutzen lassen.

Den weltweit größten Zusammenschluss von Netzwerkern gründete 2004 ein Student der Harvard University. „Facebook" richtete sich ursprünglich nur an die anderen Studierenden auf dem Campus, aber offensichtlich konnte der damals zwanzigjährige Gründer Mark Zuckerberg mit seiner Idee ein Bedürfnis von sehr vielen befriedigen. Innerhalb kürzester Zeit hatte „Facebook" mehr als 100.000 Studenten an mehreren Hochschulen erreicht, ein erster Investor glaubte an das Geschäftsmodell. Heute sind weltweit rund 200 Millionen Menschen über „Facebook" vernetzt, über 2 Millionen davon in Deutschland.[45] Im Herbst 2007 zahlte Microsoft für gerade einmal 1,6 Prozent der Geschäftsanteile 240 Millionen US-Dollar. „In den letzten 100 Jahren haben Magazine und Zeitungen aus der Informationsflut das ausgewählt, wovon Journalisten dachten, es sei für den Leser von Interesse. Dank Plattformen wie ‚Facebook' kann jeder selbst diese Filterfunktion übernehmen. Und ich vertraue einem Freund, der mich auf einen Film hinweist, mehr als einem Schreiber, dessen Namen ich nicht einmal kenne", erklärt Mark Zuckerberg[46] den Erfolg seiner Gründung.

Den gleichen Gedanken verfolgen die Gründer von „Quipe.com“ – zusammengefügt aus Qualität und Hype – seit 2006 in Hamburg. „Quipe“ ist eine Art Social-Networking-Branchenbuch, mit den inzwischen gängigen Funktionen des Web 2.0: Es gibt *RSS-Feeds*, es gibt *Tags* und eine entsprechende *„Tagwolke“* – zu dieser Technik mehr im folgenden Kapitel. Der Sinn der Sache ist knapp und zielführend erklärt mit den Worten: „Nutzer vergeben Stichworte für Plätze. Je größer die Schrift, desto mehr ist dahinter.“ Die Mitglieder bewerten Orte und Dienstleister – Tankstellen, Automechaniker, Kneipen, Kindertagesstätten, Zahnarztpraxen, Tierhandlungen und Tagesmütter. Alles eben, was in einem normalen Branchenbuch auch steht – aber mit persönlichen Bewertungen samt Begründung. Die persönliche Empfehlung von jemandem, dem man Vertrauen schenkt, zählt mehr: Das ist das Prinzip, das dahintersteht. „Wenn ich in eine neue Stadt ziehe, in der ich fünf Leute kenne, und jeder gibt mir fünf Tipps, wo man hingehen kann – dann reicht das erstmal. Dann komme ich da zurecht“, sagt Stephan Uhrenbacher, einer der Gründer. Inzwischen verfügt die Seite über Informationen aus allen Regionen der Welt, die von Mitgliedern eingestellt wurden.

Lebenshilfe ganz anderer Art verspricht „xing.de“. Die Community wurde 2003 von dem Hamburger Lars Hinrichs als Open Business Club gegründet. Drei Jahre später ging das Unternehmen als Open BC AG an die Börse, im Juli 2007 folgte die Umfirmierung in Xing AG. Hier versammeln sich vor allem Menschen, die sich berufliche, geschäftliche und gesellschaftliche Vorteile davon versprechen, sich mit anderen zu vernetzen. „Das Vitamin-B-Netzwerk“, spottete ein Schreiber in der „Zeit“.[47] Kernfunktion ist das Sichtbarmachen des Kontaktnetzes; beispielsweise kann ein Benutzer abfragen, über „wie viele Ecken“ – also über welche anderen Mitglieder – er einen anderen kennt. Zahlreiche Freiberufler, Unternehmer und Angehörige des Managements tauschen sich in rund 700 geschlossenen Besuchergruppen oder in offenen Diskussionsforen aus. Im November 2008 waren über 6,5 Millionen Menschen bei Xing registriert, rund 513.000 davon als zahlende Premium-Mitglieder.

Schüler, Studenten, Reisende, Geschäftsleute – das erfolgreichste Netzwerk in Deutschland liefert den Beweis, dass die alltägliche Beobachtung „Menschen interessieren sich für Menschen“ genügt, um eine Internet-Community zu betreiben. „Wer-kennt-wen.de ist das wohl seltsamste Social Network, das derzeit in Deutschland aktiv ist. Anders als Xing, StudiVZ oder Facebook tummeln sich dort nicht nur Manager, Studenten, PC-Süchtige und Pubertierende, sondern vornehmlich das Otto-Normalverbraucher-Segment der Generation 40plus und deren Kinder", wunderte sich Frank Patalong in Spiegel Online.[48] 2006 von zwei Studenten in Koblenz gegründet, hat wer-kennt-wen (wkw) heute über fünf Millionen Mitglieder[49] – in Rheinland-Pfalz, dem Saarland, Hessen, im südlichen Nordrhein-Westfalen. Denn das Interesse an der Seite hat sich vorwiegend „viral", das heißt durch Mundpropaganda fortgepflanzt, vom Gründungsort Koblenz, wo heute erstaunliche 35 Prozent der Einwohner wkw-Mitglieder sind, ausstrahlend in alle Richtungen. Seit Februar 2008 ist RTL mit 49 Prozent an wkw beteiligt; die rund 40 Mitarbeiter zogen um nach Köln.

## Fanclubs für Zeitungen

Dieses Beispiel zeigt vielleicht am deutlichsten, dass Internet-Communities nur einen geringen Anstoß brauchen, um sich erfolgreich zu entwickeln. Sobald einige Menschen erkennen, dass sie etwas verbindet und sich der kommunikative Austausch für sie lohnt, wollen sie offenkundig mehr Kontakt. Die Gruppen, Foren und Blogs der Communities schaffen die Plattform, um sich mitzuteilen. Inzwischen haben auch hergebrachte Medien erkannt, welche Chancen ihnen das Web 2.0 eröffnet. Eine regionale Zeitung verfügt über alle Voraussetzungen, um eine erfolgreiche Netz-Gemeinde zu installieren – eine feste Abonnentengruppe, zahlreiche Themen, die in der Gemeinde oder Region kontrovers diskutiert werden, Veranstaltungen, Dienstleistungsanbieter, Jobvermittlung. Wer die Menschen darüber mitreden lässt, kann jeden Tag interessanten Inhalt anbieten. Ergänzt mit ein paar Möglichkeiten zur Selbstdarstellung kann eine Leser-Community ein interessanter und vielversprechender Weg sein, um Leser zu binden.

Bemerkenswerterweise haben viele regionale Zeitungen diesen Weg mit erheblicher Verspätung und sehr zögerlich beschritten. Und wo Zeitungshäuser Communities betreiben, sind sie trotz der theoretischen Stärke dieser Anbieter und ihrer Verwurzelung in der Region meistens signifikant wenig erfolgreich. Am besten funktioniert es dort, wo auch die Serviceangebote (Benutzerforen oder Weblogs, Kleinanzeigendatenbanken, Branchenverzeichnisse oder Umfragen) den regionalen Charakter und die Kenntnis von Land und Leuten betonen.

Beim Münchener Merkur fällt die „Community“ sofort ins Auge (www.merkur-online.de/community), im „Bürgerforum“ diskutieren Leser manches Thema und steuern Kommentare bei, die in Sachkunde und Formulierungskunst den Leistungen der Redaktion in nichts nachstehen. Die Koblenzer „Rhein-Zeitung“ (www.rhein-zeitung.de) oder die „Kölnische Rundschau“ (www.ksta.de) zeigen ebenfalls gute Lösungen.

Das Angebot gleicht einem virtuellen Marktplatz. Zusätzlich bieten die Regionalen vielfach ihren Lesern Internetzugänge zu besonders günstigen Preisen oder die Möglichkeit, kostenlos mit eigenen Homepages auf dem Zeitungsserver präsent zu sein. Nicht selten besetzt der regionale Anbieter in diesem Marktsegment als alleiniger Dienstleister eine Schlüsselposition. In den Online-Angeboten tritt die universale Berichterstattung, die im Printmedium noch gepflegt wird, zurück. Im Vordergrund steht der Service für die Region – deutlicher, als je eine Lokalzeitung dazu in der Lage war.

Unter den überregionalen Tageszeitungen erlaubt die „Welt“ ihren Lesern, öffentlich über die aktuellen Themen mitzureden (http://debatte.welt.de). Die älteste deutsche IT-Zeitschrift „chip“ unterhält erfolgreich ein Netzwerk ihrer Leser (http://forum.chip.de), der „stern“ hat seine Community gut vor den Lesern versteckt – wer dorthin gelangen will, muss auf der Online-Seite im Inhaltsverzeichnis unter „weitere Angebote“ suchen (www.stern.de/community).

Bei den Fernsehsendern ist von Dialog und Austausch noch längst nicht überall etwas auszumachen – auf der Homepage des ZDF kann der Besucher unter dem Button „Interaktiv“ nur ein Instrument finden, um selbstgemachte Fotos über die ZDF-Seite zu veröffentlichen. RTL (http://worldweb4.rtl.de), n-tv (www.n-tv.de/community) und Arte (www.arte.tv/forum) zeigen aber, dass sie den Diskurs mit ihren Zuschauern wirklich wollen: Der Nachrichtensender betreibt zu den Themenbereichen Nachrichten, Wirtschaft und Finanzen sowie TV-Programm mehr als 40 moderierte Blogforen. Der Kulturkanal bietet neben einem wöchentlichen Newsletter zahlreiche Foren und Blogs, in denen Redakteure und Autoren von TV-Beiträgen für den unmittelbaren Austausch bereitstehen.

In allen herkömmlichen Medien wird deutlich mehr herumexperimentiert, als dass souveräne Lösungen angeboten würden. Viele Projekte sind „Testballons“ und laufen offensichtlich nebenher, statt zentrale Elemente der Zukunftsplanung zu sein. Die Integration des Lesers in ein interaktives Modell setzt ein massives Umdenken in den Redaktionen voraus: Der unter Journalisten verbreitete Spruch „Es gibt nichts älteres als die Nachrichten von gestern“ gilt nicht mehr viel. Wenn der Leser kommentieren soll, muss auch der Redakteur die Konversation am Leben erhalten. Dies erfordert einen Wandlungsprozess im Selbstverständnis der Redakteure und in der Medienorganisation – der Abstand zwischen den Nachrichtenmachern und ihren Kunden schrumpft, und mit ihm der Sockel, auf dem sich Journalisten bisher wähnen durften.

## Sind Blogs demokratischer Journalismus oder Showbizz?

Eines der größten Missverständnisse und Quelle zahlreicher Fehldeutungen rund um Weblogs ist, dass es sich hierbei um journalistische Produkte handele. Dies trifft nur in den allerwenigsten Fällen zu, und die meisten Blogger wollen ganz ausdrücklich keine Journalisten sein. Bei der großen Mehrheit der Blogs handelt es sich um das, was frühere Generationen in unauffällig eingebundenen und mit einem kleinen Vorhängeschloss versehenen „Tagebüchern“ notiert haben. Die Tagebücher des neuen Jahrtausends werden im Internet geführt – und sie sind öffentlich.

Allerdings gibt es durchaus Weblogs (mit Text, Audiobeiträgen, also als Podcast und/oder als Vlog), die auch höchsten journalistischen Ansprüchen genügen, allein deshalb, weil sie von gestandenen Journalisten publiziert werden. Wenn Stefan Niggemeier (www.stefan-niggemeier.de) oder Matthias Matussek (www.spiegel-online.de/kultur) ihre medien- und kulturkritischen Beiträge ins Netz stellen, heben sie damit das durchschnittliche Niveau der Blogosphäre nicht unerheblich. Noch häufiger verfassen Menschen mit einer hohen Sachkenntnis auf einem bestimmten Gebiet Blog-Beiträge, ergänzen so die Fachpresse oder liefern tagesaktuelle Brancheninformationen, ohne dass ihre Texte unbedingt streng nach journalistischen Kriterien aufbereitet sind. Die meisten Blogs bleiben ihrem Charakter als „Online-Tagebücher“ jedenfalls insofern treu, als sie nicht objektiv-nachrichtlich, sondern subjektiv-kommentierend aufbereitet sind. An solchen Stellen findet sich oftmals erfrischend kritischer Journalismus.

Das Missverständnis beruht womöglich auf einer Gleichsetzung von Blogs in Deutschland mit den Verhältnissen in den Vereinigten Staaten. Dort hat sich rund um die Ereignisse von „9/11“ und den nachfolgenden

Kriegen in Afghanistan und im Irak ein tief empfundenes Misstrauen gegenüber den traditionellen Medien ausgebreitet.

Als Nachrichtenquellen wurden Weblogs während des zweiten Golfkriegs im Frühjahr 2003 erstmals von einer breiteren Öffentlichkeit wahrgenommen. Sogenannte „Warblogs“ lieferten eine direkte und aktuelle Berichterstattung aus den Kriegsgebieten zu einer Zeit, als eine umfassende und wahrheitsgemäße Berichterstattung durch die „embedded journalists“ zweifelhaft erschien. Ähnliches war während des Krieges im Gazastreifen Anfang 2009 zu beobachten – die Blogs der Palästinenser und internationaler Helfer lieferten schnelle und authentische Berichte aus der Kriegsregion, während die israelische Armee Journalisten das Betreten des Gazastreifens unmöglich machte.

Amerikanische Blogger wollen tatsächlich eine Alternative zum Mainstream-Journalismus sein – und sie werden diesem Anspruch vielfach auch gerecht. Dort mischten sich die Huffington Post (für Barack Obama) und der Drudge Report (für John McCain) offen und engagiert in den Wahlkampf ein.

Die deutsche Blogosphäre am amerikanischen Maßstab zu messen ist kaum möglich. Blogs sind hierzulande besonders häufig ein Werkzeug zur halbwegs unkomplizierten Veröffentlichung von Inhalten im Internet. Die einflussreichen Blogger schreiben über Neues in der Informationstechnologie, über Web 2.0, über Gutes und Schlechtes in den Medien: Die weit überwiegende Zahl der ernst gemeinten Blogs existiert allein, um Artikel und Sendungen in den hergebrachten Medien mit eigenen Kommentaren, Schimpfkanonaden, pseudointellektuellem Geschwurbel oder offenkundigen Albernheiten zu kontern. Das Bedürfnis nach Selbstdarstellung ist groß und macht vor kaum einer Dummheit halt.

Die Zahl der aktiven Blog-Schreiber stagniert nach einem rasanten Anstieg seit Oktober 2007 bei etwa 900.000 Personen – vielleicht, weil es inzwischen andere Möglichkeiten gibt, sich seine eigene persönliche Öffentlichkeit zu schaffen. Kenner der Szene vermuten, der Zuwachs bei Netzwerk-Plattformen von „studiVZ“ über „Facebook“ bis „wer-kennt-wen.de“ mache diese Möglichkeiten sichtbar. Dort finden im Moment Nutzer ihr „Wohnzimmer im Netz“, wo sie Informationen über sich für ein überschaubares Publikum publizieren. Die in den Communities integrierten Blogs erreichen mit größerer Wahrscheinlichkeit Menschen, die gleiche Interessen und einen ähnlichen Lebensstil teilen. So gelingt es, die Hürden niedrig zu halten, um einem Kreis von ähnlich Gesinnten mit Informationen, Erlebnissen und Gedanken zu versorgen, die man persönlich für relevant hält.

## Schimpfen macht Spaß

Besonders beliebt sind allerdings medienkritische Weblogs – ein Teil der bloggenden Menschen macht ihrem Ärger über einzelne Medien oder über deren Gesamtheit Luft. Berühmtheit erlangte schon früh bildblog.de, dort nahm Stefan Niggemeier den Auflagenrenner unter die Lupe und entlarvte so manchen Artikel als dreiste Falschmeldung. Inzwischen hat das Blog so viele Freunde, dass Hinweise auf Falsches oder Kurioses von den Nutzern kommen. Niggemeier avancierte zum Starschreiber von „F.A.Z." bis „Cicero". In „spiegelkritik.de" trifft es den ehemaligen Platzhirsch des Nachrichtenjournalismus, „medienrauschen.de" greift kritikwürdige Fehlleistungen aus allen Sparten auf.

Weblogs sind eine Domäne junger Menschen[50] – mehr als die Hälfte (54 Prozent) der Blogger ist noch keine 30 Jahre alt, nicht einmal ein Fünftel ist älter als 40 Jahre. Das Psychologenpaar Felicitas und Marcel Heyne[51] hat das Persönlichkeitsprofil von Bloggern untersucht und dabei einen hohen Anteil „verträumter Idealisten" (43 Prozent) und „unabhängiger Denker" (22 Prozent) gefunden. In der Gesamtbevölkerung seien diese Profile mit 15 beziehungsweise 16 Prozent vertreten, dort dominierten die „Realisten" (46 Prozent). Eine Studie der Universität Leipzig[52] kann nachdenklich machen. Dort heißt es, 66,8 Prozent der Blogger unterziehen sich dieser Mühe, weil sie meinen „etwas zu sagen zu haben". Die Blogleser sagen dies von sich nur zu 7,5 Prozent. Als Motivation für das Schreiben eines Weblogs gab fast jeder fünfte Blogger (18,5 Prozent) an, „Leute aufklären" zu wollen. 16,1 Prozent zielen sogar darauf ab, „die Gedanken anderer zu beeinflussen".

Die Leser von Weblogs sehen dagegen die Ergebnisse durchaus kritisch: Knapp die Hälfte der über 30-jährigen Internetnutzer interessiert sich dafür, von den über 40-jährigen sind es immer noch 35 Prozent. Gleichbleibend hoch über alle Altersgruppen hinweg ist der Anteil derer, die das meiste in den Blogs für „unwichtig" oder „unsinnig" hält – 62 Prozent. Aussagen über besonders interessante Seiten decken sich mit Messwerten über die meistbesuchten Blogs. Zugleich finden sich darunter besonders häufig solche, die von Journalisten – zum Teil für die Online-Varianten ihrer Blätter oder Sender – veröffentlicht werden.

### Twitter – 140 Zeichen müssen genügen

Eine Variante des Bloggens greift um sich: das „Twittern", benannt nach der Community „Twitter". Die betreibt einen „Microblogging-Dienst". Angemeldete Benutzer können Textnachrichten mit maximal 140 Zeichen senden und die Nachrichten anderer Benutzer empfangen. Das ist im SMS-Modus direkt über das Mobiltelefon möglich, worin ein erheblicher Teil des Reizes liegen dürfte. Die Nachrichten werden „Updates" oder „Tweets" (to tweet = zwitschern) genannt. Der Twitterer schließt sich anderen Benutzern an, indem er deren Updates abonniert. Auf der Twitter-Startseite kann er Updates eingeben und die Updates der Personen, denen er folgt, nach der Zeit sortiert sehen. Der Absender entscheidet, ob er seine Updates allen zur Verfügung stellen oder den Zugang auf eine Freundesgruppe beschränken will. Schätzungsweise 30.000 Menschen in Deutschland[53] haben diese Anwendung schätzen gelernt. International bekannt wurde das Instrument vor allem durch Barack Obama, der den Dienst in seinem Wahlkampf nutzte, um auf seine aktuell eingestellten Videos auf „Youtube" aufmerksam zu machen und potentielle Wähler zur Stimmabgabe zu motivieren.

Weblogs erweisen sich zunehmend auch als Mittel, den Dialog zwischen Medienredaktionen und ihren Kunden zu fördern. Zahlreiche Zeitungen und Zeitschriften bieten ihren Lesern schon lange an, elektronische Kommentare zu den Artikeln ihrer Redakteure zu schreiben. Erfahrungen zeigen, dass solche Angebote ihre Gefahren haben. Mancher Zeitgenosse äußert Unerträgliches, indem er zum Beispiel seinem Rassismus Sporen gibt. Andererseits sind die Kommentare der Leser oft weitaus interessanter als das routinierte „Meinung absondern" eines Redakteurs. Wenn die Kommentierungen über eine Blogfunktion erfolgen, werden Meinungstexte häufig in ganz neue Nutzerkreise getragen, die eine Sache durchaus anders sehen können – das fördert Meinungsvielfalt in einem überaus wünschenswerten Maße.

Das Düsseldorfer „Handelsblatt" bietet in seiner Online-Version zwölf Weblogs an, dazu ein Blog-Portal der Auslandskorrespondenten, die aus aller Welt berichten.[54] Darunter ist das für Branchenkenner sehr unterhaltsame und lehrreiche Blog „Indiskretion Ehrensache" von Thomas

Knüwer, der hier aus dem Journalistenalltag berichtet und immer wieder einmal sein Leid über schlecht geschriebene Pressemeldungen oder seltsam anmutende PR-Kampagnen klagt (http://blog.handelsblatt.de/indiskretion). Andere Blogs behandeln Politik und Gesellschaft, Medien und Internet, das Trendthema Klima oder schauen im Management-Blog den Wirtschaftslenkern auf die Finger. Auch Audio- und Videoangebote finden sich auf www.handelsblatt.com: Im wöchentlichen Podcast „bel étage“ werden Gespräche mit Interviewpartnern aus Medien, PR, Marketing und Werbung geführt. Der ebenfalls wöchentlich erscheinende „Elektrische Reporter“ ist ein auf Experteninterviews ausgerichtetes Video-Blog über Online-Trends und wurde 2007 mit dem Grimme Online-Award ausgezeichnet.

Andere Verlagshäuser nutzen Weblogs zur Leser-Blatt-Bindung. Ihre Leser können kostenfrei innerhalb der Online-Präsenz der Zeitung ein eigenes Weblog einrichten und führen oder sich als Autor für ein Gemeinschafts-Weblog registrieren. „RP Online“, die Online-Version der Düsseldorfer „Rheinischen Post“, war eine der ersten Zeitungen, die eine crossmediale Strategie etablierte: Auf der Plattform „Opinio“ – zwar kein klassisches Weblog, aber doch ähnlich aufgebaut – können Leser sich als Autoren registrieren und Beiträge online publizieren. Wöchentlich erscheint in der Printversion eine Seite mit den besten Online-Texten und jeweils einem Autorenporträt. Diese Seite steht wiederum als PDF-Datei zum Download im Internet (www.rp-online.de).

Dass Blogs hierzulande noch lange keine ernst zu nehmende Wirtschaftsgröße sein werden, zeigt ein Vergleich mit den Verhältnissen in den USA. Der Marktwert von „Huffington Post“ oder „Drudge Report“ wird auf 35 beziehungsweise 20 Millionen Dollar geschätzt. Die jährlichen Werbeeinnahmen belaufen sich in beiden Fällen auf mehr als 10 Millionen Dollar. – Der Betreiber eines der meistbesuchten deutschen Weblogs, Robert Basic, bot im Januar 2009 seine Seite über „Ebay“ an. Als Mindesteinsatz forderte er 37.000 Euro. Am 15. Januar war die Sache ausgereizt, www.basicthinking.de/blog wechselte für 46.902 Euro den Eigentümer. Die Einnahmen dieses Blogs aus Werbung werden auf rund 35.000 Euro pro Jahr geschätzt.

# 5 Die Medienrealität im Online-Zeitalter

„Was wir über unsere Gesellschaft, ja über die Welt, in der wir leben, wissen, wissen wir durch die Massenmedien", postulierte Niklas Luhmann.[55] Der Soziologe machte diese Aussage, um die Macht der Medien zu unterstreichen. Sie sammeln Informationen über Geschehnisse und stellen sie der Gesellschaft zur Verfügung. Sie berichten über Ereignisse, die nur wenige selbst beobachten konnten, so dass die meisten Menschen ihr Wissen über die Welt ausschließlich den Medien verdanken. Unsere Vorstellungen von der Wirklichkeit sind also letztlich abhängig von medial erzeugten Informationsangeboten, die uns erreichen.

Als die öffentlich-rechtlichen Rundfunkanstalten noch eine Monopolstellung besaßen, war es den dort tätigen Journalisten möglich, ihre Programminhalte und -strukturen nach ihrem Gusto frei zu bestimmen. Mancher Beitrag in einem Nachrichtenmagazin hatte deutlich erzieherische Absichten.

> Wenn Peter von Zahn „Aus der Neuen Welt" berichtete oder Thilo Koch seine regelmäßigen Beiträge für die Tagesschau mit „Guten Abend, drüben in Deutschland" beschloss, hatten sie der jungen Bundesrepublik fast immer Positives und Beispielhaftes aus dem Mutterland der Demokratie erzählt. Margret Dünser mit ihrer „VIP-Schaukel" und Georg Stefan Troller mit „Pariser Journal" vermittelten in den sechziger und siebziger Jahren dem deutschen Publikum etwas von dem Flair und Glamour der großen, weiten Welt. Und subkutan sozusagen auch ein Gefühl für Stil und Geschmack jenseits von Toast Hawaii und Schlagern zum Mitklatschen. Leicht erreichten sie 20 Millionen Zuschauer – und wenn in der ARD die englische gegen die deutsche Nationalmannschaft antrat, nachdem die Eurovisions-Fanfare verklungen war, oder wenn im ZDF Peter Frankenfeld mit seinem Quiz „Vergissmeinnicht" die neuen Postleitzahlen populär machte, sprachen die Zeitungen völlig zu recht von einem „Straßenfeger", weil oft die halbe Nation vor den Fernsehgeräten saß ...

Von diesen Zeiten können TV-Macher nur noch träumen, sie sind endgültig vorbei. Der Wettbewerb hat zwangsläufig auch die öffentlich-rechtlichen Sendeanstalten verändert. Um Quoten, Auflagen und damit Werbeeinnahmen zu erzielen, müssen die Medien attraktive Themen auswählen, die für großen Absatz sorgen. Das vormalige Massenpublikum hat sich im Sog der Fragmentierung unserer Gesellschaft in immer kleinere Subgemeinschaften längst zu einem Zielgruppenpublikum entwickelt. Als Reaktion auf den steigenden Individualisierungsgrad in der Gesellschaft richten die TV-Sender Mittel ein, die sich den gesellschaftlichen Gruppen anschmiegen. Die steigende Anzahl an Spartenprogrammen ist Ausdruck dieser Entwicklung. Zwar liefern die Medien immer noch Nachrichten aus aller Welt und stellen Informationen in aller Breite zur Verfügung; doch richtet sich ihre Verarbeitung heute mehr und mehr nach den Bedürfnissen des Publikums. Der Erlebnishunger der Zuschauer verlangt nach mehr Tempo, mehr Sensationen, mehr Unterhaltung – mehr Action. Themenauswahl und -präsentation richten sich danach.

Diese Tendenz wirkt sich auf alle Medienbereiche aus – das Fernsehen ist hier allerdings als das verbreitetste Massenmedium von vorrangigem Interesse. Schon ein Blick auf die Zeitschriftentitel, die sich den Fernsehprogrammen verschrieben haben, zeigt die Vielfalt unterschiedlicher Interessen am TV-Geschehen – von „TV Movie" über „Premiere-TV" bis „TV Digital". 23 Titel stellen sicher, dass für jeden etwas dabei sein wird.

> Für Zeitschriften gilt Ähnliches: Das ohnehin breit angelegte Themenspektrum einer Illustrierten wie „stern" genügt nicht mehr, um eine differenzierte Leserschaft an sich zu binden – darum existiert heute eine komplette stern-Familie: Das Traditionsblatt selbst, „Neon – das junge Magazin für Männer und Frauen zwischen 20 und 35", „Nido – das neue General-Interest-Magazin für moderne, großstädtische Eltern", „stern fotografie – die legendäre Foto-Edition des Stern" und „stern gesund leben – das Magazin für Körper, Geist und Seele".

## Das Radiogerät ist tot – es lebe das Radio

Auch das Radio liefert sehr individuelle Formate. Die öffentlich-rechtlichen Sendehäuser haben ihr Radioangebot in den letzten Jahren gründlich verändert und differenziert. Vier, fünf, sogar sechs parallel ausgestrahlte Programme pro Sendehaus unternehmen den Versuch, die unterschiedlichen Hörgewohnheiten der Radiokunden zu befriedigen. Das reicht vom jugendlich-poppigen Sendeschema mit viel aktueller Musik und notorischen Spaßmachern im Studio bis hin zum landsmannschaftlich-traditionell eingefärbten Programm mit viel Blasmusik und Moderatoren, die etwas vom Melken verstehen. Weitere Programme bedienen die Informationswünsche mit Magazinsendungen, Nachrichtenblöcken und Dokumentationen oder mit Kulturinformationen, Lesungen, Hörspielen und E-Musik. Die privaten Radio-Anbieter unterscheiden sich insbesondere durch ihre Musikfarbe und die deutliche Regionalisierung der Informationsanteile.

Das soll nach dem Willen der Zuhörer auch so bleiben, wie eine Befragung zeigt.[56] Die Hörer erwarten vom Radio nicht nur mehr Flexibilität bei den Empfangsmöglichkeiten, sondern auch bei der zeitlichen Nutzung und der wachsenden Programmauswahl. Der Radioempfang auf verschiedenen Endgeräten wird von den Hörern als wichtigste Veränderung durch die Digitalisierung angesehen. 53 Prozent der unter 30-Jährigen und 43 Prozent insgesamt würden beispielsweise Radioprogramme auch auf ihrem Handy anhören wollen. Auch zeitversetztes Hören wird immer wichtiger. Die Hörer fühlen sich von den technischen Voraussetzungen keineswegs überfordert. Nach ihren persönlichen Wünschen an das digitale Radio der Zukunft befragt, geben die meisten nicht Musik, sondern einen interessanten Programm-Mix an. Die Befragten möchten zudem aktiv bei der Programmgestaltung mitwirken können.

Dem Radio werden neben dem Fernsehen überraschend deutlich die besten Chancen eingeräumt, durch Zusatzdienste einen Vorteil im Medienwettbewerb zu erlangen. Als interessanter Mehrwert gelten Titel- und Künstlerinformationen, Verkehrsservice, Nachrichten und Programminfos. Auch in dieser Studie bestätigt sich trotz aller Veränderungen im Audiomarkt wiederholt die Favoritenrolle der klassischen Radiosender aus der Region: Über 90 Prozent geben an, am liebsten die ihnen bekannten Radioprogramme hören zu wollen. Selbst beim Anhören von Internetradios kommt es den Hörern in erster Linie darauf an, ihren Sender online überall empfangen zu können.

Das Radio verfüge über drei Hauptkompetenzen, sagte Sven Gábor Jánszky[57] auf den Münchener Medientagen im Oktober 2008: Die *Musikkompetenz*, die *Verkehrsfunkkompetenz* und die *Tagesbegleiterkompetenz*. Die Konkurrenten in Sachen Musikkompetenz sieht er in Systemen wie „last.fm“, die via Web 2.0 jedermann ermöglichen, seine Lieblingsmusik individuell zusammenzustellen. Der Wettbewerber bei der Verkehrskompetenz sind die Navigationssysteme. Künftig werden Autos und Handys untereinander automatisch kommunizieren und damit in „Schwarmintelligenz“ Staus analysieren und umfahren können. Und die Konkurrenten beim Thema Tagesbegleitung sind Fernsehen und SMS-basierte Communitysysteme wie „Twitter“. Hier sieht der Wissenschaftler die größten Entwicklungsmöglichkeiten für das Radio von morgen: mit seinen Lieblingsmoderatoren und Sympathieträgern hat aus seiner Sicht das Radio die besten Startbedingungen dafür, in der kühlen digitalen Welt den emotionalen Mehrwert beizusteuern.

## Es gibt nur noch Online-Medien mit alternativer Verbreitung

Eine Gegenüberstellung zeigt für Zeitungen wie Zeitschriften eine über ein Jahrzehnt andauernde Abwärtsentwicklung, während derer sich die Nutzung von Online-Angeboten allein innerhalb des Jahres 2008 fast verdoppelte.

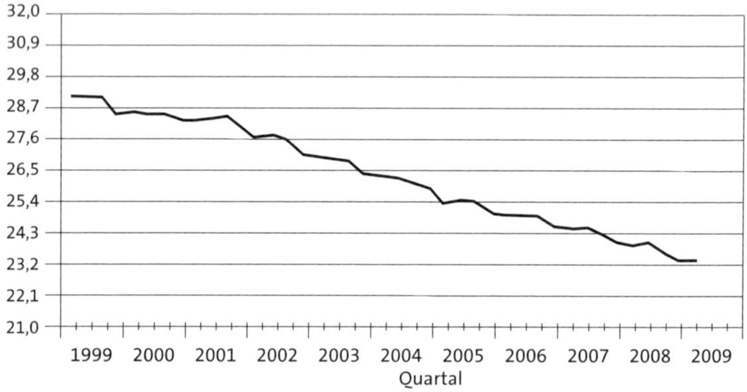


Abbildung 6: Entwicklung Tageszeitungen (Quelle: „Informationsgemeinschaft zur Feststellung der Verbreitung von Werbeträgern e.V. (ivw)", Januar 2009)

Es gibt also einen guten Grund, warum alle Tageszeitungen auch Online auf dem Markt sind. Optik und Machart der Web-Version signalisieren in der Regel auf den ersten Blick die Zugehörigkeit zur gedruckten Ausgabe; Schriftzug und Farbgestaltung sorgen für den Wiedererkennungswert. Die bunte und bilderreiche Gestaltung wird inzwischen von mehr als 70 Prozent der Redaktionen durch Videoangebote ergänzt – die Breitband-Vernetzung macht's möglich. Die Inhalte entstammen den klassischen Ressorts Politik, Wirtschaft, Feuilleton, Sport sowie Vermischtes und – im Fall der regionalen Anbieter als Schwerpunkt – Neuigkeiten aus der näheren Umgebung. Selten ist die Auswahl so breit wie

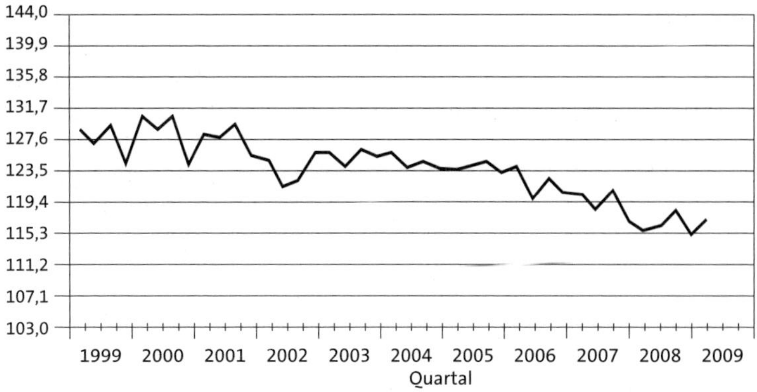


Abbildung 7: Entwicklung Publikumszeitschriften (Quelle: „Informationsgemeinschaft zur Feststellung der Verbreitung von Werbeträgern e.V. (ivw)", Januar 2009)

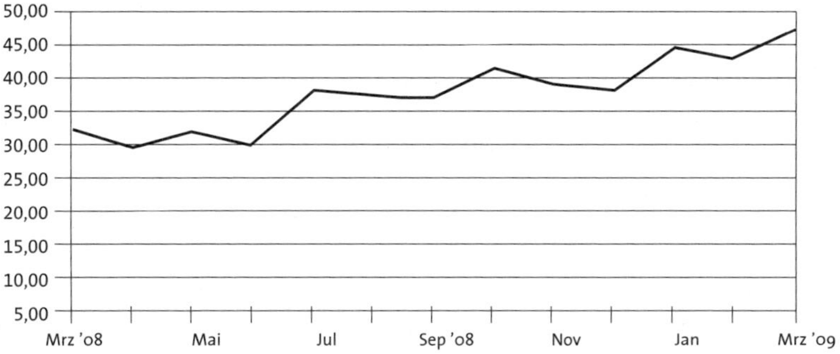


Abbildung 8: Online-Nutzung (PageImpressions in Milliarden; Quelle: „Informationsgemeinschaft zur Feststellung der Verbreitung von Werbeträgern e.V. (ivw)", Januar 2009)

in der Printausgabe, manch ein Artikel geht aber deutlich in die Tiefe. Wer solche längeren Texte am Monitor ungern liest, findet meist auch einen Button, mit dem eine Druckversion abgerufen werden kann.

Die Online-Redaktionen der Zeitungen sind heute vielfach völlig in die allgemeine Redaktion integriert. Nicht selten haben sie die Funktion der

Nachrichtenredakteure übernommen – das heißt, sie sind zur ersten Adresse für Anbieter von Informationen geworden. Ihre notwendigerweise stark an der Aktualität orientierte Arbeit liefert den Kollegen in den Printressorts manchen Stoff – aber der umgekehrte Fall ist noch häufiger. Was auf dem Bildschirm erscheinen soll, ist meist die durch knappe Vorstellungstexte (Teaser) ergänzte Textversion, die auch in den gedruckten Zeitungen erscheint. Die wenigsten Online-Redaktionen liefern aber die gesamte Artikelfülle. Dazu braucht es nicht viel Personal. Reine Online-Redaktionen sind in der Regel gering besetzt, aber zunehmend treten „newsdesks" an die Stelle getrennter Redaktionen – die Redakteure arbeiten „crossmedia" sowohl für die Print- als auch für die Online-Version.

> Besonders weit geht in dieser Hinsicht der Verlag Gruner + Jahr: Seit dem Beginn des Jahres 2009 werden alle Wirtschaftstitel des Hauses mit ihren Print- wie Online-Varianten zentral über einen Newsdesk beliefert: Die Tageszeitung „Financial Times Deutschland", die Monatsmagazine „Capital" und „Impulse" sowie das Online-Portal „Börse-Online".

Nur wenige Online-Zeitungen bieten neben der tages- oder wochenaktuellen Berichterstattung auch exklusiv für das Internet geschriebene Hintergrundberichte an. Jedoch verstärkt sich der Trend zu Themenschwerpunkten und monothematischen Dossiers, die speziell für die Online-Ausgabe auf Grundlage bestehender Beiträge zusammengestellt werden. Standard ist die Verlinkung zu zahlreichen anderen Anbietern regionaler Informationen – vom Kulturamt der Stadt bis zum Wetterdienst. Weiterführende Links führen häufig zu Informationsangeboten des gleichen Medienunternehmens, in dem die Zeitung erscheint. Viele Online-Zeitungen haben kostenpflichtige sogenannte „Premiumdienste" im Angebot, wie Archivrecherchen in den Datenbeständen der gedruckten Ausgabe.

In den Ballungsgebieten, in denen es nicht ohne weiteres möglich ist, sich eine Monopolstellung als Online-Dienstleister zu erarbeiten, konzentrieren sich die regionalen Zeitungen wie die überregionalen Anbieter auf die aktuellen Themen des Tages, einige Hintergrundbeiträge sowie umfangreiche Serviceleistungen. Ihr Angebot ist stark nutzwertorientiert und an den Bedürfnissen einer urbanen Bevölkerung ausgerichtet (z.B. Wohnungs- und Gebrauchtwagenmarkt, Restaurantratgeber, Veranstaltungs- und Kulturtipps etc.).

Die Boulevardpresse zeigt in ihren Online-Versionen, dass diese Zeitungen die multimedialen Fähigkeiten des Internets auszureizen verstehen. Sie waren die ersten, die Tonkonserven in Podcasts oder bewegte Bilder von „Youtube“ auf ihre Seiten stellten – mit dem gleichen Hang zur Sensationsmacherei wie in ihren Printversionen, mit Nackedeis und Promis, die allein durch ihr Vorbeihuschen an einer im Wege stehenden Kamera für ausreichenden Nachrichtenstoff in dieser Art Medien sorgen.

Die deutsche „Net-Zeitung“ (www.netzeitung.de) sieht ihre Kernzielgruppe bei den einkommensstarken Lesern zwischen 20 und 49 Jahren. Aber auch solche Mediadaten haben die Werbewirtschaft bislang nicht zu verstärkten Aktivitäten überreden können. Sie ist mit ihrer Vollredaktion die erste – und bislang einzige – deutsche Tageszeitung, die nur im Internet erscheint. 2007 wurde sie Bestandteil des Medienimperiums des Briten David Montgomery. Im Januar 2009 musste der Tycoon seine deutschen Projekte verkaufen, seitdem ist die Netzeitung im Besitz des Kölner Medienhauses DuMont-Schauberg.

Dass nicht jede Idee von dauerhaftem Erfolg gekrönt wird, zeigt das Beispiel „zoomer.de“. Ein Jahr, nachdem die Verlagsgruppe Georg von Holtzbrinck das eigenwillig andere Nachrichtenportal geschaffen hatte, wurde es Ende Februar 2009 wieder eingestellt. Die Redaktion hatte ein jugendliches Publikum im Auge, das interaktiv die ausgewählten Nachrichten mit Stellungnahmen und eigenen Beiträgen begleitet. Der wirtschaftliche Erfolg blieb jedoch aus, die Besucherzahlen der Website sanken, Werbekunden sprangen ab – der Verleger zog die Konsequenzen.

Als weltweit erstes Blatt richtete die Koblenzer „Rhein-Zeitung“ 2001 ein „E-Paper“ ein – die gedruckte Ausgabe erscheint als interaktives Angebot auf dem PC-Monitor. Jeder einzelne Artikel ist auswählbar und in einem separaten Fenster als größere, von anderen Artikeln unabhängige Grafik oder in Textversion lesbar. Obwohl sich nur wenige tausend Abonnenten für das neuartige Angebot interessierten, haben inzwischen viele Tageszeitungen, Publikums- und Fachzeitschriften solche „E-Papers“ und „E-Mags“ geschaffen – in den meisten Fällen als verschlüsselte PDF-Datei. Die Verschlüsselung bewirkt, dass manche Artikel, insbesondere aus einem Archiv, nicht ohne weiteres kopiert und weitergegeben werden können.

## Manche werden es nicht überleben

Ob Nachrichtenmagazin oder Illustrierte, Jugendzeitschrift oder Fachorgan – ohne Online-Version ist heute nur noch eine Minderheit von Zeitschriften auf dem Markt. Dabei bestimmen die Inhalte der jeweiligen Printausgabe meist den Schwerpunkt auch im Online-Auftritt. Inzwischen erscheint eine immer größere Zahl von Zeitschriften ausschließlich als Online-Produkt, weil die gedruckte Ausgabe den Verlagen zu teuer wurde – so zum Beispiel „Max", der ehemalige Trendsetter unter den Lifestyle-Zeitschriften, oder die Jugendzeitschrift „Yam" aus dem Hause Axel Springer.

Die Publikumszeitschriften machen gute Erfahrungen mit parallelen Berichten in ihren Print- und Online-Versionen. Viele Zeitschriften bieten neben dem üblichen (meist kostenpflichtigen) Zugriff auf das Archiv auch spezielle, nur im Internet mögliche Spezialdienste. Externe Links zu Originalfundstellen, speziellen Seiten oder anderen Publikationen machen viele Online-Zeitschriften heute zu einer deutlich wertvolleren Informationsplattform, als es die Printausgabe jemals werden konnte. Die Multimedia-Möglichkeiten erlauben es, Videosequenzen, Animationen oder andere Bewegtbilder neben die Texte zu stellen. Kooperationen mit TV-Sendern und -Produzenten schöpfen den Crossmedia-Ansatz vollständig aus.

> Zum Beispiel „Spiegel online": Die Internetversion des traditionsreichen Nachrichtenmagazins gibt es seit 1994. Die Erfahrung zeigt, dass neue – jüngere, besser gebildete, mehr verdienende – Nutzer das Online-Angebot schätzen. Auch die Parallelnutzung von Print- und Online-Spiegel ist häufig; denn der PC steht oft am Arbeitsplatz oder im Arbeitszimmer: Online-Leser nutzen ihre Medien gezielt und selektiv, um bestimmte Informationen zu bekommen. Das Blättern im Magazin erfolgt hingegen eher ungerichtet und meist in der Freizeit.[58]

Bestimmte Zeitschriften, die meisten aus dem Sektor der Fachzeitschriften und Special-Interest-Produkte, mussten sich völlig neu orientieren. Man liest ein Fachmagazin kaum zum Lustgewinn, sondern zur reinen Informationsgewinnung. Dafür ist Papier einfach zu langsam. Das Internet kann tagesaktuell Neuigkeiten von Fachtagungen, Kongressen und Messen verbreiten, die in einer Monatsschrift ein alter Hut wären. Eine verringerte Erscheinungsfrequenz ist ein Trend, ein anderer geht in Richtung „Crossmedia-Publishing": Erstinformationen im Internet, tiefergehende Darstellungen, Analysen und Fachaufsätze nur gegen Aufpreis – entweder durch ein Zeitschriften-Abonnement oder durch einen durch Passwort geschützten Zugang zu weiteren Webseiten. Die Printversionen sind weiterhin gewünscht, wie die Verlage durch Leserbefragungen wissen.

> Richard Smith, dem langjährigen Herausgeber des British Medical Journal, schwebt vor, die Originalaufsätze, die ohnehin nur 1 Prozent der Leser der traditionellen Fachzeitschriften interessierten, online zu stellen und die zukünftige Fachzeitschrift auszurichten auf Serviceartikel über Fortbildungen, aktuelle Entwicklungen und deren Diskussion, berufsständische Fragen, Veranstaltungstermine – „also den Stoff, den die Ärzte tatsächlich lesen".[59]

Erheblicher Druck auf die Verlage wissenschaftlicher Zeitschriften geht von der internationalen „Open-Access"-Bewegung aus. Deren Vertreter fordern, wissenschaftliche Publikationen im Internet kostenfrei bereitzustellen. Darüber noch hinaus geht die „Berliner Erklärung"[60] aus dem Jahre 2003, die freien Zugang zu allen Gehalten von Archiven, Bibliotheken und Museen fordert; alle führenden deutschen Wissenschaftsorganisationen haben diese Erklärung unterzeichnet. Die Fülle des Datenmaterials und Uneinigkeit zwischen den wissenschaftlichen Disziplinen hat bisher ein Umsetzen der Forderungen verhindert. Dennoch gehen Fachleute davon aus, dass die Zukunft der wissenschaftlichen Publizistik im Web liegen wird.

## Zusammenfassung

- Das frühere Leitmedium Fernsehen ist auf dem Weg ins Internet: viele andere Medien sind dort schon angekommen, alle auf der Suche nach ihrem Publikum, das heute höchst vielfältige Ansprüche an Medien stellt.
- Die Mediengesellschaft zerfällt in eine Vielzahl von Lebensstilen, die nicht zuletzt durch ihr Mediennutzungsverhalten charakterisiert sind. Die Ansprüche an Information und Unterhaltung werden immer bunter und spezieller.

- Immer weniger Menschen genügt, was die herkömmlichen Medien für sie bereitstellen. Sie glauben längst nicht mehr alles, was ihnen serviert wird, selektieren stark nach ihren individuellen Bedürfnissen und wollen selbst gehört werden.
- Mit Weblogs, Wikis und Communities sind völlig neue Medienbereiche entstanden, die eine Trennung von Medienproduzent und -konsument sinnlos erscheinen lassen. Die neuen, interaktiven Medien folgen zum Teil hohen journalistischen Maßstäben und werden dementsprechend beachtet.
- Ob Druckmedien, Radio oder Fernsehen – alle müssen sich für Feedback-Kanäle öffnen und den Medienkonsumenten mehr bieten als ihr bisheriges Programm. Echo-, Ratgeber- und Serviceangebote sind wichtige Mittel, um Leser und Zuschauer zu binden.

---

15 Europäische Union, Basisdaten zur Mediennutzung III. Quartal 2008.

16 Studie von Comscore M: Metrics, London; Quelle: WuV 18.12.2008.

17 Pressemitteilung von „tomorrow", 22.10.2008.

18 DSL Webnews vom 6. August 2008.

19 Burda Community Network GmbH: Typologie der Wünsche 2008, http://www.tdwi.com/datenanalyseonline.html.

20 IBM/ZEM-Studie „Innovation der Medien", Bonn 25. April 2008, http://www-05.ibm.com/de/pressroom/presseinfos/2008/04/28_2.html

21 media control, Heidelberg 25. September 2008.

22 ARD/ZDF – Online-Studie 2008.

23 http://www.ard.de/intern/basisdaten/fernsehnutzung/fernsehnutzung_20im23220_3Bberblick/-/id=55024/bxj2vh/index.html

24 ARD/ZDF – Online-Studie 2008.

25 Alvin Toffler: Die Dritte Welle. Zukunftschance, Perspektiven für die Gesellschaft des 21. Jahrhundert. München 1983.

26 So der Zürcher Publizistikprofessor Heinz Bonfadelli: Gesellschafts- und Medienwandel als Herausforderung für die Publizistikwissenschaft, in: Medienwissenschaft Schweiz 1, 1997.

27 Den langjährigen Chefsprecher der „Tagesschau", Karl-Heinz Köpcke, hielten viele Zuschauer für den Regierungssprecher! – Der damalige Bundeskanzler Konrad Adenauer schob 1960 die Gründung einer „Deutschland-Fernsehen GmbH" an, weil er einen regierungsnahen Fernsehsender wollte. Daraus entwickelte sich schließlich das „Zweite Deutsche Fernsehen" (ZDF).

28 Mitteilung des Branchenverbandes Bitcom vom 9. Januar 2009.

29 Sigma- wie Sinus-Milieus sind geschützte Marken. Seit 1998 ist Sinus ein Teil des französischen Markt- und Meinungsforschungs-Unternehmens Sociovision.

30 SevenOne Media/Sinus Sociovision: Lebensstil und TV-Nutzung, Unterföhring 2007 – AGF/GfK-Fernsehpanel 2008 – Christin Emrich: Multi-Channel-Communications- und Marketing-Management, Wiesbaden 2008 (Gabler Edition Wissenschaft).

31 Sinus-Studie „Die Milieus der Menschen mit Migrationshintergrund in Deutschland, Oktober 2007.

32 BDKJ-Sinus-Studie, März 2008.

33 PbS AG: Web 2.0 offensiv!, www.pbs-ag.de, München Juni 2008.

34 Arbeitsgemeinschaft Online-Forschung (AGOF) e.V./internet facts 2008-II.

35 KIM-Studie: Seit 1999 führt der Medienpädagogische Forschungsverbund Südwest (MPFS) regelmäßig eine Basisstudie zum Stellenwert der Medien im Alltag von Kindern (6 bis 13 Jahre) durch.

36 Stiftung Lesen, Studie „Lesen in Deutschland 2008“, Mainz im Juli 2008.

37 Eurostat 2007, zitiert nach http://bitkom.de/49795_49655.aspx.

38 ARD/ZDF-Online-Studie 2008.

39 Statistisches Landesamt Baden-Württemberg, Oktober 2008.

40 AGOF: internet facts 2008-II, http://www.slideshare.net/elwood76/agof-internetfacts-presentation?type=powerpoint.

41 Eine im März 2009 veröffentlichte weltweite Studie der Nielsen Company zeigt, dass die Altersgruppe der 35- bis 49-Jährigen bei den Communities besonders schnell wächst. In Deutschland war der Anstieg der Nutzerzahlen des Social Web am größten: Ende 2008 waren 12 Prozent mehr Menschen mit diesen Angeboten vertraut als ein Jahr zuvor (http://www.presseportal.de/go2/A_Nielsen_Report).

42 ARD/ZDF-Online-Studie 2008.

43 Medienpädagogischer Forschungsverbund Südwest (MPFS): JIM – Jugend, Information, (Multi-)Media 2008, Stuttgart 2008.

44 JIM-Studie 2008, BDKJ-Sinus-Studie 2008.

45 Stand: April 2009.

46 Interview mit Vanity Fair, 29. Oktober 2008, http://www.vanityfair.de/articles/gesellschaft/internet/facebook/2008/10/29/11682.

47 Dirk Engelhardt in „Die Zeit“, 27. April 2006.

48 Frank Patalong in „Spiegel Online“, 15. August 2008.

49 Stand Januar 2009.

50 Zahlen und Daten aus verschiedenen Quellen: Stern Marken Profile, Oktober 2008 – TNS Infratest, Oktober 2007 – Focus Media Markt Analysen, Mai 2008.

51 iPersonic-Studie, Herxheim/Pfalz, 25. April 2007, http://www.ipersonic.com/de/blog_files/Bloggen-bringt-Freunde.html.

52 Ansgar Zerfaß/Janine Bogosyan: Blogstudie 2007, Leipzig 2007 http://www.blogstudie2007.de/.

53 http://medialdigital.wordpress.com/2009/03/03/durfens-ein-paar-mehr-oder-weniger-sein-die-deutsche-twitterszene-spekuliert-uber-ihre-grose/.

54 Stand: Januar 2009.

55 Niklas Luhmann: Die Realität der Massenmedien, Opladen 1996.

56 Medieninstitut Ludwigshafen: Radio der Zukunft, 2007.

57 Büro für Zukunftsmodelle der Entertainmentbranche, Halle.

58 Mediadaten des Spiegel-Verlags.

59 Deutsches Ärzteblatt vom 22. April 2004.

60 http://oa.mpg.de/openaccess-berlin/berlindeclaration.html.

# III NEUE TECHNIK UND IHRE FOLGEN

> „Auch wenn die Technik immer besser wird – die Nachrichten werden auch in zehn Jahren nicht vor dem Ereignis verbreitet werden.“
>
> HELMUT THOMA, EHEMALIGER GESCHÄFTSFÜHRER VON RTL

## Überblick

- Warum nicht alle Erwartungen an das Internet in Erfüllung gegangen sind.
- Warum der Druck von den Kunden und Konsumenten ausgeht.
- Warum es immer neue interaktive Medien gibt.
- Warum für die herkömmlichen Medien Schätze zu heben wären.

„Wo bitte, logge ich mich denn in dieses Web 2.0 ein?“ So lautet die vielfach kolportierte Frage eines verzweifelten Mittelständlers auf dem Kongress über neue Medien. Das Lachen über den wackeren Mann, der Web 2.0 für eine Software oder eine neue Netz-Hardware hielt –, es müsste inzwischen den technikaffinen PR-Beratern im Halse stecken geblieben sein. Nicht wo – sondern wie logge ich mich ein? Das ist die Frage, auf die viele Berater eine Antwort schuldig bleiben. „Wir sollten uns um die Blogger kümmern“ – das ist nämlich keine Antwort. Und die Web-2.0-Technologien zu kennen bringt noch keine Lösung. Es geht um einen Paradigmenwechsel in der Medienarbeit, der inhaltlich den Grundsätzen der Corporate Social Responsibility folgt, mit den Mitteln des Dialogs arbeitet und letztlich Beziehungsaufbau zum Ziel hat.

Schlüssig definiert ist der Begriff Web 2.0 nicht. Kritikern gilt er als eine Marketingblase, der nichts genau beschreibt. Gelegentlich wird er genutzt, um so unterschiedliche Dinge wie netzwerkgestützte Anwendungen (Client-Server-Anwendungen) und soziale Netzwerkanwendungen begrifflich unter einen Hut zu bringen. Auf der einen Seite meint

Web 2.0 eine Handvoll neuer Technologien, auf der anderen Seite eine neue Kommunikationskultur, die vom Netz Besitz ergriffen hat und vornehmlich von den Nutzern vorangetrieben wird.

Tim Berners-Lee, der das WWW immerhin erfunden hat, sieht in Web 2.0 einen Jargonausdruck, von dem niemand wirklich wisse, was er bedeutet.[61] Das angeblich „neue Netzverständnis" des Web 2.0 sei nichts anderes als das alte Netzverständnis, das bereits seinem Web 1.0 zugrunde lag – gedacht in gleichem Maße zum Publizieren wie zum Konsumieren der Inhalte. Auch Interaktivität ist keine neue Erfindung: schon in den Anfängen des Internet gab es Usenet-Gemeinden – weltweite, elektronisches Netzwerke, für jedermann offene Diskussionsforen (Newsgroups) aller Art. Als dann grafische Browser das WWW für jedermann öffneten, wucherten die Foren-Communities schneller, als man zählen konnte.

Trotz aller Kritik: Der allgemeine Sprachgebrauch hält am Web 2.0 fest, und das lässt sich auch begründen. Die pure Quantität der Nutzung und ihre neuen technischen Möglichkeiten bedeuten auch eine neue Qualität. Von den Auswirkungen für das Leben des Einzelnen und auf die Gestaltung gesellschaftlichen Lebens gar nicht zu reden. Wahrscheinlich ist es auch Zeitverschwendung, um eine exakte Definition zu ringen – einfach vom Web zu reden, täte es sicher auch. Aber der Begriff ist eingeführt, und so bleiben wir dabei: Unter Web 2.0 verstehen wir ein ganzes Bündel von zusätzlichen Kommunikations- und Informationskanälen, die seit Mitte der neunziger Jahre entwickelt wurden.

## 1 Heilserwartungen und praktische Erfolge

„Wir wissen es schon lange: Das Web ist groß." So begannen die Google-Mitarbeiter Jesse Alpert und Nissan Hajaj im Sommer 2008 einen Eintrag im Google-Blog. Wie groß es wirklich ist, schrieben sie, habe auch sie selber überrascht. Eigentlich hätten sie es wissen können: Seit 1997 unternimmt es Google, das Internet maschinell zu indizieren. Am Anfang fand die Maschine 26 Millionen Websites. 2000 meldete Google die sensationelle Zahl von einer Milliarde Internetseiten, heute kommt die weltweit führende Suchmaschine auf über eine Billion URLs – eine Steigerung auf das Tausendfache. Gewiss ist viel Müll darunter – und vor allem viel alter Kram, der längst hätte gelöscht werden sollen. Doch das

Wachstum ist überwältigend: In acht Jahren kamen durchschnittlich in jeder Sekunde rund 4.000 neue Internetseiten hinzu.

Googles Ziel, sämtliche Web-Inhalte der Welt zu identifizieren, ist damit in weite Ferne gerückt. Die Zahl der Einzelseiten ist nicht mehr begrenzt. Mit der Einführung einer neuen Technik, des neuen „IPv6-Protokolls", werden 3,4 x $10^{38}$ eindeutige IP-Adressen möglich – eine unvorstellbare Zahl. Auch die Zahl der Domains würde grenzenlos, wenn jeder Begriff zur Top Level Domain gemacht werden kann, wie das die Internetverwaltung ICANN beschlossen hat.[62] Wann das Internetwachstum einmal an seine Grenzen stoßen könnte, ist völlig offen. Die Entwicklung des Netzes hat Pessimisten immer widerlegt und selbst kühnste Erwartungen übertroffen. Um einzuschätzen, wie die Technik sich weiterentwickeln wird, welche Auswirkungen wir zu erwarten haben und warum es sich auszahlt, möglichst vorne mit dabei zu sein, lohnt ein Blick in die noch junge Vergangenheit. Er zeigt: Gesamtgesellschaftlich ist das Potential in jeder Phase unterschätzt worden.

Nur ganz am Anfang gingen von dem Stichwort „Hypertext" geradezu euphorische Heilserwartungen und immense Hoffnungen aus – besonders unter Geistes- und Kulturwissenschaftlern. Als „revolution in human thought"[63] feierten manche die Einführung des Web in den frühen neunziger Jahren. Hypertext – so hieß es etwa – sei eine humane, ja natürliche Technik, die es zulasse, endlich so zu schreiben und zu lesen, wie man denke, nämlich assoziativ.[64] Die Knute der Linearisierung, die zu eindimensionalem Denken führe, sei nun überwunden[65], größere Handlungsspielräume für das lernende Individuum täten sich auf. Künftig würden die Menschen durch Netzwerke streifen, nähmen nicht eindimensional und passiv Informationen in vorgegebener Reihenfolge auf, sondern könnten die Inhaltsmodule selbstbestimmt zu neuen Gebäuden aufschichten. Die Machtverhältnisse in der Autor-Leser-Beziehung würden so endlich freieren, quasi demokratischen Verhältnisse weichen. Ja, das „Empowerment" der Leser auf dem Feld der Kommunikation werde die gesamte Gesellschaft freier, offener und transparenter machen.

Von solchen Utopien ist wenig geblieben. Es fängt schon an bei der vielbeschworenen neuen Struktur von Hypertext – wer Praxisbeispiele für hypertextuelle Prinzipien im WWW finden möchte, muss lange suchen. Auch kulturell ambitionierte Websites wiederholen zumeist die Referenz- und Darstellungsmuster, die von Buch oder Zeitung geläufig sind. Es sind elektronische Texte, selten aber Hypertexte.

Revolutionär wirkt das Web in ganz anderer Beziehung. Ähnlich wie die Industrielle Revolution 200 Jahre zuvor, hat die digitale Revolution alle Lebensbereiche verändert – das Lernen, das Einkaufen, die Mediennutzung, den Informationsaustausch. Das Internet krempelt schleichend den Alltag um, und erst im Rückblick offenbaren sich Dramatik und Tempo der Veränderungen. Interessanterweise hat mit dieser Dramatik niemand im Ernst gerechnet. Der gesellschaftliche Diskurs, in dem über das Innovationspotential, über Chancen und Möglichkeiten, über Gefahren und Grenzen der neuen Technik gestritten wurde, war wenig visionär. Oft stimmten die Prognosen einfach nicht, wurden Möglichkeiten erst erkannt, als Entwicklungen schon im Gange waren. Trotzdem kam eine Bedürfnisspirale in Gang: Man kann nicht bloß, man soll sich nicht nur der neuen Möglichkeiten bedienen, nein – wer Anschluss an die Gesellschaft sucht, wer vollwertiges Mitglied sein will, der muss es tun.

Wenn es in der Entwicklung des Web eine Konstante gibt, dann diese: Nie hat die etablierte Internetwirtschaft die Entwicklung vorangetrieben, stets waren es visionäre Einzelgänger und kleinste Start-up-Unternehmen. So hätte der Gigant Microsoft das Thema beinahe verschlafen.

Als Startschuss für die Weiterentwicklung in Richtung Web 2.0 kann das Platzen der sogenannten Internetblase gelten: Bis dahin hoch gehandelte Aktien, beispielsweise von „CDNow.com", einem Musikvertrieb, oder „etoys.com", einem Spielehändler, waren im März 2000 über Nacht nur noch ein paar Dollar wert. Viele Unternehmen hatten sich in phantastische Nutzungs- und Geschäftsmodelle hineingesteigert, bei denen sie die Bedürfnisse der Menschen vergessen hatten. „Manch einer mag da klammheimlich gehofft haben, die alte analoge behalte doch die Oberhand über die schwer fassbare, chaotische Cyber-Welt", schrieb der Wissenschaftsjournalist Niels Boeing im April 2000. „Aber das Börsenbeben war nicht der Anfang vom Ende, sondern das Ende vom Anfang der Internetrevolution."

Vier Jahre nach dem großen Knall konnten Internet-Insider das damals schon abschätzen. Die Nutzerzahlen kletterten unbeirrt weiter – schon 2003 war mit 34,4 Millionen die 50-Prozent-Grenze in Deutschland überschritten.[67] Experten sprachen von einer Sättigungsgrenze, die in Sicht sei – eine weitere Fehleinschätzung. Mitte 2008 waren 42,2 Millionen Personen über 14 Jahren online. Mit einem Zuwachs um fast fünf Prozentpunkte war die Zahl der Internetnutzer innerhalb eines Jahres um drei Millionen Menschen gewachsen und überschritt somit erstmals die 65-Prozent-Marke. Besonders spannend: Die höchsten Zuwachsraten gab es bei den Silver Surfern – die Zahl der Onliner ab 50 Jahren ist in einem Jahr um 13,8 Prozent gewachsen!

## Die Wirtschaft verschenkt Chancen

Die Wirtschaft aber brauchte lange, um von ihren Vorbehalten wegzukommen. Es gab regelrecht eine Abwärtsspirale in der Wahrnehmung der Chancen, die das Internet bot. Vor allem sah man nicht, dass am stärksten nicht die neuen Firmen vom Internet profitieren, sondern die alten. Sie tätigen heute Umsätze in Höhe von mehreren hundert Milliarden Euro über das Internet. Heute nutzen 80 Prozent der Unternehmen breitbandige Internetzugänge, um mit Lieferanten, Partnern und Kunden schnell und komfortabel zu kommunizieren.[69] Selbst unter den Kleinstunternehmen mit 10 bis 49 Beschäftigten liegt der Wert in Deutschland immer noch bei 77 Prozent, in der EU bei 75 Prozent.

Wer genauer hinschaut, sieht ein eher düsteres Bild: Die typischen Unternehmens-Websites des Jahres 2009 zeigen: Der weitaus größere Teil der Anbieter ist in der Internetentwicklung irgendwo auf halber Strecke stehengeblieben – manche sind noch nicht einmal so weit. Zwar ist den meisten Unternehmen die eigene Homepage inzwischen so selbstverständlich wie der Eintrag in den Gelben Seiten. Viele nutzen ihren Internetauftritt aber immer noch wie die vielzitierte digitale Visitenkarte.[70] Der ursprüngliche Ansatz des World Wide Web basierte auf statischen HMTL-Seiten, die hin und wieder erneuert wurden; das war bei kommerziellen Nutzern nicht anders als bei den wenigen privaten Homepages, die es zunächst gab. Eine Übergangsphase, häufig als Web 1.5 bezeichnet, brachte die dynamische Website, die mit Hilfe von Content-Management-Systemen (CMS) und Datenbanken erzeugt werden.

„Die Internetnutzung befindet sich bei den meisten Unternehmen noch im Anfangsstadium“ – kein historisches Zitat aus dem Jahr 2000, sondern Erkenntnis der Studie „Internet im Handel 2008“, die das E-Commerce-Center Handel (ECC) in unregelmäßigen Abständen seit 1999 erstellt.[71] Verblüffend, weil doch 32 Prozent der befragten Handelsunternehmen mehr als ein Viertel ihres Umsatzes im Internet erzielen. Nach einer weiteren Studie der gleichen Einrichtung nutzen 93,9 Prozent der Befragten das Internet zumindest gelegentlich zur Beschaffung, 89,9 Prozent zum Datenaustausch und 71 Prozent zum Kundenservice. Dennoch wird das Potential des Internet erst ansatzweise ausgeschöpft: So verkauft derzeit nur jedes zweite Unternehmen online und etwa ein Drittel beteiligt sich an elektronischen Ausschreibungen.

Von den Global Playern einmal abgesehen, betreiben die meisten Unternehmen über das Internet kein wirkliches Marketing, keinen wirklichen Dialog mit Kunden und Öffentlichkeit. Auch von der Nutzung des Web als virtuellem Vertriebskanal kann nur in einer Minderheit der Fälle die Rede sein. Selbst bei der Gestaltung und Usability weisen die Präsentationen kleinerer und mittlerer Dienstleistungsunternehmen und Industriebetriebe geradezu absurde Mängel auf. Die meisten hinken der allgemeinen Entwicklung um Jahre hinterher.

## Ein Dialog ist nicht beabsichtigt

Schauen wir uns beispielsweise eine Branche an, die in jüngster Zeit durchaus im Fokus des öffentlichen Interesses stand – die typische Seite eines regionalen Strom-, Gas- und Wasserversorgers am Anfang des Jahres 2009: Statische Einstiegsseite mit einem oder mehreren bunten Bildern der Region, außer der Navigationsleiste, den Adressdaten und den Öffnungszeiten des Kundenbüros so gut wie kein Text. Sogar die animierten Intros der Web-Frühzeit lassen sich noch finden – offenbar hat es sich nicht herumgesprochen, dass diese Animationen heutige User nerven. Google hat seine Suchergebnisübersicht um die Funktion „Überspringen“ („Skip Intro“) erweitert, die direkt zum gewünschten Inhalt führt. Im Falle unserer idealtypischen Versorgerseite nützt die allerdings nicht viel – mangels Inhalt. Der Besucher stößt auf ein wenig überraschendes Mission-Statement: „Die XY Netz GmbH ist Ihr kompetenter Ansprechpartner für alle Fragen rund um unser Stromversorgungsnetz. Sie ist zuständig für Planung, Betrieb und Vermarktung des Stromnetzes.“ Aha. Das Ansprechen gestaltet sich praktisch ein wenig schwierig – der User muss sich bis zur Kontaktseite durchklicken, wo er vor allem eine Anfahrtsskizze findet; ganz unten versteckt dann doch noch – ein E-Mail-Fenster, das war’s.

Kommunikation mit Kunden und Öffentlichkeit sieht heutzutage anders aus. Offensichtlich will das auch niemand, das signalisieren alle Inhalte. Es geht schon mit der Untergliederung in drei große Bereiche los: „Privatkunden", „Geschäftskunden" und „Unternehmen". Der User soll sich einsortieren, wo er hingehört? Nein, die Botschaft lautet: Wer nicht Kunde ist oder werden will, hat auf dieser Seite nichts zu suchen. Es sei denn, er ist Journalist – eine Presse-Ecke fehlt selten mit neuen und alten Pressemeldungen, Bildern zum Download und neuerdings bei ganz fortschrittlichen Unternehmen einigen Videoclips.

Was der als Kunde angesprochene User typischerweise findet, ist lediglich das, was ihn aus der Sicht des Unternehmens zu interessieren hat: Es geht um Angebote, Tarife, Rechnungen und Versorgungsbedingungen per Download. Daneben logiert das Service-Center: Man kann sich als Kunde anmelden, Adressenänderungen und alle möglichen anderen Neuigkeiten mitteilen sowie Formulare herunterladen. All das erspart dem Kunden Lauferei und dem Unternehmen Kosten. Von potentiellem Nutzen ist es auch, wenn Energie- und Wasserversorger mitteilen, wann und wo es für Kunden und Nicht-Kunden unangenehm werden kann: Leitungsabschaltungen wegen Reparaturen, Baustellen, Verkehrsbeeinträchtigungen. Selbst wenn solches auf der Einstiegsseite vermeldet wird, dürfte es mangels Besucherfrequenz nur wenige Interessierte erreichen. Dass man solche aktuellen Mitteilungen auch per RSS-Feed versenden kann, hat sich noch nicht herumgesprochen.

Interessant ist, wo die Information dünn wird. Eher widerwillig leistet das Unternehmen den gesetzlichen Informationspflichten Folge: „Der Energiemix für den gesamten Strombezug (inkl. Bezug gemäß EEG § 14 und Einspeisung aus KWK-G Anlagen) des E-werks setzt sich im Jahr 2007 zusammen aus: x Prozent Kernkraft, x Prozent fossilen und sonstigen Energieträgern sowie x Prozent erneuerbaren Energien. Damit sind 257 g/kWh $CO_2$-Emissionen und 0,0012 g/kWh radioaktiver Abfall verbunden."

Während in der Republik die öffentliche Erregung über steigende Energiepreise um sich greift, die Bundesnetzagentur gegen etliche Unternehmen ermittelt, Kunden Zahlungen verweigern – in dieser Zeit teilt ein Energieversorger eine saftige Preiserhöhung folgendermaßen mit: „Den Stromeinkauf für die Region XY haben wir optimiert und in einer Vielzahl von Teilmengen zu günstigen Einkaufszeitpunkten an der Börse beschafft. Trotzdem hat die weltweit gestiegene Nachfrage nach Rohstoffen die Energiepreise für 2009 verteuert und schlägt sich in unseren Bezugskosten nieder. Zusätzlich sind die politisch gewollten Kosten, die sich aus den Verpflichtungen nach dem Erneuerbare-Energien-Gesetz (EEG) ergeben, weiter gestiegen. Die neuen Preise finden Sie unter der Rubrik Produkte."

Eine Kommentarmöglichkeit für User gibt es nicht, kein Dialogangebot weit und breit. Das ändert sich anscheinend auch nicht wirklich mit der Relaunch-Welle, die seit zwei, drei Jahren die Branche erfasst hat. Content-Management-Systeme wurden angeschafft und Mitarbeiter zu Schulungen geschickt, um diese bedienen zu können. Viele Seiten sind bunter, inhaltsreicher und aktueller geworden. Was sich nur im Schneckentempo verändert, ist das Denken in den Chefetagen, das noch nicht wirklich im Zeitalter des Wettbewerbs auf dem Energiemarkt angekommen ist und auch sonst die Zeichen einer neuen gesellschaftlichen Kommunikationskultur nicht erkennt.

Das Beispiel lässt sich auf andere Branchen übertragen. Von durchdachtem Marketing, von einem virtuellen Vertriebskanal kann in vielen Fällen nicht die Rede sein, von Dialogorientierung und kommunikativer Offenheit so gut wie nie. Die Internetpräsenzen hinken der allgemeinen Entwicklung meist um Jahre hinterher. Aber auch die Qualität der Inhalte findet in zahlreichen einschlägigen Untersuchungen keine Gnade, so zum Beispiel in einer Studie über Klein- und mittelständische Unternehmen (KMU), die der Internetdienstleister „tagworx.net"[72] vorgestellt hat: „Wir mussten feststellen, dass – von einigen Ausnahmen abgesehen – der überwiegende Teil der begutachteten Seiten nicht über unterstes Amateurniveau hinauskommt", so Adelbert Ilg vom Büro für visuelle Kommunikation, das an der Studie beteiligt war.

So sucht man auf der Seite eines Münchner Gerüstbauers vergeblich Preise und Konditionen, findet aber ein mit Kommentarspam gefülltes Gästebuch und das Wetter von morgen für die Weltstadt mit Herz. Ein bekannter Münchner Metzger offeriert auf zehn Seiten Informationen zu Firmenphilosophie und -geschichte mit Familienfotos aus vier Generationen. Auf weiteren Seiten wird die Geschichte des Metzgerhandwerks im Allgemeinen gewürdigt, eine Fotostrecke feiert ein Firmenjubiläum nach, es folgt die detaillierte Beschreibung aller Mitarbeiter. Rezepte und sogar Videoclips stehen zum Download bereit. Die Öffnungszeiten der Ladenkette hingegen erfährt der Besucher der opulenten Präsenz nicht.

Dabei wurden viele untersuchten Web-Präsenzen von angeblichen Internetspezialisten und Web-Designern gestaltet. „Da liegt einiges im Argen. Grobe handwerkliche Schnitzer sind nicht immer auf die Amateure in der Branche zurückzuführen. Nicht wenige Agenturen agieren auf dem technischen Stand der Jahrtausendwende", so Sergey Malyschew, Programmierer bei „tagworx.net". Leider fehle vielen Kunden das technische Verständnis, um die Arbeit der Dienstleister objektiv beurteilen zu können. Seiten ohne schnellen Zugriff, ohne klare Gliederung, überladen mit Gimmicks und technischen Spielereien schreckten die Besucher ab und haben ganz schnell verloren.

## Die große Einwanderung ins Netz

Die Wirtschaft kann sich den Orden für große Verdienste um die Internetentwicklung nicht ans Revers heften, obwohl sie bei aller Zögerlichkeit und Zurückhaltung durchaus einen Beitrag geleistet hat: Was an Information über Unternehmen, Dienstleistungen und Produkte im Cyberspace landete, reichte aus, um die User neue Chancen als Verbraucher ahnen zulassen. 88 Prozent der europäischen Internetnutzer, fand schon kurz nach der Jahrtausendwende eine Studie, recherchieren erst einmal im Netz, bevor sie dann entweder beim Online-Shop oder im traditionellen Handel einkaufen.[73] Aktuell liegt die Zahl der deutschen Verbraucher, die sich vor dem Kauf von Produkten im Internet informieren, bei 30 Millionen. Produkt- und Preisvergleiche stehen dabei an vorderster Stelle.[74] Immer mehr tritt der Erfahrungsaustausch mit anderen Käufern hinzu, die in den Preisvergleich-Portalen ihre subjektiven Erfahrungsberichte hinterlegen können.

Es kann kein Zufall sein: Die gewaltige Ausdehnung der privaten Internetnutzung ging einher mit den wachsenden Möglichkeiten des Users. Sie setzte erst richtig ein, als nicht mehr nur die von großen Medienunternehmen produzierten Inhalte über die Kommunikationskanäle verbreitet wurden, sondern auch die Äußerungen und Stellungnahmen einer Vielzahl miteinander vernetzter Nutzer. Die erstellen und bearbeiten heute Inhalte in quantitativ und qualitativ entscheidendem Maße selbst. Tiefgreifende technische Kenntnisse und Anwendererfahrung sind dazu nicht mehr nötig. Neuerungen in der Programmierung browsergestützter Anwendungen machen es möglich, mit geringstem Aufwand an der Informations- und Meinungsverbreitung teilnehmen zu können.

Auch sinkende Preise für Speicherplatz, Computerausrüstung und die wachsende Zahl von Breitbandanschlüssen haben dazu beigetragen – freilich konnten die Preise sinken, weil der Markt wuchs. Mit der explosionsartigen Vermehrung der Internetzugänge[75] wurde das Web zur Massenveranstaltung. Zu den Usern gehören seitdem immer mehr „normale Menschen", die Computerfreaks und „Nerds" gerieten schnell in die Minderheit. „Die neuen Web-Bewohner kommen als Siedler, nicht als Revolutionäre", schrieb Mario Sixtus im Jahre 2005.[76] „Sie machen es sich gemütlich und bringen die Sitten aus der realen Welt mit. Das Netz bekommt ein Gesicht. Viele Gesichter. Wir sind das Web."

So hat sich das Netz in wenigen Jahren völlig verändert: Nach dem Big-Bang am „neuen Markt" hielt das Alltagsleben seinen Einzug. Neue Nutzer brachten neue Bedürfnisse mit: Immer häufiger stellten auch Filmfreunde, Kaninchenzüchter und Fanclubs ihre Seiten ins Netz. Literaturbegeisterte, Naturliebhaber, Weltverbesserer und Spinner jedes denkbaren Typs suchten im Web nach Gleichgesinnten. Seit „Ebay" ist der Internethandel zu einer Art Breitensport geworden. Allenthalben sprießen Weblogs im Netz, unaufwendige Online-Tagebücher, in denen sich Menschen mitteilen und Antworten bekommen.

Beziehungen sind im Cyberspace wichtig wie im wirklichen Leben – und sie werden für das wirkliche Leben immer bedeutsamer. Da geht es um Jobs, um Geschäfte oder um nützliche Verbindungen. Man bahnt Business-Kontakte an, knüpft Seilschaften, tauscht Adressen aus, vermittelt Ansprechpartner, öffnet anderen Türen, um selber Hilfestellungen zu erhalten. Soziale Netzwerke bringen Gleichgesinnte, Hobbyisten oder die Freunde von Freunden zusammen. Andere Dienste ermöglichen es, Fotos, Musikempfehlungen oder auch gleich (oft jenseits der Legalität) die entsprechende Musik, Browser-Lesezeichen oder Web-Suchergebnisse auszutauschen.

Und damit entwickelt sich das Internet von einer zusammenhanglosen Ansammlung HTML-basierter Websites zu einer Plattform, die Anwendungen für jedermann anbietet und Informationen bereitstellt. Ohne eine Fülle von technischen Weiterentwicklungen ist das nicht vorstellbar:

- Ob Daten lokal verteilt sind oder auf einem zentralen Datenspeicher liegen, ist nicht mehr wichtig: Jeder kann heute Datenspeicher im Internet (z.B. für Fotos) benutzen – ebenso wie Suchmaschinen auf lokale Daten zugreifen.

- Die Trennung lokaler und netzbasierter Anwendungen schwindet: Programme aktualisieren sich selbständig über das Internet, laden Module bei Bedarf darüber nach, und immer mehr Anwendungen benutzen einen Internetbrowser als Benutzerschnittstelle.
- Ein weitere technische Neuerung ist folgenreich: das Verknüpfen von Web-Inhalten durch kleine Programme, im Fachjargon „Mashups" genannt. Mit ihrer Hilfe lassen sich komplette Inhalte von einer Website auf eine andere übertragen und dort einbinden. Es ist nicht mehr notwendig und üblich, einzelne Dienste getrennt zu nutzen. Die Inhalte verschiedener Dienste lassen sich über offene Programmierschnittstellen nahtlos zu neuen Diensten verbinden. Unternehmen wie Google oder Amazon sind auf diesem Gebiet Vorreiter gewesen.
- Größere Übertragungsbandbreiten und die Möglichkeit, Information über „Newsfeeds", das sind XML-basierte Informations-Push-Systeme, und andere Anwendungen zu verteilen, beschleunigen den Austausch von Communities. Anwender stellen eigene Beiträge auf Server, pflegen Weblogs und verlagern auch private Daten ins öffentliche Netzwerk.
- Unterstützt werden diese Technologien durch neue Designmöglichkeiten, Artikeldarstellungen, Shop-Anbindungen und viel anderes mehr. Das Web 2.0 wird damit zu einer nahezu unbegrenzten Präsentationsplattform für Menschen, die sich, ihr Können und Wissen für jedermann verfügbar darstellen möchten.

Der Unterschied zwischen der ersten Phase des Internets und der neuen Entwicklung liegt vor allem im Verschwinden klarer Rollenverteilungen – doch dazu später mehr. Viele User wünschen eine Plattform, die sie selbständig ausfüllen können und die individuelle Aktivitäten der verschiedensten Art ermöglicht. Es waren und sind Minderheiten, die diese Entwicklung vorantreiben – Mehrheiten begnügen sich mit dem passiven Konsum der angebotenen Inhalte. Aber es waren schon immer aktive Minderheiten, die den Kulturwandel vorangetrieben und die Gesellschaft ganz allmählich verändert haben. Der Düsseldorfer Linguist Dieter Stein sagte in einem Vortrag vor der „Digital Peer Publishing-Initiative" in Köln: „Der Schritt vom individuellen Handeln zur Normveränderung des Kollektivs (...) ist eine Frage des quantitativen Momentums, einer kritischen Masse, sowie der Frage von Leithammeln mit gesellschaftlich und öffentlich wirksamer Autorität."[77]

## 2 Das Zeitalter der Social Software

„Der Kulturbruch der Kommunikation ist offensichtlich leichter zu bereden als zu behandeln“, schrieb vor mehr als zwei Jahren der Blogger Mark Pohlmann. Und er fuhr fort: „Das liegt garantiert nicht an einem Erkenntnisproblem oder sonstigen intellektuellen Defiziten, im Gegenteil, es ist schon fast ein Zuviel der Reflexion. Das Problem ist vielmehr, dass es immer die anderen sind, die sich vernetzen sollen – die Macher selbst blieben gerne weiter im kontrollierten One-Way-Modus. Community, Vernetzung, Schwarmintelligenz. Gerne die Jungen. Oder die Geeks. Oder die Info-Elite. Ich nicht. Und so sind an vielen Orten viele Menschen damit beschäftigt, die Buzzwords der neuesten Generation zu rezipieren wie man Vokabeln lernt. Das, liebe Projektleiter und Marketing-Manager, wird nicht reichen. Die Revolution ist nicht theoretisch, nur weil sie digital ist. Und man selbst ist nicht außen vor, weil man nicht mitmacht.“[78]

Bis heute hat sich diese Distanz der Business-Welt zu allen Web-2.0-Phänomenen nicht sehr verringert. Sie schließt Faszination nicht aus, das Staunen darüber, wie andere mit neuen Möglichkeiten umgehen. Es findet Bewunderung, wie Barack Obama Facebook und sämtliche anderen Web-2.0-Plattformen (MySpaces, Youtube usw.) einsetzte, um seine Unterstützer zu sammeln; dass er in zwei Jahren 1.735 Videos in „Youtube“ hochlud und diese bis zur Wahl 18 Millionen Mal aufgerufen wurden. Sogar die Gamer hat er nicht vergessen: Im brandneuen Autorennspiel „Burnout Paradise“ ließ er Wahlplakate am virtuellen Straßenrand aufstellen.

Weder die Medien noch die PR-Strategen bestimmen noch alleine die Themen – sie sind nur Mitgestalter des gesellschaftlichen Diskurses. Und das auch nur, wenn sie wirklich etwas zu sagen haben und es schaffen (wie Obama), informaler, authentischer und menschlicher zu kommunizieren. Über informale Kommunikation wird eine (zusätzliche) Beziehungsebene aufgebaut. Es handelt sich in der Tat um einen Kulturbruch, um einen Paradigmenwechsel, der mit der Begriff Web 2.0 belegt wird. Ob technische Möglichkeiten ihn ausgelöst haben oder gesellschaftliche Veränderungen neue technische Errungenschaften forderten und erhielten, darüber mag die Wissenschaft grübeln. Ohne die technischen Instrumente wäre die Entwicklung nicht denkbar, das ist gewiss. Gewöhnlich werden sie unter dem Schlagwort „Social Software“ zusammengefasst.

Auch dieser Begriff, wen wundert es, ist umstritten und nicht eindeutig. Darunter fallen die für das „neue Web" typischen Tools wie „Weblogs", „Wikis" oder „Social Networking"/„Bookmarking-Dienste". Es lassen sich aber auch „RSS" oder „Newsgroups" diesem Begriff zuordnen. Oft schon Ende der neunziger Jahre entwickelt, erleben die verwendeten Techniken und Methoden durch die breitbandigere und verbreitetere Anbindung der Menschen an das Internet jetzt ihre Hochphase. „Ajax", „Web-Service-APIs" oder „RSS" sind meist feste Bestandteile von Social Software. Im weitesten Sinne fallen unter diesen Begriff alle Anwendungen, die Kommunikation, Interaktion und Zusammenarbeit unterstützen – eigentlich also auch Groupware, E-Mail oder Programme wie der Instant Messenger. Im engeren Sinne versteht man darunter heute aber vor allem Web-Anwendungen, auf welchen die Viele-zu-viele-Kommunikation[79] des Internets beruht.

Menschen zu vernetzen und Wissen zu organisieren sind nach allgemeinem Verständnis die wesentlichen Kennzeichen von Social Software. Sie bezieht den Anwender in ein soziales Netzwerk ein, wo er ebenso wie die Gemeinschaft von diesem selbstorganisierten Miteinander einen Nutzen hat. Social Software ermöglicht es jedem Anwender, sein eigenes Profil darzulegen, fördert die Kommunikation untereinander, lässt auf einfache Weise soziale Verbindungen und Gruppen entstehen und lädt zur Zusammenarbeit ein.

Durch ein eigenes Profil kann sich der Anwender anderen Anwendern zeigen, seine Interessen und Aspekte äußern, den Kontakt herstellen und halten, Zusammenarbeit pflegen sowie Informationen suchen, kommentieren, bewerten oder gar verändern. Wissen und Informationen können gemeinsam erarbeitet, dargestellt oder ausgetauscht werden und tauchen häufig in veränderter Form oder in neuem Kontext im Netz wieder auf. Das Profil fördert die Beziehungen zwischen Personen und macht diese meist auch für andere sichtbar.

Solche Netzwerkeffekte erlauben schnelle Kommunikation und Kooperation, die beliebig über sich neu bildende Gruppen ablaufen können und über den Kontakt zwischen Einzelpersonen hinausgehen. Die ausgiebige Nutzung von Weblogs, Communities oder Wikipedia durch Privatpersonen zeigt, welches Potential Social Software für Bildungseinrichtungen oder Unternehmen birgt. Mit Plattformen wie „XING" wird soziale Software auch stark berufsbezogen genutzt.

Um welche Instrumente geht es? Auch wenn ein solcher Überblick meist veraltet ist, bevor ein Buch den Markt erreicht, hier ein bewusst knapp gehaltener Versuch.

## Weblogs – Informationslizenz für jedermann

John Barger war ein Freak, wie er im Buche steht – ein Typ mit Rauschebart und schrägen Ideen im Kopf. Viel weiß man nicht über ihn, aber unter Bloggern geht die Sage, er habe in einer Kommune gelebt und den ganzen Tag mehr oder weniger im Bett vor seinem Apple zugebracht. Dieser John Barger entschloss sich im Dezember 1997, bemerkenswerte Dinge, die er beim Stöbern im Internet fand, auf seiner Homepage zu veröffentlichen. „Ich habe mich entschlossen, mein eigenes tägliches Webpage Logging zu beginnen, mit den besten Dingen, die ich beim Surfen finde“, so Barger.

Das Weblog war erfunden, mit dem passenden Namen gleich dazu: „Robot Wisdom Blog“ nannte Barger seine Homepage, in der Blogpuristen von heute freilich keinen echten Blog erkennen mögen. Schließlich gab es noch keine Weblog-Software, es handelte sich um eine ganz normale Homepage, die nur aussah wie ein heutiger Blog – aber diese Kontroverse wollen wir den Insidern überlassen und festhalten: Ein Weblog ist eine Website, auf der Inhalte regelmäßig und in zeitlich umgekehrter Reihenfolge von einem oder mehreren Autoren veröffentlicht werden. Ähnlich einem Tagebuch reflektieren die Beiträge eines Weblogs die Meinung des jeweiligen Autors. Leser können jeden Beitrag direkt im Weblog des Autors kommentieren, oder aber ihn, so sie selber ein Weblog betreiben, dort referenzieren. Ergebnis ist ein Diskussionsnetzwerk im Internet, die sogenannte Blogosphäre.

Zu Beginn des Jahres 2007 – auf dem Höhepunkt des Blog-Hypes – verfolgte die Suchmaschine „Technorati“ (www.technorati.com) täglich mehr als 1,6 Millionen Beiträge in über 63,2 Millionen Weblogs weltweit! In Deutschland führen heute etwa 900.000 Bundesbürger ein eigenes Weblog, im Oktober 2007 waren es schon einmal 1,4 Millionen. Das eigene Blog wird mit zumeist kostenfreier Software erstellt und auf dem eigenen Server oder dem gemieteten Webspace installiert; oder aber der Blogger übergibt alles einem Weblog-Dienstleister[80], einem sogenannten Hoster, wo für Privatleute die Basisnutzung oft kostenfrei ist, wenn sie sich an Werbung nicht stören.

Allzu viel technisches Fachwissen[81] braucht es nicht. Eine Web-basierte Software[82] stellt alle wichtigen Funktionen zur Verfügung. In einem Administratorenbereich lassen sich die Grundzüge der Gestaltung festlegen und die Beiträge samt Kommentaren verwalten. Den Autoren steht ein Formular zum Erfassen ihrer Texte zur Verfügung, das ähnliche Gestaltungsmöglichkeiten bietet wie eine Textverarbeitung. Die Umsetzung in HTML erledigt das Programm automatisch, sobald der Befehl zum Publizieren erteilt wird. Dann erscheint der neue Beitrag auf der Homepage an oberster Stelle.

Charakteristisch für Weblog-Software sind drei weitere Funktionen:

- *Kommentierung:* Der Leser kann unter jedem Beitrag in einem Formular seinen Kommentar ablegen, der in chronologischer Reihenfolge an den Artikel angehängt und selber wiederum zum Gegenstand von Kommentaren werden kann. So entwickeln sich Diskussionen, die manchmal ein Vielfaches des Umfangs des ursprünglichen Beitrages erreichen und sich auch inhaltlich recht weit von diesem entfernen können.
- *Rückverfolgung:* Als „Trackback" bezeichnen Insider die Möglichkeit, jede Bezugnahme auf die eigenen Beiträge in anderen Weblogs festzustellen und auch diese Kommentare samt Name des zitierenden Blogs und Internetadresse unter dem Beitrag aufzulisten. Das ist nützlich, weil aktive Blogger lieber ihr eigenes Weblog füllen als das der Konkurrenz, aber großen Wert darauf legen, zu dokumentieren, wie ihre Arbeit zur Kenntnis genommen und gewürdigt wird.
- *Blogrolls:* Jeder Blogger kann außer mit normalen Hypertext-Links im Beitrag auch mit Permalinks auf andere Blogs verweisen und damit seine Quellen offenlegen. Permalinks sind Links, die auch in Zukunft sicher funktionieren – dazu wandelt die Software die Links der Blogseiten anhand des Titels in sogenannte „sprechende URL" um.

Diese drei Elemente fördern den Dialog zwischen Autor und Leser, durch sie entsteht eigentlich das, was wir unter der Blogosphäre verstehen.

Während bei ganz gewöhnlichen Webseiten viele bunte Bilder heute zum Standard gehören, bestehen die meisten auf diese Weise entstehenden Weblogs im Wesentlichen aus Texten und Hyperlinks. Multimediale Weblog-Formate sind auf dem Vormarsch, aber im Jahre 2009 immer noch exotisch. An den Programmen liegt es nicht. Jede Weblog-Software macht es heute möglich, eine Vielzahl gängiger Medienformate direkt in den Blog einzubinden.

### Mehr als ein Tagebuch im Netz

Deshalb gibt es auch „Fotoblogs" – naheliegenderweise „Flogs" genannt, die überwiegend Alltagserlebnisse und Ereignisse durch Bilder dokumentieren. Auf der Seite „www.jeder-tag.de" beispielsweise hat der Betreiber seit 2006 jeden Tag ein Foto von sich selber an irgendeinem anderen Ort in Deutschland veröffentlicht. Entsprechend stellen Videoblogs (Vlogs) kurze Videosequenzen in den Mittelpunkt. „www.ehrensenf.de" beispielsweise macht mit diesen Mitteln erklärtermaßen dem konventionellen Fernsehen Konkurrenz: „Ehrensenf ist ein Anagramm des Wortes ‚Fernsehen'. Also, die gleichen Buchstaben in einer anderen Reihenfolge. Denn Ehrensenf ist Fernsehen. Nur anders."

Der weltweit mit Abstand wichtigste Videoblog-Hoster ist das von Google betriebene „Youtube", wo seit Anfang des Jahres sogar der Papst als Vloger unterwegs ist[83] und zum Beispiel die Europäische Union einen eigenen Videokanal unterhält. Dass Obama zum Youtube-Star wurde, ist eigentlich so erstaunlich nicht: Immerhin unterhielten sowohl der U.S. Senate als auch das U.S. House of Representatives bereits einen eigenen Kanal auf „Youtube" – und damit beide Häuser des U.S. Congress.

Das Portal ist eine der weltweit wichtigsten Websites[84], im August 2008 verzeichnete sie alleine in den USA 2,6 Milliarden Suchanfragen. Nutzer können ihre Videos bei Google bewerben: Für diese „Sponsored Videos" genannten Programme legt der Werbetreibende fest, bei welchen Suchbegriffen die Anzeige erscheinen soll. Gezahlt wird pro Klick und pro Tag. Die Versteigerung der Werbeplätze erfolgt automatisch, wobei für den Preis die Relevanz der Suchbegriffe entscheidend ist. Dass es auch ganz kostenlos geht, hat wiederum Barack Obama in seinem Wahlkampf gezeigt: Über „Twitter", „Facebook" und eine ganze Reihe weiterer sozialer Netzwerke teilte er seiner wachsenden Fangemeinde mit, dass er ein neues Video auf „Youtube" eingestellt habe. Innerhalb von wenigen Stunden erreichte er so, dass ein Millionenpublikum die Videos gesehen hatte.

Ein Trend, der von den Mobilfunkbetreibern gepusht wird, aber trotzdem noch nicht so recht gezündet hat, sind die „Mobileblogs" (Moblogs).

Das sind ganz normale Weblogs, die vom Handy aus mit Bildern, Videos und Texten beschickt werden. Die Schnappschüsse der Handy-Kamera lassen sich per MMS oder E-Mail übertragen. Nokia etwa hat dafür eine eigene Software (Lifeblog) entwickeln lassen, der Netzbetreiber $O_2$ hat mit „Mobile Diary“ einen kostenpflichtigen MMS-Blogging-Service im Angebot. Freie Weblog-Anbieter bieten sogar kostenlose Moblog-Kapazitäten an (z. B. http://joi.ito.com/moblog).

Die thematische Vielfalt kennt keine Grenzen: Die meisten Blogger berichten über eigene Alltagswehwehchen oder Freuden, teilen der Menschheit ihre tiefschürfenden Gedanken und Empfindungen über Gott, die Welt oder ihr Zwergkaninchen mit. Entsprechend klein ist der Empfängerkreis. Viel interessanter ist es für viele, wenn zum Beispiel ein Paderborner Taxifahrer regelmäßig von seinen Erlebnissen erzählt.[85] Manche privaten Blogger finden aber im Lauf der Zeit durchaus ihren Fan-Zirkel, was an der Zahl der Kommentare ganz gut abzulesen ist.

In Hülle und Fülle existieren aber auch zahlreiche fachorientierte und wissenschaftliche Weblogs, deren Beiträge immer einem fest umrissenen Themenkreis gewidmet ist. Das Weiterbildungsblog (www.weiterbildungsblog.de) von Jochen Robes[86], der 2006 mit dem European E-Learning Award 2006 ausgezeichnet wurde, informiert über den Themenkreis Human Resources/Corporate Learning, E-Learning, Knowledge Management. Es gibt ein Qualitätsmanagement-Blog[87] und auch das Web selber, das Bloggen und überhaupt alles um das Agieren im Internet sind äußerst beliebte Blog-Themen. Im „Wissenschafts-Café“ haben sich über hundert deutschsprachige Wissenschaftsblogs listen lassen.[88]

### Blogs sind auch für Unternehmen interessant

In den letzten Jahren nahm auch die Zahl unternehmenseigener Weblogs zu, wenn auch zögerlich. Vielbeachtete „Corporate Blogs“ kommen zum Beispiel von Boeing, Daimler, General Motors, SAP, Siemens und Sun. Die Autoren sind einzelne, meist prominente Mitarbeiter oder ganze Abteilungen. Corporate Weblogs können zum Beispiel für die interne Unternehmenskommunikation bestimmt sein, für Marketingzwecke eingesetzt werden, Informationen über Produkte und Dienstleistungen bereitstellen oder dem Kundenservice dienen.

Dass die große Mehrheit der Unternehmen sich schwertut, eigene Weblogs zu betreiben, entspricht Erfahrungen mit früheren technischen

Neuerungen im Kommunikationsalltag. Problematisch ist aber, wenn die Nutzer dieses Kommunikationsinstruments regelrecht in die Ecke gestellt werden.

> Ab und an ergibt sich eine Chance, in das Denken älterer Vorstände und ihrer Berater Einblick zu nehmen. Klaus Kocks[89] (Jahrgang 1952), ehedem PR-Vorstand bei Volkswagen, heute Politikberater in Berlin, meint: „Blogger sehen aus wie Frettchen, trinken Kefir und wohnen noch bei Mutti (...). Blogger sind Vereinsmeier, die es nicht geschafft haben, irgendeinem Verein beizutreten (...). Es sind geborene Schwätzer, die nie über Kritzeleien an den Türen der Schultoiletten, Tagebuchschwülstigkeiten und Briefchen an Negerkinder hinaus gekommen sind (...). Blogger wären belanglos, wenn sie nicht so typisch wären. Typisch für diese Kombination von Mitteilungsdrang, geschwollenem Ego und Schamlosigkeit (...). Die Stasi-IM-Stilistik von Herr-Lehrer-ich-weiß-was!“ Wer solche Klischees pflegt, kann vermutlich gar nicht erkennen, welchen Chancen er sich verschließt.

Tatsächlich ist die deutsche Blogosphäre ganz anders – es lohnt sich, im Kapitel II, Abschnitt 3 die Informationen zu den „Modernen Performern“ (siehe Seite 46f.) und den „Experimentalisten“ (siehe Seite 52f.) noch einmal zu lesen. Hinter den meisten Blogs stehen Privatpersonen ohne kommerziellen Hintergrund – deshalb muss aber kommerzieller Ehrgeiz nicht fehlen. Erfolgreiche Blogger sind durch die Bank weg aufgeschlossen für Werbeeinnahmen und Sponsoring. Doch wichtiger ist vielen die Eigenpräsentation im Netz als Basis für eine wie auch immer geartete Karriere: „Die Frage, wie man mit seinem Blog Geld unmittelbar verdienen kann (Werbung), ist nicht das eigentliche Thema“, schrieb Robert Basic, einer der bekannten und erfolgreichen deutschen Bogger, der Anfang 2009 seinen Blog „Basic Thinking“ bei Ebay versteigert hat. „Es mag sein, dass das irgendwie mehr sexy ist. Aber das eigentliche Thema, via Blog ein unsichtbares und sichtbares Netz auszuwerfen, seine Expertise, seine Leidenschaft und seinen Kopf zu zeigen, ist der eigentliche Clou für Blogger, die einen Job suchen beziehungsweise einen besseren Job finden wollen.“[90]

### RSS-Feeds – automatisch auf dem Laufenden

Das Web ist voll Neuigkeiten, die Ressourcen an wichtigen Fach- und Hintergrundinformationen scheinen unerschöpflich. Ein Paradies für Informationsjunkies, aber auch die stoßen schnell an ihre Grenzen.

Selbst wer höchst spezielle Interessen verfolgt, sich zum Beispiel über die Entwicklung der Normung und die Praxis von Qualitätsmanagementsystemen auf dem Laufenden halten will, hat schnell eine Liste von einigen Dutzend Informationsdiensten und Internetseiten zusammen, die regelmäßig zu besuchen wären. Die relevanten und interessanten Informationen herauszufiltern ist eine schwierige Aufgabe. Es gibt jedoch technische Abhilfe: „RSS-Feeds" (Really Simple Syndication) informieren auf Wunsch darüber, wo auf den bevorzugten Seiten und Blogs sich etwas getan hat – vorausgesetzt natürlich, der Betreiber dieser Seite kennt und nutzt diese Technik.

Die RSS-Technologie hat sich längst aus der begrenzten Welt der Blogs emanzipiert und wird vielfältig eingesetzt. Doch zunächst trug sie entscheidend zu deren Siegeszug bei. Ohne RSS wäre es ziemlich aufwendig geblieben, sich in der Blogosphäre zu bewegen, nicht nur zeitintensiv, sondern auch frustbeladen. Auf Dauer hätte wohl kein Mensch immer wieder bei seinem Lieblingsblogger vorbeigeschaut, um zu erfahren, ob der vielleicht wieder einmal Zeit für einen Eintrag hatte oder auch nicht.

RSS hat es ermöglicht, Blogs gewissermaßen zu abonnieren – neue Einträge kommen automatisch ins Haus, heutzutage auch gerne aufs Mobiltelefon. Ähnlich einem Nachrichtenticker leitet ein „RSS-Feed" (to feed = versorgen, einspeisen) Inhalte weiter zum Abonnenten. Eine spezielle XML-Datei, die ursprünglich nur Überschriften mit einem kurzen Textanriss und einen Link zur Originalseite enthielt, umgreift heute immer öfter auch Zusammenfassungen oder den Volltext selber – sämtliche Daten in einem Format, das plattformübergreifend auf jedem System lesbar ist.

Und wenn Computer oder Handy ausgeschaltet sind? Kein Problem: Es handelt sich um ein sogenanntes „Pull-Verfahren", will sagen: der Client, also der Computer des Abonnenten, sendet in regelmäßigen Abständen Anfragen an den Server. Der besondere Trick: Weblog-Software erzeugt neben den HTML-Seiten automatisch auch RSS-Seiten. Weil nur die abgefragt werden, ist das Verfahren überaus effizient und schnell. Einsetzbar ist es überall dort, wo regelmäßige Updates verfügbar sind und potentielle Nutzer darüber informiert sein wollen.

Alle modernen Internetbrowser beherrschen RSS – die entsprechenden Feeds zu abonnieren, ist ein Kinderspiel. Sowohl für den „Internet Explorer" ab 7.0 als auch für „Firefox" gibt es Plug-ins, die den Umgang damit noch komfortabler machen und zum Beispiel neue Eingänge in Pop-up-Fenstern anzeigen. Mail-Programme wie „Thunderbird" und „Outlook" können ebenfalls RSS-Nachrichten abrufen und aufbereiten. Viele Nutzer geben trotzdem einem speziellen „RSS-Reader" den Vorzug, der speziell für das Verwalten und Lesen von RSS-Feeds ausgelegt ist. Manche Anbieter haben entsprechend reagiert. Die Computerzeitschrift CHIP bietet in ihrem Online-Auftritt über 20 RSS-Feeds an, die auf die verschiedenen Bedürfnisse und Themeninteressen zugeschnitten sind. Die Deutsche Bundesbank stellt per RSS-Feed fortlaufend die letzten Aktualisierungen von Tabellen der Goldpreise und Devisenkurse zur Verfügung.

Ein interessantes Beispiel: Wer eine eigene Homepage hat, kann – wenn ihm der Sinn danach steht – die aktuellen News aus der Gemeinde Büsum auf seiner Homepage einbinden. Den entsprechenden Link, den die Content-Management-Systeme akzeptieren, liefert die Serviceseite der Gemeinde gleich mit (http://www.buesum.de/buesum.xml). Und wer seine Homepage per HTML-Code noch selber strickt, bekommt gleich die nötigen fünf Programmzeilen fürs Copy and Paste ebenfalls geliefert.

Unternehmen kommen nur ganz selten auf eine solche Idee – doch dazu später.

## Multimedia-Kommunikation

So mancher Hersteller hätte beleidigt oder gar nicht reagiert: Auf „Youtube" tauchte im Herbst 2008 ein Video auf, das einen Programmierfehler der Golfsoftware „Tiger Woods" auf den Arm nimmt. Es zeigt einen unbekannten Darsteller in der Rolle des berühmten Golfers und Namensgebers dieses Spiels, wie er auf dem Wasser stehend einen Ball abspielt. Die Spieleszene amüsierte sich köstlich, das Video wurde zu einem Renner und in wenigen Wochen allein auf „Youtube" 685.000 Mal angeklickt. Doch der Softwarehersteller „Electronic Arts Sports" drehte den Spieß um: In einem Antwortvideo auf „Youtube" wandelt ebenfalls Tiger Woods auf dem Wasser – diesmal aber der echte. Motto: „Its not a glitch. He's just that good." Der Erfolg: Bisher rund 2,4 Millionen Abrufe, mehr als 3.500 Kommentare und 27 Videoantworten. So funktioniert Krisen-PR im Web 2.0.

In der gesamten Gesellschaft nimmt die Bedeutung von Multimedia zu – auch im privaten Leben. Junge Leute kommunizieren untereinander mit Videoclips, die sie mit ihrem Handy aufgenommen haben. Hobby-DJs bieten eigene Radiosendungen an, Video-Amateure schneiden ihre Filme digital und stellen sie anschließend nicht in den Wohnzimmerschrank, sondern ins Internet. Fotoalben sind mega-out, stolze Eltern halten die musikuntermalte Diashow vom krabbelnden Sprössling für Verwandte und Freunde zum Abruf vor. Beim E-Learning – und auch sonst in der Bildungsbranche – sind multimedial aufbereitete Inhalte heute Standard.

Multimedia-Formate aller Art lassen sich mühelos und recht kostengünstig im eigenen Web-Auftritt veröffentlichen. Das ist aber eigentlich gar nicht nötig. Wozu gibt es schließlich multimediale Netzwerke und Hoster wie „StreamOnTheFly“[91], „Youtube“[92] oder „Flickr“[93]? Sie bieten ihren Nutzern in der Basisfunktion oft sogar unentgeltlich die Möglichkeit, ihre Multimedia-Dokumente zu publizieren, sie komfortabel zu verwalten und zu vernetzen. Zusätzlich lassen sie sich auch bewerten und kommentieren. Multimedia-Netzwerke verlangen, dass sich die Benutzer registrieren – eine gültige E-Mail-Adresse genügt meist. Name und Anschrift sind Pflicht, wenn für zusätzliche Leistungen[94] eine Gebühr fällig wird. Kommerzielle Nutzung ist in vielen Multimedia-Netzwerken nicht oder nur mit Einschränkungen erlaubt. Dennoch gibt es, wie noch zu zeigen sein wird, durchaus Möglichkeiten für Unternehmen, solche Dienste für ihre Zwecke einzusetzen.

Gespeicherte Audio-, Bild- und Videodateien, das ist der wichtige Punkt, erhalten eine eigene IP-Adresse. So lassen sie sich in jedem Browser aufrufen und in Websites einbauen. Ebenso wichtig für die Community: Multimedia-Netzwerke bieten ihren aktiven wie passiven Nutzern die Möglichkeit, sich über neue Veröffentlichungen benachrichtigen zu lassen. Diese RSS-Funktion liefern die neuesten Episoden eines Podcasts automatisch ins Haus, genauso gut lassen sich aber auch die neuesten Fotoalben von Verwandten und Freunden abonnieren.

Zugleich lässt sich recht problemlos feststellen, ob es Fotos vom Boule-Spielen, ein Podcast über das Taubenzüchten oder Videos über Singespeed-Fahrräder im Netz gibt. Auch das personenunabhängige, themenorientierte Stöbern in Multimedia-Netzwerken wird nämlich durch neue Techniken erheblich erleichtert. Die Dateien werden nicht etwa in Verzeichnisstrukturen abgelegt, um sie wiederfinden zu können. Multimedia-Netzwerke setzen voll auf „Tagging“, auf die Zuweisung von mehreren selbst gewählten Schlagworten (Tags) zu einem Objekt. Der Vorteil des Taggings: Objekte lassen sich nach verschiedenen Kriterien implizit gruppieren, statt in einer bestimmten Unterkategorie verankert zu sein. Einem Urlaubsfoto werden zum Beispiel einfach die Tags Urlaub, Ostsee, Travemünde und Strand zugewiesen – zwischen drei und fünf Tags gelten als sinnvoll. Bei der Suche ist es nach jedem dieser Schlagwörter und seinen Kombinationen wiederzufinden. Auch Tags lassen sich abonnieren, so dass der User über jedes neu publizierte Foto, Video oder Tondokument informiert wird, das sein Interessengebiet betrifft – sofern es regelgerecht und fehlerfrei verschlagwortet ist.

Neuester Trend: Früher oder später werden Verfahren der automatischen Bilderkennung eine große Rolle spielen. Wenn Fotos einer Person mit dem Namen als Tag veröffentlicht sind, lassen sich dann alle weiteren Bilder dieses Menschen maschinell auffinden und mit dem entsprechenden Tag versehen. Manche Multimedia-Netzwerke arbeiten schon daran.

Beim sogenannten „Podcasting" handelt es sich um eine Art Infrastruktur für die Distribution von Musik und Sprache, bestehend aus Podcasting-Programmen, XML-Dateien und Podcast-Clients. „XML" ist eine Auszeichnungssprache, die den Inhalt eines Dokuments in Form einer Baumstruktur ordnet. Mit der Einführung des „iPods" von Apple wurden Podcasts populär. Musik, Sprache und Nachrichten werden als Episoden im XML-Format definiert. Ein Podcast besteht also aus mindestens zwei Dateien: der XML-Datei und den Mediendateien. Durch diese Huckepack-Nutzung des RSS-Standards konnten Web-Portale und Weblog-Programme recht schnell als Podcast-Anbieter auftreten – der Verbreitung hat das einen enormen Vorschub geleistet. Die Distributionstechnik ist die gleiche wie beim Syndizieren von Nachrichten und Weblog-Einträgen per RSS.

## Social Bookmarking

Das Prinzip ist einfach und naheliegend: Ich suche eine Website, die mir genau erklärt, was es mit „Social Bookmarking" auf sich hat. Da könnte ich nun googeln und bei Nummer 1 der 72,8 Millionen Fundstellen anfangen. Nicht schlecht: Da steht an erster Stelle der Link zum Wikipedia-Stichwort, aber das ist nicht ganz leicht zu lesen und lässt viele praktische Fragen offen. Also weiter mit Google – ich quäle mich durch viel Fachliches und viel dürre Plattitüden, oft voneinander abgeschrieben. Nach einer Stunde bin ich klüger.

Einfacher wäre es gewesen, wenn ein Freund oder Arbeitskollege mir hätte sagen können, was die aus seiner Sicht besten Informationsquellen sind – vielleicht sogar mit einer kurzen Erläuterung, warum die eine Website besser ist als die andere. Social Bookmarking ist der Versuch, solche Link-Tipps von Unbekannt zu vermitteln. Persönliche Kontakte werden durch ein organisiertes Online-System, ein Netzwerk ersetzt, in dem der Grundsatz von Nehmen und Geben herrscht. Ich veröffentliche die URLs der besten Informationsquellen zum Social Bookmarking und profitiere bei meiner nächsten Recherche von den Fundsachen der anderen.

Hinter dem Begriff Social Bookmarking verbergen sich Dienste, die es ihren Benutzern möglich machen, Lesezeichen (Bookmarks) im Internet zu veröffentlichen. Verbergen ist hier wörtlich zu nehmen: Hier geht es nämlich um Web 2.0 für Fortgeschrittene, auch vielen Internetnutzern sind Wesen und Wert von Lesezeichen-Sammlungen bisher ein Buch mit sieben Siegeln geblieben.

Bookmarks kennt natürlich jeder – der eigene Browser sammelt sie und erleichtert es auf diese Weise, interessante Seiten im Netz mit einem Mausklick wiederzufinden. Wer seine Booksmarks nicht auf dem eigenen Computer hinterlegt, sondern dafür eine zentrale Website, einen Dienstleister in Anspruch nimmt, ist schon mitten drin in der Welt des Social Bookmarking: Es geht um das gemeinschaftliche Sammeln von Lesezeichen und den Mehrwert, den dieses erbringt.

Zwei unterschiedliche Arten von Social-Bookmarking-Diensten bieten sich an, die Verschiedenes leisten: Die einen fassen individuell verwaltete Lesezeichen in einem kollektivem Katalog zusammen. Dieser spiegelt unmittelbar die gefragtesten Websites aller Benutzer dieses Bookmarking-Dienstes. Andere Anbieter veröffentlichen Lesezeichen wie die Schlagzeilen traditioneller Medien, um so auf neue und interessante Quellen im Netz aufmerksam zu machen – hier spricht man auch vom „Social Citing“, also vom gemeinschaftlichen Referenzieren.

Zur ersten Variante gehören beispielsweise „Delicious“ (http://delicious.com/), „Furl“ (www.furl.net) oder der deutsche Dienst „Mister Wong“ (www.mister-wong.de). Hier können die Nutzer Lesezeichen in Form von Hyperlinks auf einer persönlichen Webseite anlegen, nur eine kostenlose Registrierung mit einer gültigen E-Mail-Adresse ist erforderlich. Jedes Lesezeichen lässt sich mit Schlagwörtern (Tags) und Anmerkungen versehen – die visuelle Darstellung mit Hilfe sogenannter Wortwolken (Tag Clouds) erleichtern anderen Usern den Zugang zu der Fundgrube. Die persönliche Webseite ist nämlich grundsätzlich öffentlich zugänglich. Allerdings kann der Inhaber der Seite auch einzelne Lesezeichen als privat kennzeichnen, die damit für Besucher unsichtbar werden.

Vorteil der Sammlung auf einem Dienstleistungsserver für den Nutzer: Er kann vom Arbeitsplatz oder von zu Hause, aus einem Internetcafé oder vom Laptop während einer Urlaubsreise, sogar mit einem internetfähigen Mobiltelefon jederzeit auf seine Lesezeichen zugreifen. Zudem können Benutzer ihre öffentlichen Lesezeichen untereinander austauschen, indem sie ein Netzwerk bilden. Neben der eigenen Lesezeichenliste erhalten sie Zugang zu den Lesezeichen der anderen Mitglieder des Netzwerkes. Schließlich lassen sich die Lesezeichen nicht nur mit Hilfe von Tags sachlich gruppieren, sondern auch bestimmten Personen zuordnen. Handelt es sich dabei beispielsweise um die Mitarbeiter eines Unternehmens, sind alle Lesezeichen mit Bezug zum Unternehmen zentral verfügbar. Eine Suche innerhalb eines solchen Netzwerkes nach Konkurrenzprodukten, Marktinformationen oder Ähnlichem führt daher oft zu qualitativ hochwertigen Verweisen, wie sie eine Suchmaschine niemals bieten kann.

Unternehmen können solche Seiten auch nutzen, um digitale Medien zu verbreiten, ohne sie in Multimedia-Netzwerke mit ihren technischen Restriktionen und eingeschränkten kommerziellen Nutzungsmöglichkeiten einzustellen. Wenn die Botschaften in der Blogosphäre aufgegriffen werden oder auf die Inhalte durch Social Bookmarking verwiesen wird, können sie auch auf diese Weise ein großes Publikum erreichen. Auch nicht unwichtig: Jedes in einem Multimedia-Netzwerk gespeicherte Lesezeichen ist für Suchmaschinen ein Hyperlink, der die referenzierte Seite aufwertet. Viele Bookmarks auf „Delicious“, „Furl“ oder „Mister Wong“ verbessern die Chance, bei Google weit vorn in den Suchergebnissen aufzutauchen.

Zumindest letzterer Vorteil ist bei der zweiten Variante des Social Bookmarkings nicht so stark gegeben, weil jeder Hyperlink nur einmal auftaucht. Typisch für diese Gattung ist zum Beispiel der amerikanische

Dienst „Digg“ (http://digg.com) mit (nach eigenen Angaben) etwa einer Million registrierter Benutzer und monatlichen Besucherzahlen in dreistelliger Millionenhöhe. „Reddit“ (http://reddit.com) ist etwas weniger erfolgreich, und deutsche Dienstleister wie „Colivia“ (www.colivia.de) hinken bezüglich der Mitgliederzahlen deutlich hinterher. Diese Dienste veröffentlichen Lesezeichen als News und bezeichnen sich selbst konsequenterweise als Nachrichtenkanäle, obwohl die dort veröffentlichten Informationen nicht die Nachrichten selbst enthalten. Sie verweisen bloß auf eine Quelle im Internet, enthalten einem kurzen Kommentar dazu und einige Schlagwörter (Tags). Der Verweis kann zu Nachrichten auf den Websites traditioneller Medien (Presse, Fernsehen, Radio), zu Weblog-Beiträgen oder zu sonstigen interessanten Ressourcen führen.

„Nachrichten“ von spannenden Web-Inhalten kommen von den Benutzern der Dienste und können von allen anderen Benutzern gelesen, bewertet und natürlich kommentiert werden. Dies alles wird zur Grundlage eines Rankings: Mit der Zahl an positiven Bewertungen wandert eine Nachricht in der Liste der veröffentlichten Lesezeichen nach oben; im Idealfall taucht sie irgendwann auf der Startseite des Dienstes auf und verhilft der referenzierten Seite zu traumhaften Besucherzahlen.

Social Bookmarking in Form von Nachrichtendiensten ermöglicht Unternehmen eine Suche nach unternehmensspezifischen Schlagwörtern, die Hinweise auf die Wahrnehmung von Produkten, Marken und Unternehmensaktivitäten aller Art liefern kann. Mittels RSS-Feeds lässt sich diese Suche automatisieren, ein großer Vorzug für das „Monitoring“: Das Unternehmen behält damit im Blick, was im Web an Informationen, Lob und Tadel, Gerüchten und Märchen kursiert. Es kann auch selbst Bookmarks einstellen – beispielsweise auf eine Produktankündigung auf der eigenen Website, einen neuen Eintrag im Corporate Blog oder eine Online-Meldung über das Unternehmen. Kommerzielle Aktivitäten sind erlaubt, solange die Nachrichten interessant genug erscheinen. Bestätigt sich das Interesse bei den Nutzern, finden sich in kürzester Zeit tausende Besucher auf der Unternehmensseite ein.

## Beziehungspflege in sozialen Netzwerken

„Social Network Services“ dienen der Vernetzung von Personen zu einem Kontakt- oder auch Freundesnetzwerk. Das kann beruflicher oder privater Natur sein, und manchmal vermischt sich das auch. Die Teilnahme erfordert eine Anmeldung, wobei weit mehr gefragt ist als E-Mail-Adresse oder Kontaktdaten – es geht um ein mehr oder weniger aussagekräftiges Profil der eigenen Person. Manche Netzwerke sind auf bestimmte Personengruppen beschränkt, wobei die Kriterien mehr oder weniger streng überprüft werden. In einzelnen Fällen ist der Beitritt zum Netzwerk nur möglich, wenn ein Mitglied eine Einladung ausgesprochen hat.

Wer einmal drin ist, kann Profile der anderen Mitglieder abfragen und sie eventuell als Kontakt oder (in privaten Netzwerken) als Freund in eine persönliche Kontaktliste aufnehmen, was den Austausch vereinfacht. Persönliche Bekanntschaft im wirklichen Leben ist nicht vorausgesetzt – allerdings stellt die Software die Beziehung zwischen zwei Personen üblicherweise nur her, wenn beide das wollen. Viele Netzwerke zeigen beim Aufruf eines fremden Profils grafisch, ob und gegebenenfalls über welche und wie viele Zwischenstationen man diese Person „kennt".

Neben diesen überall ähnlichen Grundfunktionen, ob zum Beispiel bei „Xing", „Facebook" oder „StudiVZ", bieten soziale Netzwerke die unterschiedlichsten Features, um die Kommunikation der Mitglieder zu fördern. Textnachrichten, die sich oft durch multimediale Anhänge ergänzen lassen, können innerhalb der Plattform verschickt werden. So ist auch der Austausch mit Netzwerk-Angehörigen möglich, die keine Kontaktdaten wie E-Mail oder Telefonnummern veröffentlicht haben. Gefördert wird auch der Austausch in thematisch orientierten Diskussionsgruppen und Foren, in denen spezielle Interessen gepflegt werden können. Der Beitritt und die aktive Teilnahme können beschränkt werden, ebenso die Möglichkeit, dass Nichtmitglieder der Foren die Diskussionsbeiträge mitlesen. Berechtigungen werden durch den Foreninhaber oder durch Moderatoren erteilt. Gruppenzugehörigkeiten werden zum Beispiel bei „Xing" als Ergänzung des Nutzerprofils angezeigt. Solche Unter-Netzwerke innerhalb des Netzwerkes zu bilden und sich Regeln dafür zu geben, bleibt den Teilnehmern überlassen.

„Xing" informiert darüber hinaus durch einen personalisierten Newsletter über Kontaktwünsche, die Geburtstage von Kontakten, über Nachrichten und auch darüber, wie oft das Profil aufgerufen wurde. Seine ältere amerikanische Konkurrenz „LinkedIn", seit Februar 2009 auch in deutscher Sprache verfügbar, erstellt Ranglisten über Mitglieder mit besonderem Expertenwissen auf bestimmten Gebieten. Die Basis dafür ist eine Funktion „Answer“: Mitglieder stellen Fragen und bewerten die von anderen Mitgliedern eingestellten Antworten.

Erfolgreich sind private Netzwerke der unterschiedlichsten Art, etwa um einen bestimmten Lebensabschnitt herum (Schulzeit, Studium). Andere formieren sich um gemeinsame Themen und Interessen. Die Abgrenzung zwischen privaten und berufsbezogenen oder geschäftlichen Netzwerken ist manchmal fließend, weil in beruflichen Gemeinschaften natürlich private Kontakte geknüpft und in privaten Netzwerken gegenseitiger beruflicher und geschäftlicher Nutzen kein Tabu sind.

Netzwerke dieser Art gab es bereits zu frühesten Internetzeiten, doch wurde der Erfolg im Web durch die wachsenden Nutzerzahlen und die immer einfachere Handhabung der Software gefördert. Andererseits spielten bald soziologische Forschungsergebnisse über gesellschaftliche Strukturen eine wichtige Rolle. Wenn heute das Auffinden von Wegen zu bis dahin unbekannten Mitgliedern eine Funktion von Web-2.0-Anwendungen wie „Xing“ ist, hat der amerikanische Soziologe Stanley Milgram seinen Beitrag dazu geleistet. Er wies in den sechziger Jahren nach, dass Menschen durchschnittlich durch nur sechs Bekanntschaftsbeziehungen miteinander verknüpft sind. Diese Beobachtung, die inzwischen als das „small world phenomenon“ allgemein anerkannt ist, lässt sich unter experimentellen Bedingungen immer wieder reproduzieren. Über einen Mittelwert von sechs Zwischenstationen lässt sich wirklich jede beliebige Person in einem Netzwerk erreichen.

Technisch ist der Nutzen sozialer Netzwerke nicht mehr an den Computer gebunden. Die mobile Nutzung von „Facebook“ und Co. durch mobile Geräte wie das „iPhone“ oder dafür entwickelte Applikationen liegt im Trend. Einen neuen Schub für Social Networking erwarten (oder erhoffen) Entwickler, Anbieter und die IT-Industrie von der Integration ortsbasierter Services, die noch ganz in den Kinderschuhen steht. GPS-Funktionen innhalb von Social-Networking-Anwendungen könnten einen lukrativen Markt eröffnen.[95] Eine „neue Generation“ von Social Networks[96] ist bereits am Start, um „Facebook“ und den anderen ihre Marktmacht streitig zu machen. Bei Nutzung des Dienstes auf GPS-fähigen Mobiltelefonen können hier automatisiert Freunde gefunden und kontaktiert werden, die sich gerade in der Nähe befinden. Bilder, Videos oder andere interessante Informationen lassen sich mittels „Geotagging“ einem Ort zuweisen; über diese Ortsangabe können andere Plattform-User sie problemlos auffinden.

Wer übrigens noch das Vorurteil pflegt, Social Networks wie „Facebook“ oder „MySpace“ seien weitestgehend eine Sache junger, technikaffiner Menschen, sollte umdenken. Wie die US-Non-Profit-Institution „Pew Internet and American Life Projects“[97] in einem Anfang 2009 veröffentlichten Bericht feststellt, hat sich ein demografischer Wandel in der Nutzerschaft vollzogen. Innerhalb von drei Jahren hat sich die Zahl der Erwachsenen, die sich auf derartigen Plattformen tummeln, von 8 auf 35 Prozent vervierfacht. Zwischen den einzelnen Plattformen gibt es aber große Unterschiede: „MySpace“-Nutzer sind eher weiblich, durchschnittlich 27 Jahre alt und gehören – es ist eine amerikanische Untersuchung – eher eine ethnischen Minderheit an. „Facebook“-User sind auch nicht älter, aber eher männlich und akademisch gebildet. Beim Business-Netzwerk „LinkedIn“ dagegen ist die Nutzerschaft im Durchschnitt bereits an die 40 Jahre alt, männlich, weiß und mit einem College-Diplom ausgestattet (siehe dazu auch Kapitel III, 4: Das Internet ist für alle da).

Der Zugriff auf soziale Netzwerke erfordert nicht mehr als einen aktuellen Webbrowser, in den Module zur multimedialen Nutzung bereits integriert sind, oder ein aktuelles Multimedia-Handy. Schwierig wird es, wenn eine Organisation selbst ein soziales Netzwerk betreiben möchte – für externe Zwecke im Internet oder für interne Belange im unternehmenseigenen Intranet. Spezialisierte Dienstanbieter dafür gibt es nicht, und entsprechende Software steht auf dem Markt nicht zur Verfügung. An kostspieligen Eigenentwicklungen oder dem recht komplizierten Umgang mit Softwarepaketen wie „www.communicoserver.com“ oder „www.smallworldlabs.com“ führt dann kein Weg vorbei. Als Notlösung lassen sich in den etablierten sozialen Netzwerken geschlossene Bereiche aufbauen, die nur von eigenen Mitarbeitern oder nur von bestimmten Kunden genutzt werden können. Gegen Bezahlung, abhängig von Größe und Zielgruppe, bietet „Xing“ beispielsweise die Einrichtung geschlossener „Premium-Gruppen“ an – eine Mindestgröße ist dabei gefordert. „LinkedIn“ offeriert geschlossene Foren mit eingeschränkten Funktionen sogar kostenlos; sollen diese öffentlich sichtbar sein, wird eine Einrichtungsgebühr fällig.

Personalbeschaffung ist für firmeneigene soziale Netzwerke außerhalb der oben beschriebenen, öffentlich zugänglichen Gemeinschaften ein wichtiger Zweck. Die Investmentbank Goldmann Sachs und die Beratungsfirma Deloitte unterhalten Netzwerke für frühere Mitarbeiter, um den einen oder anderen wieder für sich zu gewinnen. Ein weiteres Ziel besteht darin, manche früheren Mitarbeiter als neue Auftraggeber zu gewinnen. Andere Unternehmen unterhalten soziale Netzwerke für ihre Kunden. Sie sollen die Markenbindung stärken und dem Kundendienst dienen. Erfolgreich praktiziert das etwa BMW mit der „Owner's Lounge", einem Netzwerk von Mini-Besitzern. Um das Smartphone „Blackberry" haben sich gleiche mehrere unabhängige und firmeneigene Gemeinschaften gebildet (zum Beispiel „www.pinstatk.tom" und „www.discoverblackberry.tomlownerslounge").

Auch ohne eigenständiges Social Network bieten berufliche Netzwerke vielerlei Nutzungsmöglichkeiten. Über 60.000 Personalberater und Personalverantwortliche sollen alleine bei „Linkedln" vertreten sein. Kein Wunder: die offenen verfügbaren Profile, in denen die meisten Nutzer sehr viel über sich preisgeben, machen es möglich, gezielt nach Personen mit bestimmten Kompetenzen und Eignungen für Jobs oder Projekte zu stöbern. Sie eignen sich ebenso hervorragend zur Anbahnung geschäftlicher Kontakte und zur Identifizierung potentieller Kunden.

Interessant ist auch die Möglichkeit, in den Bereichen für öffentliche Termine Veranstaltungen zu bewerben – etwa bei „Xing". Hier lassen sich Unternehmenspräsentationen, Workshops und andere Events auch regional kostenfrei ankündigen – so hübsche Funktionen wie Online-Anmeldung, Veröffentlichung der Teilnehmerliste und Export des Termins nach Outlook inklusive.

### Second Life – überschätzt oder unterschätzt?

Auch eine Art soziales Netzwerk, und doch ganz anders: Im „Second Life"[98] und ähnlichen Angeboten tauschen die Teilnehmer keine Profildaten aus. Sie handeln, sie interagieren spielerisch als virtuelle Identitäten in einer dreidimensionalen, virtuellen Pixelwelt, in der es Straßen, Häuser, Veranstaltungsräume, Kneipen, Geschäfte, aber auch Parks und Wiesen und so weiter gibt – alles so realistisch wie heute möglich programmiert. Durch diese Welt bewegen sich die Teilnehmer mit Hilfe grafischer Stellvertreter (sogenannte Avatare), die sich personalisieren lassen. Diese nehmen private als auch geschäftliche Beziehungen auf und geben in einer virtuellen Währung („Linden Dollars") echtes Geld aus.

An Second Life teilzunehmen kostet nichts. Doch wie das richtige macht auch das virtuelle Leben ohne Geld nicht wirklich Spaß. Erst kostenpflichtige Accounts machen es möglich, ein virtuelles Grundstück zu erwerben, zu bebauen und wieder zu verkaufen oder einen bezahlten Job anzunehmen. Avatare können bei Adidas virtuelle Schuhe kaufen und bei Lidl Dosen-Thunfisch. Unternehmen können Niederlassungen einrichten, Kommunen eine Stadt eröffnen, staatliche Einrichtungen öffentliche Gebäude errichten. Und so machte es Schlagzeilen in der echten Welt, als Schweden dort die erste virtuelle Botschaft eröffnete. Der Sinn fürs wahre Leben kommt ohnehin nicht zu kurz: Reale Produkte zu verkaufen ist möglich, Marketing ohnehin. Dell lässt Avatare Computersysteme konfigurieren, die der wirkliche Mensch dann außerhalb von Second Life über die normale Website von Dell bestellen soll. Daimler verbreitet Informationen über seine Fahrzeuge seit Februar 2007 in virtuellen Ausstellungsräumen und lädt die Avatare auf einer Teststrecke zur Probefahrt im Mercedes ein.

Die Blütenträume, die mit solchen Aktivitäten verbunden waren, sind allerdings nicht gereift. Auch die eifrigsten Nutzer scheinen sich nicht so hoffnungslos in virtuelle Scheinleben zu verlieren, wie Kulturkritiker orakelt hatten. Unter dem Titel „Virtuelle Einöde" schilderte 2008 die Frankfurter Rundschau in einer Online-Reportage die Langeweile virtueller Welten.[99] Eineinhalb Jahre zuvor hatte Frankfurt als erste deutsche Stadt seine Pforten auf der Internetplattform „Second Life" eröffnet – mit Paulskirche, Römer und allem drum und dran. Die Rechnung, Unternehmen und Touristen an den Main zu locken, ging nicht auf. Von inzwischen weltweit elf Millionen registrierten Second-Life-Teilnehmern waren 2008 durchschnittlich nur noch 60 000 gleichzeitig auf der Plattform unterwegs. „Wenn sich davon drei in Frankfurt verlieren", schrieb der Reporter, „ist das schon relativ viel". Die ganz große Begeisterung scheint für den Moment vorbei. So manches Unternehmen hat sich zurückgezogen oder seine Aktivitäten eingefroren, weil die Nutzerzahlen sich nicht wie erwartet entwickelt haben und den realen Nutzern der Sinn wohl nicht in erster Linie nach virtuellen Probefahrten steht.

Für Betreiber von E-Learning-Angeboten hingegen scheint das „Second Life" noch attraktiv zu sein, weil es dafür bislang ungeahnte technische Möglichkeiten bietet. So bleiben auch Volkshochschule und Goethe-Universität in Frankfurt vertreten. Das Institut für Wissensmedien (IWM) ist gerade erst in Second Life eingestiegen: Es betreibt eine eigene Insel, auf der sich virtuelle Gebäude befinden. Zu finden sind Informationen über die Forschungslinien des IWM und einzelne Forschungsprojekte. Außerdem gibt es Meetingräume und einen Vorlesungssaal mit einem virtuellen Whiteboard.

Ebenfalls erst im Herbst 2008 startete das Internetunternehmen Metaversum GmbH den deutschen Second Life-Konkurrenten „Twinity". Dort können Nutzer auf Erkundungstour im virtuellen Berlin gehen, Ausflüge zum Brandenburger Tor und dem Alexanderplatz unternehmen oder in Bars, Galerien und Clubs Kontakte zu anderen Nutzern knüpfen. Und wer sich als deutscher Muslim unter Glaubensgenossen bewegen möchte, kann sich seit Dezember 2008 bei „Muxlim Pal" anmelden.[100]

Diese Beispiele zeigen: Noch wäre es verfrüht, virtuelle Welten abzuschreiben. Dass der Axel-Springer-Verlag sein wöchentliches E-Paper „Avastar" über Ereignisse im Second Life kürzlich eingestellt hat, besagt wenig – ein Comeback ist nach allen Erfahrungen mit der Web-Entwicklung niemals ausgeschlossen. Insider fragen sich bei einem solchen Satz verwundert: Welches Comeback? Schließlich gibt es, auch wenn die Medien nicht mehr darüber schreiben, immer noch Wachstum bei den Nutzern. Die Portalbetreiber arbeiten weiter an noch besserer Grafik; „Weblin" hat gerade zu Weihnachten einen Avatar (Weblins) präsentiert, der die virtuelle Welt verlassen und in den Weiten des Web spazierengehen kann, um sich zum Beispiel auf „Xing" mit anderen Avataren gepflegt zu unterhalten.[101] Und mit „Meta-Mole" (http://meta-mole.com) haben britische Forscher gerade erst eine spezialisierte Suchmaschine für virtuelle Online-Welten gestartet. Die Entwicklung des Centre for Design in the Digital Economy (D-LAB) (http://dlab.tees.ac.uk) an der University of Teesside ist dazu gedacht, einen einfachen Überblick über die vielen entsprechenden Angebote und einen Vergleich ihrer Möglichkeiten zu bieten.

Derzeit, heißt es, stehen Unternehmens-orientierte Plattformen im Mittelpunkt. Kommende Versionen wollen alle Arten virtueller Welten einbeziehen, auch Angebote wie 2D-Plattformen für Kinder oder Online-Rollenspielwelten. Von all dem abgesehen: Bereits „Linden Lab", der Gründer von Second Life, hat mit dem „Second Life Grid" eine virtuelle „White Label"-Plattform geschaffen. Sie ermöglicht es Unternehmen, basierend auf der Second Life-Technologie, einen öffentlichen Raum für seine Kunden und/oder einen privaten, geschützten Raum für seine Mitarbeiter zu installieren.

Unternehmen und Organisationen können eigene virtuelle Communities – unabhängig von der Second-Life-Gemeinschaft – einrichten und verwalten. Vielleicht ist genau dies die Lösung für unternehmensspezifische Anforderungen. Zumindest wird deren Nutzen in der Managementliteratur schon seit einigen Jahren postuliert – von der Einbeziehung des Kunden in die Produktentwicklung, über Marktforschung bis hin zum Kommunikation, ganz abgesehen von den internen Anwendungsmöglichkeiten. Dabei geht es nicht um virtuelle Welten per se, sondern um die Tatsache, dass dreidimensionale Web-Darstellungen mit Interaktionsmöglichkeiten neue Kundenbeziehungen erlauben und vielleicht irgendwann notwendig machen. Nebensächlich, ob diese bei einem Anbieter wie Second Life oder in einer unternehmenseigenen Umgebung stattfindet.

## Wikis – viele Köche würzen den Brei

In einem firmeninternen Ideenwettbewerb geht es darum, das Design für eine neuartige Dienstleistung zu entwickeln. Eine Rund-Mail an qualifizierte Mitarbeiter und ausgewählte Kunden soll zur Teilnahme aufrufen. Die Angesprochenen machen sich im stillen Kämmerlein ihre Gedanken und schreiben sie auf. Darauf folgen die zentralisierte Auswertung, eine Zusammenfassung der Ergebnisse und die Prämierung der besten Ideen. Die meisten Teilnehmer haben an Naheliegendes gedacht, ein paar gute Ideen sind dabei, die man weiterdenken sollte. Na ja, das Übliche.

Der gleiche Wettbewerb könnte ganz anders ausgehen, wenn er im Wiki, öffentlich für alle sichtbar, publiziert würde. Alle Nutzer sehen die Beiträge aller. Jeder hat die Chance, Ideen der anderen abzuwägen, daran die eigenen Vorstellungen zu messen, fremde Gedanken einfließen zu lassen. So gibt es Impulse für weitere Ideen. Die Beiträge aller Teilnehmer sind sichtbar, was an sich schon eine Belohnung ist. Und womöglich fällt eine Kollegin positiv auf, von der niemand ahnte, wie viele Kenntnisse sie beisteuern kann ...

Ein Wiki ist letztlich auch nur eine Website. Allerdings erlaubt sie es ihren Benutzern, den Inhalt nicht nur zu lesen, sondern gleich auch im Browser zu bearbeiten. Und sie dokumentiert alle Veränderungen, welche die verschiedenen Autoren im Laufe der Zeit an den Inhalten vornehmen. Jeder Nutzer kann Autor und Leser zugleich sein. Diese Idee war dem Amerikaner Ward Cunningham schon 1995 gekommen. Der Softwaredesigner aus Portland fand die üblichen Textverarbeitungen im Web-Zeitalter unzulänglich. Ihm schwebte eine Software vor, die das kooperative Arbeiten im Web einfacher machen könnte. Die außerdem das unmittelbare Publizieren im Internet unterstützen und automatisch alle Bearbeitungsschritte dokumentieren sollte.

Das Ergebnis war ein Wiki, eine schnell zu erlernende, leicht zu bedienende und zentral verfügbare Plattform für kooperatives Arbeiten im Internet. Cunningham musste lange seine Autoren persönlich einladen, doch in den Insider-Kreisen fand die neuartige Kommunikationsplattform schnell Anklang. Bald folgten dem Original-Wiki Cunninghams ähnliche Projekte zu unterschiedlichsten Themen- und Anwendungsgebieten. Erst die freie Enzyklopädie „Wikipedia", gestartet 2001, schaffte es aber, das Prinzip bei den Web-Nutzern so richtig durchzusetzen. Diese ist mit über 6,3 Millionen Artikeln in mehr als 200 Sprachen und Dialekten, davon fast 700.000 Artikel in deutscher Sprache, heute der größte öffentlich zugängliche Wiki und rüstet gerade mit einem 48-Terabyte-Server für das Multimediazeitalter auf.[102] Quantitativ und in der Nutzergunst hat Wikipedia etablierte Enzyklopädien wie Brockhaus längst abgehängt[103], qualitativ gab es immer mal wieder Probleme und Kritik, die zum Anstoß für Verbesserungen wurden.

> Im Februar 2009 hackte sich ein Anonymus in den Wikipedia-Artikel über den frisch gekürten Bundeswirtschaftsminister Karl Theodor Maria Nikolaus Johann Jacob Philipp Franz Joseph Sylvester Freiherr zu Guttenberg ein und fügte der Fülle der Vornamen des Adligen noch ein „Wilhelm" hinzu. Zahllose Schreiber in den Redaktionen übernahmen die gefälschte Namensliste, die Peinlichkeit wurde ruchbar, als sich der Hacker in einem Interview outete. Doch bereits vorher war der Wikipedia-Crew der Fauxpas aufgefallen und berichtigt worden.

Wikis gibt es wie Sand am Meer, ihre genaue Zahl ist nicht bekannt. Schätzungen der Wikimedia Foundation[104] zufolge laufen weltweit allein etwa 9.000 Projekte mit Hilfe der freien Software „MediaWiki", die ursprünglich für Wikipedia entwickelt worden war. Das Spektrum reicht von der „LyricWiki" mit über 250.000 Liedtexten[105] über das „GenWiki" mit mehr als 35.000 Artikeln zur Familienforschung[106] bis hin zum „Karlsruher Stadtwiki" mit derzeit 17.481 Artikeln und 8.845

Bildern über Stadt und Region.[107] Viele große Unternehmen wie Airbus, BMW, Boeing, Bosch, Daimler, Deutsche Bank, DHL, Dresdner Kleinwort Wasserstein, Eurospace, Gartner, Motorola, Nokia, SAP, Siemens, T-Systems, Vodafone, Volvo und Web.de setzen Wikis in ihrem Intranet ein. Sie dienen dort der Dokumentation, als Nachschlagewerk, Zwecken der Projektplanung, oft auch als Diskussionsforum für Abteilungen, Gruppen von Mitarbeitern oder auch für die gesamte Belegschaft.

Ein Wiki ist eine Web-basierte Software, der Nutzer braucht nur einen Webbrowser. Der Betreiber allerdings muss für den Einsatz der Software einige technische Ressourcen aufbringen. Im Prinzip besteht ein Wiki aus einer Sammlung von Skripten, die in einem Webserver abgelegt sind, und einer Datenbank für die Inhalte. Ruft ein Benutzer eine Wiki-Seite auf, übersetzt ein Skript deren Inhalt in HTML, das der Browser darstellen kann. Dass die Seiten in HTML geschrieben sind, muss den Autor nicht interessieren, darum kümmert sich die Software. Speichert der Benutzer eine Webseite, sorgen andere Skripte dafür, dass der Inhalt der Webseite in die Datenbank befördert und die Versionshistorie fortgeschrieben wird.

„Wiki-Software" hat heute wie zu Cunninghams Zeiten drei Grundfunktionen zu erfüllen: Bearbeitung, interne Verlinkung und Versionshistorie. Unverzichtbar ist zudem eine Schlagwortsuche. Die Bearbeitungsfunktion, in welcher der Quelltext verändert werden kann, ähnelt einem Textverarbeitungsprogramm mit einem Minimum an Formatierungs- und Strukturierungsmöglichkeiten (Fett- und Kursivschrift, mathematische Formeln, horizontale Trennlinien und anderes mehr). Ganz einfach ist auch die Verlinkung von Webseiten, Bildern und anderen Medien: Interne Hyperlinks werden in doppelte eckige Klammern, externe in einfache eckige Klammern eingeschlossen. Nach der Bearbeitung kann die Webseite in einer Vorschau angezeigt werden, sofern noch kein benutzerfreundlicher WYSIWYG-Editor die Formatierung des Textes bereits im Formular selbst anzeigt. Letzte Korrekturen vor dem Abspeichern – und sofort ist die Seite für alle Benutzer des Wikis sichtbar. Die Änderungen erscheinen automatisch in der Versionshistorie.

Wikis sind dem Gedanken einer freien Nutzung der Web-Inhalte verpflichtet. Daher darf in Wikipedia grundsätzlich jeder Benutzer, der sich angemeldet hat (unangemeldet ist nur Lesen möglich), jeden Artikel verändern. Er muss aber darauf gefasst sein, dass kommende Nutzer solche Änderungen kritisch würdigen. Von gleichen Rechten für alle kann keineswegs die Rede sein. Ein Administrator darf Änderungen rückgängig machen, Artikel gegen Änderungen schützen und neue Beiträge löschen, wenn er sie für zu uninteressant oder unzulänglich hält. Diese redaktionellen Rechte kann der Administrator an erfahrene und bewährte Mitarbeiter delegieren. Darüber hinaus vertrauen Wikis auf die Selbstreinigungskraft der User-Gemeinde. Die Wiederherstellungsfunktion (Rollback) ist lebensnotwendig, denn Offenheit provoziert auch Missbrauch, Vandalismus und Sabotage. Dank Versionshistorie und Wiederherstellungsfunktion lassen sich aber alle Verschlimmbesserungen oder Verfälschungen auf Knopfdruck ungeschehen machen.[108]

Wikis, so heißt es, verändern die Art und Weise, wie Menschen zusammenarbeiten. Das Ergebnis, ein Text, lässt sich nicht mehr so leicht einem Urheber zuschreiben, er ist eine Gemeinschaftsleistung. Die Versionshistorie zeigt zwar, wer wann was daran getan hat. Jeweils zwei Versionen lassen sich im Detail vergleichen, gegebenenfalls lassen sich auch eine frühere Version wiederherstellen oder aus zwei Versionen eine neue erstellen. Jede Webseite eines Wikis ist daher immer nur als aktuelle, nicht als endgültige Version anzusehen. So weit die Theorie – in der Praxis kann der Administrator in irgendeinem Stadium die aktuelle Version zur finalen machen und gegen Änderungen schützen.

Der Erfolg von Wikipedia hat viele Unternehmen davon überzeugt, Wikis für ihre Zwecke einzusetzen. Häufig zitiert wird das Beispiel Dresdner Kleinwort Wasserstein (DrKW), der Investmentbereich der Dresdner Bank, wo seit 2005 weltweit 6.000 Mitarbeitern einen Unternehmens-Wiki unterhalten – vor allem für die Verwaltung von Sitzungen, für die Sammlung und Dokumentation von Informationen und für die Präsentationsentwicklung. Das Unternehmen war damit so erfolgreich, dass das Wiki schon nach einem Jahr auf einen eigenen Server umzog.

Wo ein Wiki betrieben wird, auf dem eigenen Server oder bei einem Dienstleister, ist keine Grundsatzfrage, beides hat Vor- und Nachteile. Wer alles auf einem eigenen Server unter Kontrolle haben will, kann sich „MediaWiki" als „Open Source Software" kostenlos im Internet besorgen. Die Lizenz erlaubt die Nutzung der Software für kommerzielle Zwecke, diese darf an die Bedürfnisse des Betreibers angepasst werden.

MediaWiki läuft unter den Betriebssystemen Linux, Mac OS X oder Windows und setzt einen Apache Webserver mit PHP-Unterstützung und eine MySQL-Datenbank voraus.

Wer sich für einen Dienstleister[109] entscheidet, muss sich alle diese Gedanken nicht machen – dafür aber andere. Er sollte sich um Themen wie Speicherkapazität bei seinem Dienstleister, Datensicherung und -sicherheit, Möglichkeiten der Darstellung der Unternehmensmarke (Corporate Branding) und Übertragungsprotokolle kümmern.

In beiden Fällen muss sich der künftige Wiki-Eigner die Software anschauen und prüfen, ob sie den Bedürfnissen des Unternehmens gerecht wird. Es geht um die Frage, was sie leisten soll, um Ziel und Zweck des Einsatzes gerecht zu werden – zum Beispiel bei der benutzerfreundlichen Multimedia-Unterstützung oder bei statistischen Auswertungen. Und nicht zuletzt geht es auch darum, was Installation und Betrieb am Ende kosten.

## 3 Das Dilemma der Online-Medien

Ein PR-Berater erzählt in einer Blog-Diskussion: „Ich habe erst vor kurzem wieder erleben müssen, wie einer unserer Kunden auf den Vorschlag reagiert hat, sich der Web-2.0-Community zuzuwenden, Blogs zu beobachten und sich einzumischen, für Blogger als Multiplikatoren ein eigenes Kontaktprogramm aufzusetzen, und, und, und ... Der Kunde reagiert mit der klassischen Frage: Wie viele zusätzliche Clippings bringt mir das denn?"

Natürlich ist die Geschichte ebenso gut auch anders herum zu hören. Die Anekdoten von PR-Beraterin Anja-Tanja, die beim Thema RSS ins Stottern kommt. Oder von dem Agenturchef, der seinen Kunden „wegen der Risiken“ den öffentlichen Blog ausreden will – sie sind wohl ebenfalls nicht völlig frei erfunden. Beides sind Facetten der vielgestaltigen Wirklichkeit, in der über „Online-PR“ immer noch mehr geredet wird, als wirklich geschieht.

Ein riesiges Spektrum an Möglichkeiten hat sich aufgetan, das niemand insgesamt nutzen kann und das zudem ständig im Fluss ist. Vielleicht wird es „Twitter“, „Facebook“ & Co. schon bald nicht mehr geben; aber dann werden sie abgelöst sein durch neue Dienste, die neue Ideen realisieren. Die Verschiebung in der Kommunikation ist nicht umkehrbar. Der Anspruch der Menschen, sich auszutauschen, gehört zu werden, Antworten zu bekommen, ist so alt wie die Menschheit selbst – aber jetzt macht die Technik es möglich, den Traum zu verwirklichen. Zunächst sind es immer Minderheiten, die ein Abenteuer angehen, aber höchst aktive und wichtige Minderheiten.

Zu denen, die sich besonders schwertun, gehören seltsamerweise – manche sagen logischerweise – die Medienunternehmen. Nur wenigen gelingt die vollständige Transformation der bewährten Marken in die digitale Welt.[110] Traditionelle Print-Titel und TV-Sender geraten immer stärker unter Druck und reagieren, indem sie die Online-Präsenz ihrer etablierten Marken voranbringen. Das aber mit mäßigem Erfolg. Ein großer Teil der vielbeschworenen Online-Revolution findet jenseits der etablierten Marken statt. Einzig der „Spiegel", so die Studie, kann eine annähernde Parität zwischen seinem Online- und Print-Angebot erzielen. „Vielen Unternehmen fehlt eine konsequente Strategie und Exzellenz in der Umsetzung", fasst OC&C Strategy Consultants die Erkenntnisse einer Studie aus dem Herbst 2008 zusammen. „Für die Herausforderungen der Zukunft wird ein Medienhaus nur dann gerüstet sein, wenn es in neue Marken investiert, Geschäftsmodelle transformiert und effizientere Strukturen schafft."

Die Medien stehen mitten im Wandel. „Wir befinden uns in der größten Medienrevolution seit Gutenberg", so sieht es der Medienunternehmer Hubert Burda.[111] Bis 2018 werden die Tageszeitungen wohl etwa 30 Prozent ihrer heutigen Leser verloren haben. Das Internet wird dann, so eine aktuelle Studie, mindestens über so viele Werbeeinnahmen verfügen wie der Zeitungsmarkt und sich endgültig als kombinierter Informations-, Unterhaltungs- und Einkaufsführer in den Altersgruppen bis 60 Jahre durchgesetzt haben.[112] „Besonders erstaunt hat uns zum einen die Selbstverständlichkeit, mit der die jüngere Generation die verschiedenen Online-Angebote nutzt, und zum anderen die Geschwindigkeit, mit der die 35- bis 50-Jährigen gelernt haben, die neuen Informations- und Kommunikationsmöglichkeiten zu gebrauchen", erklärt Lothar Rolke, einer der Autoren der Studie „Mediennutzungsverhalten in der Web-Gesellschaft 2018".

So sind derzeit, mitten in einer Weltwirtschaftskrise, die Zeitungs- und Zeitschriftenverleger angesichts einbrechender Werbeumsätze händeringend auf der Suche nach Geschäftsmodellen, um im Internet ihre Kosten einigermaßen zu refinanzieren. Diese Modelle gibt es aber auf die Schnelle nicht. Es ist wohl so, wie es der amerikanische Online-Pionier Steve Yelvington, Vice President von „Morris Digital World" Anfang 2009 auf einem Journalisten-Kongress sagte: „In den vergangenen guten Jahren haben es die Printmedienhäuser versäumt, sich eine sichere Basis in den Zukunftsmedien zu schaffen." Deshalb seien jetzt die ersten amerikanischen Zeitungshäuser in Konkurs gegangen. Das war Anfang 2009, in der Zwischenzeit fielen dem Zeitungssterben in den USA zahllose hierzulande unbekannte Regional- und Lokalzeitungen, aber auch prominente Blätter wie der „San Francisco Chronicle" oder die „Seattle Post" zum Opfer. Einige große Zeitungskonzerne haben sich in den Gläubigerschutz einer Insolvenz geflüchtet. Andere reduzierten die Zahl der wöchentlichen Erscheinungstermine

## „Zeitung" ist nicht an Papier gebunden

Dass letzteres ohnehin unausweichlich ist, dieser Überzeugung ist der Schweizer Medienunternehmer Urs Gossweiler schon lange: „Sechs gedruckte Ausgaben pro Woche sind ökonomisch und ökologisch nicht mehr zeitgemäß. Diese Aussage kommt nicht von mir, sondern von einem amerikanischen Zeitungsinstitut. Jedenfalls haben dann drei amerikanische Tageszeitungen dies in die Tat umgesetzt und erscheinen zum Teil nur noch zweimal oder einmal in der Woche auf Papier. Und ich kann Ihnen prophezeien: Das wird Ihnen auch blühen, ob Sie es wahrhaben wollen oder nicht."

Gossweiler, Verleger der traditionsreichen „Jungfrau-Zeitung" im Berner Oberland, hat ein klares Konzept: Zeitung, sagt er, hat nichts mit dem Trägermedium zu tun, ob Papier oder Online ist völlig gleich – es kommt auf die journalistische Qualität und auf deren Verbindung mit kommerziellen Inhalten an. „Für die 45.000 Einwohner unseres Verbreitungsgebietes realisieren wir rund um die Uhr eine Web-Plattform, das ist das Zentrum unserer Zeitung. Auf dieser Web-Plattform mit Suchmaschine gibt es News, sämtliche angereichert mit Text, mit Bild, mit ‚verwandte Dokumente', mit Zugriffszahlen, Feedback-Möglichkeit. Wir teilen diese Plattform auf in die klassischen Ressorts: Politik, Wirtschaft, Kultur, Sport, Wetter, Gesellschaft, Agenda, Forum etc. – immer mehr Geschichten bei uns werden angereichert mit Web-TV, die wichtigsten Torszenen im Eishockey (Amateurliga natürlich), die wichtigsten Konzerte (Live-Mitschnitte), die wichtigsten Reden von Politikerinnen und Politikern werden auf Web-TV-Applikationen eingebaut. Eine dieser wöchentlichen Web-TV-Applikationen, eine Kochsendung mit einem lokalen Restaurantbetreiber, ist so erfolgreich, dass sie auf ProSieben Schweiz national ausgestrahlt wird."[113]

Zweimal in der Woche wird diese Webseite „physikalisiert", wie Urs Gossweiler es gerne nennt, also auf Papier gedruckt. „Das sieht dann aus wie eine Zeitung, ist aber keine. Unter jedem Artikel steht, seit wann er schon online kostenlos zugänglich war – und die Abonnenten sehen: Wir sind die Dummen, wir bekommen das später, wie haben kein Web-TV und müssen uns noch sagen lassen, dass die anderen das kostenlos vorher hatten. Das finden die aber toll, die Abonnenten, denn wenn sie sehen: da habe ich einen Film verpasst, geben sie auf der Homepage eine Nummer ein und kommen sofort auf diesen Film. Und so ist die gedruckte Zeitung fast das Programmheft für die Online-Version." Die gegenseitige Bewerbung funktioniere hervorragend. Und, das schwört Gossweiler seinen ungläubigen Verlegerkollegen in Deutschland: „Ob Sie sechsmal kommen oder zweimal, da haben Sie nicht weniger Anzeigen. Schauen Sie sich mal die Montagsausgabe einer deutschen Tageszeitung an: die sind anzeigenfrei, oder Freespace: die Kunden von Freitag bekommen noch eine halbe Seite kostenlos am Montag."

Zeitungsbesitzer, die so radikal auf Online setzen, sind bisher die Ausnahme. Typischer ist da zum Beispiel das Agieren der Kölner Zeitungsgruppe M. DuMont Schauberg, die auf Wachstum setzt und in der Hoffnung auf Synergieeffekte eine Metropolenzeitung nach der anderen aufkauft. Die Strategie besteht darin, die Zeitung als Marke ins Internet zu verlängern. So flankieren zum Beispiel den „Kölner Stadt-Anzeiger" inzwischen nicht nur der Internetauftritt „ksta.de", sondern eine lokale Community „ksta.stadtmenschen.de", das Dialogmedium „forum.ksta.de" mit jeder Menge Unterforen lädt zum Gespräch ein; „ksta.de-Mobil" bringt „ksta.de" aufs Handy, „ksta.de/shop" verkauft Produkte mit regionalem Bezug, und „ksta-TV" bringt unter anderem sehr erfolgreich regelmäßige Talkshows zu Kölner Themen. So vermeldet der Verlag in Köln stark steigende Online-Erlöse: von 2007 auf 2008 rund 40 Prozent Zuwachs.[114]

Man kümmert sich also intensiv ums Online-Geschäft; viel mehr als 10 Prozent des Gesamtumsatzes bringt das aber unter dem Strich nicht ein.

„Die Redaktionsbudgets sind nicht nennenswert gestiegen“, so der geschäftsführende Gesellschafter Konstantin Neven DuMont, und das werden sie auch nicht. An Schlüsselpositionen sitzen zwar Spezialisten fürs Digitale, aber es sind die früheren Zeitungsmannschaften, die auch die gesamte Palette der Online-Medien bespielen müssen. Gelingen soll das durch „Content Syndication" – die Kölner Redaktion erfährt frühzeitig, welche Themen ihre Ressortkollegen in Berlin, Frankfurt oder Halle zu welchem Termin fertigstellen und kann diese Artikel bei sich fest einplanen. Konstantin Neven DuMont dazu: „Das ist die Herausforderung der Zukunft: Wer bezahlt eigentlich die Qualitätsjournalisten? Wir wollen ja so lange wie möglich nicht an den Subventionstropf, aus guten Gründen. Wollen wir mal sehen, wie lange wir das schaffen.“ Wenn die Chefs großer Zeitungskonzerne sich solche bangen Fragen stellen – was soll ein kleiner Regionalzeitungsverlag sagen, der in seinen Online-Aktivitäten noch nicht sehr viel weiter ist, als seine Zeitungsinhalte mehr schlecht als recht ins Internet umzufüllen und mit dem einen oder anderen Video anzureichern?

Mit ein paar Fortbildungstagen ist das Umdenken kaum zu forcieren. Dabei lernen Printjournalisten beispielsweise, eine Kamera zu bedienen, Videos zu schneiden und einen Text präzise für den Bildschirmleser zuzurichten. Nicht unwichtig, aber doch ein Herumdoktern an Randproblemen. Den traditionell ausgebildeten Journalisten fehlt durchweg, und das spürt der Nutzer auch in den besten Online-Produkten aus der Zeitungsecke, die rechte Kompetenz für die Möglichkeiten des Web 2.0.

## Der Leser wird sichtbar

Viele Journalisten behandeln ihre Leser immer noch als Publikum, nicht als Gesprächspartner. Sie haben gelernt, zu recherchieren, Themen zu selektieren und gute Texte zu schreiben. Sie sind es gewohnt, zu entscheiden, was dem Leser, so wie sie sich ihn vorstellen, interessieren sollte. Jetzt bekommen sie es mit leibhaftigen Lesern zu tun. Dafür sind sie nicht gerüstet. Nicht gelernt haben sie das Zuhören, nicht gelernt haben sie, dass sie auf Fragen der Leser zu antworten haben und auf ihre Meinung ernsthaft eingehen sollten.

Die Zeitungsverleger stört das bislang nicht. „Das maximale Zugeständnis, das insbesondere Zeitungsmacher gegenüber dem Internet bereit sind einzugehen, ist, dass das Web eine hervorragende Ergänzung für die gedruckte Zeitung sei. Den Spieß umzudrehen ist in weiten Teilen der Branche derzeit immer noch nicht nur nicht denkbar, sondern wird ähnlich empört aufgenommen wie die Behauptung, dass die Erde eine Kugel sei."[115] Ob der radikale Rückzug auf ein qualitativ hochwertiges Online-Angebot für lokale oder regionale News und Werbemärkte, wie es Urs Gossweiler[116] empfiehlt, eine Überlebensstrategie sein kann, wäre außerhalb des Berner Oberlandes noch zu beweisen. Es ist in der Tat die Frage: Wie lange wird Qualitätsjournalismus von den Erträgen der Rotationsmaschinen noch zu finanzieren sein? Das Mediensystem, wie wir es heute kennen, wird es in wenigen Jahren nicht mehr geben – wie es dann genau aussehen wird, werden wir erleben.

Die Krise der Zeitung, von der hier stellvertretend die Rede war, erfreut sich immerhin einiger medien- und kulturkritischer Aufmerksamkeit. Das Leitmedium der zweiten Hälfte des 20. Jahrhunderts – das Fernsehen – siecht dagegen in zunehmender Zersplitterung fast unbeachtet vor sich hin. Nur noch selten kommt es vor, dass man diese oder jene Sendung gesehen haben *muss,* um mitreden zu können. Selbst die gute alte Tagesschau zieht nicht mehr. Kurzfristige Hypes werden oft für viel Geld crossmedial „erworben". Auch wenn die Privaten ein etwas jüngeres Publikum haben als die öffentlich-rechtlichen Sender – als Jugendmedien können sie wahrhaftig nicht gelten. TV ist heute überwiegend eine Sache der Alten, der Kinder und der sogenannten bildungsfernen Schichten. Für die anderen entwickelt sich TV zunehmend zu einem Begleitmedium ähnlich wie das Radio, das im Hintergrund mitläuft, aber die Aufmerksamkeit nur momentweise auf sich zu lenken vermag.

Wenn „Deutschland sucht den Superstar" oder „Germany's Next Topmodel" zu herausragenden Gesprächsthemen bei Jugendlichen wurden, wenn die eine oder andere Soap-Opera Kultstatus erringt, beweist das nichts: Am 25. April 2009 erreichte „DSDS 35 Prozent bzw. 5,62 Millionen Zuschauer in der werberelevanten Zielgruppe von 14 bis 49 Jahren. Das war der höchste Marktanteil, den der Sender je mit einer DSDS-Liveshow in dieser Zielgruppe holte", freute sich die RTL-Pressestelle am folgenden Sonntag.[117] Glatt gelogen – zwei Jahre zuvor waren es 45,1 Prozent und sogar 12,2 Millionen Zuschauer.[118] Längst ist die crossmediale Verbreitung der DSDS-Namen und -Geschehnisse über Boulevardformate, Online-Provider und Jugendmagazine für den Erlebnisstatus einer Sendung ebenso wichtig wie die Zahl ihrer Zuschauer – und die sinkt.

Genau wie die Zeitungshäuser suchen die TV-Programmanbieter ihr Angebot crossmedial ins Internet und auch in die Printredaktionen hinein zu verlängern – auf der Suche nach der verlorenen Reichweite, nach verlorenen Zielgruppen und verlorenen Werbeeinnahmen.

## Das Koordinatensystem verschiebt sich

Bei den Umwälzungen innerhalb des Mediensystems handelt es sich um einen Metawandel[119] , schrieb der Blogger Benedikt Köhler[120], da es nicht nur um den Wandel einzelner Medien gehe, sondern sich das gesamte Koordinatensystem der Medienlandschaft ändert – unter anderem in Richtung fragmentierte Öffentlichkeiten, kurzfristige Themenaffinität, dialogische Informations- und Wissensstrategien. Stirbt damit der Journalismus? Nein. Aber er wird weithin – abseits weniger Edelmedien von überwiegend nationalem Anspruch – zur Billigware. Viele kleine Medienhäuser dürften zugrunde gehen, viele große werden ihre Angebote zusammenlegen und verringern, bis sie ein Niveau erreicht haben, das sich über die sinkenden Werbeetats noch finanzieren lässt. Denn bezahlen mag ja heute schon kaum jemand für die Inhalte. Dass „Zeitung" und „Qualitätsjournalismus" nicht an das Transportmedium Papier gebunden sind, mag in der Theorie richtig sein – in der Praxis ist nicht zu erkennen, mit welchen Geschäftsmodellen professioneller Journalismus vergleichbaren Anspruchs als Online-Dienstleistung refinanzierbar sein könnte.

Das ist keine Untergangsvision – die Prozesse, die zu diesem Ergebnis führen werden, laufen bereits. Sinkende Auflagen, schrumpfende Werbeeinnahmen, brutal in ihrem Personalbestand zusammengestrichene Redaktionen und wachsendes Desinteresse des Publikums zeigen, dass die Verleger sich mit ihren Glaubensbekenntnissen an die Zukunftsfähigkeit der Zeitungen selbst belügen. Auch der Ausstieg eines großen Zeitungskonzerns wie des Westdeutschen Zeitungsverlags aus „dpa" ist eines der Menetekel. Werden die Agenturen in ihrer Leistungsfähigkeit ausgehöhlt, geht es an die Substanz des Qualitätsjournalismus, die Logistik sorgfältig recherchierter, gesicherter Fakten. Künftige Redaktionen werden aufklauben, was ihnen ausgezehrte Nachrichtenagenturen und das Internet liefern, es so zurechtstutzen, dass es in den gering bemessenen Platz neben Anzeigen und Werbespots passt. Uniformität siegt. Für ihre Leser, Zuschauer, Zuhörer werden diese Dienste die Informationsgrundversorgung bilden.

Alle beschriebenen Phänomene machen es höchst problematisch, dass in der PR-Branche jenseits der Topagenturen und der lose vernetzten Web-Spezialisten immer noch in den Kategorien der Massenmediengesellschaft gedacht wird. Für das Gros der Unternehmen gilt das ebenso. Blogger und soziale Netzwerke einzubeziehen gilt als schicke Ergänzung des Kerngeschäfts von Pressemitteilungen, Medien-Events und geschickten Gesprächen mit den Gatekeepern von Zeitung, Radio und Fernsehen. Eine strategische Neuorientierung lässt das nicht erkennen.

Die strategische Ausrichtung der heutigen Medienarbeit folgt nach wie vor dem Prinzip Addition. Es genügt aber bei weitem nicht, die klassische Pressemitteilung künftig an ein paar Adressen mehr zu schicken: Die Suche nach ganz neuen Multiplikatoren muss beginnen.

## Zusammenfassung

- Die Möglichkeiten des Web 2.0 haben einen Paradigmenwechsel in der Medienarbeit zur Folge: Absender und Empfänger können unmittelbar in einen kommunikativen Austausch treten, die herkömmlichen Medien werden dafür nicht mehr gebraucht.
- Die Web-2.0-Technologien machen es für jeden Nutzer möglich, aus dem unübersehbaren Informationsangebot auszuwählen – gezielt, aktuell und umfassend. Dagegen hat das Gemischtwarensortiment herkömmlicher Medien einen schweren Stand.
- Das gesellschaftliche Miteinander findet ebenso wie der thematische Diskurs zunehmend im Internet sein Forum. Blogger und soziale Netzwerke schaffen neue Informationsmöglichkeiten, die gleichberechtigt neben die Angebote von Printmedien, Fernsehen und Radio treten. Wer auf diesem Marktplatz nicht präsent ist, offeriert seine Angebote an den Kunden vorbei.
- Darum hilft es wenig, lediglich eine Online-Variante des herkömmlichen Angebots aufzustellen – es geht um einen qualitativen Wettbewerb. Die Online-Medien stehen vor dem Problem, wie sie journalistische Qualität finanzieren sollen.

61 „I think Web 2.0 is of course a piece of jargon, nobody even knows what it means.“ http://www-128.ibm.com/developerworks/podcast/dwi/cm-int082206.txt).

62 http://www.e-recht24.de/news/domainrecht/870.html.

63 George P. Landow: Hypertext 2.0. Being a revised, amplified edition of Hypertext: The Convergence of Contemporary Critical Theory and Technology, Baltimore/London 1994, 2.

64 Robert Coover: Goldene Zeitalter. Vergangenheit und Zukunft des literarischen Wortes in den digitalen Medien, in: Text+Kritik. Digitale Literatur. 152 (2001), 25.

65 Norbert Bolz: Am Ende der Gutenberg Galaxis. Die neuen Kommunikationsverhältnisse, 2. Aufl., München 1995.

66 http://www.km21.org/bitland/proletariat_0400.htm.

67 http://www.medienmaerkte.de/artikel/internet/031209_ardzdf_online.html.

68 http://www.nonliner-atlas.de/.

69 http://www.bitkom.org/files/documents/BITKOM_Presseinfo_Breitband_in_Unternehmen_01_05_2008.pdf.

70 Zu diesem Ergebnis kommt zum Beispiel ein Vergleich von 250 lokalen KMU-Seiten, die TAGWORX.NET gemeinsam mit der Firma Haag Kommunikationsdesign und dem Büro für visuelle Kommunikation München durchgeführt hat. http://www.openpr.de/news/152595/KMU-Studie-Web.html.

71 http://www.ecc-handel.de/internet_im_handel_2008_-_erste_ergebnisse.php.

72 http://www.openpr.de/news/152595/KMU-Studie-Web.html.

73 Die meisten von ihnen kauften dann auch genau das Produkt, welches sie im Internet als das interessanteste gefunden haben, befindet die Studie der Boston Consulting Group, http://www.handelsblatt.com/archiv/internet-beeinflusst-kaufverhalten-der-verbraucher;442997.

74 http://www.enigma-gfk.de/news/osssubskription.shtml.

75 Wie ein Team chinesischer Wissenschaftler in der Ausgabe 10-2008 des New Journal of Physics (http://journals.iop.org/) berichtet, gilt das Mooresche Gesetz nicht nur für die Elektronik, sondern auch für das Web. Demnach wächst das Internet entsprechend einer Exponentialkurve und verdoppelt seine Größe alle 5,32 Jahre.

76 http://www.heise.de/tr/leseprobe/pdfs/2005/it1_tr0705.pdf.

77 Prof. Dr. Dieter Stein: Von der Email zum Ejournal. Bemerkungen zum Innenleben eines Kulturwandels. http://www.dipp.nrw.de/neues/erg/VortragStein.pdf.

78 http://www.themenblog.de/2006/10/zurueck_von_diversen_web20events.html.

79 Innerhalb der synchronen Online-Kommunikationstypen unterscheidet die Wissenschaft Eins-zu-Eins-Kommunikation und Viele-zu-Viele-Kommunikation.

80 Bekannte Weblog-Dienste sind zum Beispiel www.blogger.com, www.blog.de oder www.sixapart.com/typepad.

81 Ein bisschen kompliziert ist es im richtigen Leben dann doch: Wer den Blog auf einem eigenen Server oder auf dem Server eines Internetproviders betreibt, muss dafür sorgen, dass Weblog-Software und Server miteinander kompatibel sind. Wordpress verlangt zum Beispiel einen Server mit PHP-Unterstützung und einer MySQL-Datenbank, andere Programme setzen auf die Skriptsprache Perl und, und, und.

82 Das beliebteste aller Programme ist immer noch „Wordpress“, das kostenlos zur Verfügung steht. Es existieren tausende Plugins und eine Fülle von Templates. Die Konkurrenz gibt aber nicht auf, „Serendipity“ beispielweise ist ebenfalls eine ausgereifte Software mit allen wichtigen Funktionen. Zu nennen wären auch „Blog:CMS“, „b2evolution“, „Dupal“ und einige andere.

83 http://de.youtube.com/vaticande.

84 Trotzdem wird angesichts der internationalen Finanzkrise über eine wirtschaftliche Gefährdung von Youtube spekuliert, siehe beispielsweise http://www.bwlzweinull.de/index.php/2009/04/14/youtube/.

85 http://www.taxi-blog.de.

86 http://www.weiterbildungsblog.de/.

87 http://qualitaetsmanagement-blog.blogspot.com.

88 http://www.wissenschafts-cafe.net/2008/06/wissenschaftliche-blogs-wissenschaft-im-dialog/.

89 http:// www.afk-pr.de/Michel Deutsch's gesammelte Weltsichten, 23.03.2007.

90 http://www.basicthinking.de/blog/2008/10/09/mit-blogs-geld-verdienen-thema-verfehlt/.

91 http://streamonthefly.com/, ein Podcast-Netzwerk, das auch von freien Radios genutzt wird.

92 http://de.youtube.com/ als das weltweit führende Videonetzwerk ist inzwischen allgemein bekannt.

93 http://www.flickr.com/, das wichtigste internationale Netzwerk für Fotos.

94 Zum Beispiel für mehr Speicherplatz: „Flickr" bietet kostenlosen Nutzern zwar unbegrenzt Speicherplatz für Fotos, aber eine zeitliche Beschränkung: höchstens 100 MB an Fotos können pro Monat eingestellt werden. Gegen eine jährliche Gebühr gibt es das professionelle Benutzerkonto ohne diese Restriktion. „YouTube" bietet ebenfalls unbegrenzten Speicherplatz für Videos, beschränkt aber für nicht zahlende Nutzer die Größe des einzelnen Videos auf 100 MB und zehn Minuten Spieldauer. Professionelle Kulturschaffende können sich um kostenlose Benutzerkonten ohne diese Beschränkungen bewerben.

95 „Im Bereich der ortsbasierten sozialen Netzwerke rechnen wir mit 80 Mio. Usern und rund 3,3 Mrd. Dollar Umsatz bis zum Jahr 2013", prognostiziert ABI-Research-Analyst Dominique Bonte (http://www.abiresearch.com) zu Jahresbeginn 2009.

96 Zum Beispiel „GyPsii" (http://www.gypsii.com).

97 http://www.pewinternet.org.

98 Neben der größten Onlinewelt „Second Life" haben sich auch kleinere Plattformen etabliert – zum Beispiel „Dreamland Park" (http://dreamlandpark.de/hp/) oder die Science Fiction Welt „Entropia Universe" (http://www.entropiauniverse.com/).

99 www.fr-online.de/frankfurt_und_hessen/nachrichten/frankfurt/?em_cnt=1399888.

100 http://pal.muxlim.com/.

101 http://lite.weblin.com/.

102 Videos können schon heute hochgeladen werden, allerdings mit einer Maximalgröße von 100 Megabytes pro Dokument, die Begrenzung soll bald fallen.

103 Die letzte Ausgabe der Brockhaus-Enzyklopädie war für den Verlag ein finanzielles Desaster, nicht zuletzt aufgrund einer verfehlten Online-Strategie. Die auf eine 200-jährige Geschichte zurückblickende Marke ist inzwischen an den Medienkonzern Bertelsmann verkauft worden.

104 http://meta.wikimedia.org/wiki/List_of_largest_wikis.

105 www.lyricwiki.org.

106 www.genealogy.net.

107 http://ka.stadtwiki.net/Hauptseite.

108 Nach einer Studie des IBM Watson Research Center (Viegas, Wattenberg, & Dave 2004) wurden so die Hälfte aller Sabotageakte in der Wikipedia innerhalb von drei Minuten rückgängig gemacht, siehe: http://studion.cs.uni-tuebingen.de/abzwiki/index.php/Wiki.

109 Dienstleister wie „PBwiki" (httpa/pbwiki.tom), „Socialtext" (www.socialtext.com) oder „Wikia" (www.wikia.tam) und andere bieten professionelle Wiki-Hosting-Lösungen für alle Unternehmensgrößen.

110 Die folgenden Aussagen beziehen sich auf die im Herbst 2008 veröffentlichte Studie von OC&C Strategy Consultants: www.occstrategy.com/node/287/669.

111 http://www.pr-journal.de/index2.php?option=com_content&do_pdf=1&id=5356.

112 Zu diesem Ergebnis kommt die Trendstudie „Mediennutzungsverhalten in der Web-Gesellschaft 2018", die Lothar Rolke und Johanna Höhn, FH Mainz, 2008 durchgeführt haben: http://www.fh-mainz.de.

113 Vortrag von Urs Gossweiler auf dem 17. Forum Lokaljournalismus „Zeitung macht Zukunft. Print x Online = Qualität$^2$" am 22. Januar 2009 in Schwerin. Siehe: www.drehscheibe.org.

114 Vortrag von Konstantin Neven DuMont auf dem 17. Forum Lokaljournalismus „Zeitung macht Zukunft. Print x Online = Qualität$^2$" am 22. Januar 2009 in Schwerin. Siehe: www.drehscheibe.org.

115 So der Social Media- und Web2.0-Experte Steffen Büffel, http://medienlese.com/2008/02/28/die-zeitung-der-zukunft-fuenf-thesen-zu-crossmedia/.

116 a.a.O.

117 RTL-Pressemitteilung vom 26.04.2009.

118 Jahrbuch der Landesmedienanstalten 2007 – www.alm.de/fileadmin/Download/Kapitel_Jahrbuch07/Jahrbuch07_Kapitel_B.pdf.

119 Diesen Begriff hat Ulrich Beck zur Kennzeichnung des Phänomens Globalisierung geprägt. Dabei würden gesellschaftliche Strukturen „transformiert, verschoben, umgearbeitet, und zwar in einem radikalen Sinne; unterhalb, oberhalb, mit, ohne oder quer zu den ausgeschilderten Agenturen des Wandels erodieren sie Selbstverständlichkeiten der industriegesellschaftlichen Moderne, und es beginnen überall, versteckt hinter alten oder im Ausgestalten von neuen Semantiken, ein Aushandeln und Ringen um neue alte Grundlagen…" (Zeitalter der Nebenfolgen, 1996, S. 9).

120 http://blog.metaroll.de/2008/07/25/bitte-notieren-blogs-sind-keine-massenmedien/.

# IV NEUE INSTRUMENTE FÜR DIE MEDIENARBEIT

„Es fürchten diejenigen das Pulver am meisten, die es nicht erfunden haben."

HEINRICH HEINE

## Überblick

- Warum das Internet zur Zentralmacht der Information wird.
- Warum neue Instrumente ein neues Denken erfordern.
- Warum es wichtig ist, auch an die Unterhaltung zu denken.
- Warum Journalistenkontakte durch die Web-2.0-Instrumente eher einfacher werden.
- Warum PR-Publikationen von den neuen Medien nur profitieren können.

„Um 23:20 Uhr bekam ich eine Mail von Obama", erzählt Karl-Rudolf Korte, renommierter Politikwissenschaftler, Spezialist für Wahlen – und deshalb zur Beobachtung der Präsidentenwahl in Washington. Um 23:00 Uhr Washingtoner Ortszeit hatten die Wahllokale in Kalifornien geschlossen, Obama stand als Sieger fest. „Dear Carl", schrieb Obama an den Politikwissenschaftler, der Monate zuvor über das Internet fünf Dollar für den Wahlkampf gespendet hatte, „bevor ich jetzt in Chicago rausgehe, um mich bei meinen treuesten Freunden zu bedanken, die mich monatelang unterstützt haben bei allen Höhen und Tiefen dieser Kampagne, möchte ich es nicht versäumen, mich bei Dir persönlich zu bedanken." Und für ein paar Sekunden, schildert Korte, erliegt man der Illusion, er habe es so intim gemeint. Personalisierte Kommunikation, deren Faszination sich auch der abgebrühteste Experte nicht völlig entziehen kann. Nicht: Er ist „unser Präsident", sondern: Er ist „mein Präsident", weil ich mit ihm agiert habe.

E-Mail ist gewiss kein neues Instrument – schon gar nicht einer neuen Medienarbeit. Doch die Episode illustriert geradezu exemplarisch, was dran ist an dem Phänomen Barack Obama, der die USA angeblich ins Web-2.0-Zeitalter führt. Auch Hillary Clinton war auf „Facebook", „Twitter" und Co. aktiv, auch sie hat Videos bei „Youtube" eingestellt, ohne dass sich nennenswerte Resonanz einstellen wollte. Der Unterschied: Barack Obama hatte etwas zu sagen, er hielt eine Botschaft bereit, welche die Menschen hören wollten. Und die Art, wie er es sagte, war meilenweit entfernt von der üblichen Politikersprache – sie wirkte authentisch, glaubwürdig. Ohne das geht es nicht: Wer nichts zu sagen hat, wird durch Rhetorik die Menschen nicht faszinieren. Alles andere kommt erst danach.

Aber es muss auch ankommen, denn als abgedruckte Pressemitteilung oder als gesendetes Interview, als Talkshow-Geplauder oder Politikerstreitgespräch erreicht die spannendste Botschaft große Teile der Gesellschaft nicht mehr. Und vielen, die noch auf Empfang sind, mutet sie in den ritualisierten Präsentationsformen der Massenmedien unweigerlich altmodisch, verstaubt und wenig glaubwürdig an.

## 1 Vom neuen Lesen

PR-Verantwortliche sollten unbedingt nachdenken über den neuen Medien-Mix, den ihnen die Entwicklung aufzwingt, und über den Umgang mit den neuen Medien – über die neue Art und Weise, wie dort kommuniziert wird. Sie werden ein Stück weit unabhängiger von den alten Gatekeepern, können viele Zielgruppen direkt und ohne Umwege ansprechen. Dafür tauschen sie die neue Unübersichtlichkeit der Netzwelt mit ihren eigenen Regeln und Gesetzen ein. Die neuen Kanäle zu bedienen ist nicht schwer – dabei den jeweils richtigen Ton zu finden dagegen sehr. Wer nicht begreift, was „Digital Natives"[121] und „Digital Immigrants" sind und was ihr Agieren im Netz für die gesamte Medienwelt bedeutet, hat nicht viel begriffen. Wer bei ihnen Gehör finden möchte, der muss in den digitalen Austausch eingeloggt sein.

Die eigentliche Revolution – selten war dieser strapazierte Begriff so berechtigt – liegt im tendenziell unbegrenzten Zugriff der Menschen/Bürger/Kunden auf Informations-, Kommunikations- und Transaktionsressourcen.[122] Das untergräbt die Autorität der Experten im Allgemeinen und die Macht der Gatekeeper in den klassischen Medien im Besonderen. Deren Macht schwindet so jeden Tag ein wenig mehr, und damit ihr Wert für PR-Zwecke.

Die Menschen achten immer mehr auf das, was ohne Medienbeteiligung ausgetauscht wird, und sie beteiligen sich daran. Sie nutzen die Möglichkeiten, ihre Meinung über das demokratische Medium Internet in alle Welt zu verbreiten. Individuen haben Medienmacht gewonnen und setzen sie ein, bewusst oder unbewusst, um Erfahrungen, Erkenntnisse und Meinungen zu Politik, Gesellschaft, Kunst, Produkte, Marken und Dienstleistungen zu verbreiten. Die Unzahl an Einzelstimmen, die da unbefangen kritisiert, lobt, tadelt, verreißt, vergleicht, empfiehlt oder warnt, kann jederzeit zu einem Sturm anschwellen, der dann auch Themen in die klassischen Medienkanäle bläst. Und so vollzieht sich im Internet immer mehr Meinungs-, Image- und Markenbildung, die von PR-Strategen weder gesteuert noch geplant wird.

Konventionelles Clipping reicht deswegen nicht mehr aus. Jede Organisation muss daran interessiert sein, jederzeit zu wissen, welche für sie relevanten Themen gerade diskutiert werden. Vor allem natürlich, was über die eigene Institution, das eigene Unternehmen, seine Anliegen, Produkte, Marken oder Führungskräfte in Weblogs, Foren, Verbraucherportalen oder anderen Social-Media-Plattformen verbreitet wird. Das kann jeder mit Hilfe entsprechender Software-Tools[123] selber in die Hand nehmen. Über „Technorati", „Google Blogsearch", „Tweetscan" und „Summize" beispielsweise kann sich jedes Unternehmen auf dem Laufenden halten, wie sich die Web-2.0-Akteure in seinem Markt verhalten und worüber sie in Blogs und auf „Twitter" sprechen. Ein solches „kontinuierliches Monitoring" (Näheres dazu auf Seite 217ff.) macht es möglich, im Rahmen der Krisenprävention und -kommunikation schnell zu reagieren.

Natürlich lässt sich diese Arbeit auch an einschlägige Dienstleister vergeben – so gut wie alle Clipping-Dienste bieten auch Online-Monitoring an. Was die dem Kunden nicht bieten können, ist der unmittelbare, sinnliche Eindruck des Web, der Entwicklungstrends und der Mentalität seiner Protagonisten. Sich selber einzuarbeiten bedeutet, die Social Media Welt wirklich kennenzulernen. Das ist für jeden unverzichtbar, der selber auf „Facebook" aktiv werden, ein Corporate Blog starten oder eine Community ins Leben rufen will.

## Checkliste 1: Erste Schritte zum Web-Monitoring

- Geben Sie Ihren Namen, die wichtigsten Marken- und Produktnamen bei Google ein und schauen Sie nach, wer darüber schreibt, was er schreibt und wo es veröffentlicht wird.
- Aktivieren Sie Ihre wichtigsten Keywords in *Google Alerts* (siehe S. 215).
- Betreiben Sie ein aktives Blog-Monitoring, abonnieren Sie ausgewählte Blogs per RSS oder E-Mail.

### Neue Mediendefinitionen

Auch unter den Bloggern selbst ist die Meinung geteilt: Die einen bestehen darauf, keine Journalisten zu sein[125] – andere genießen es durchaus, von IBM die Fahrt zu einem Fachkongress in den USA spendiert zu bekommen.[126] Die Cebit 2008 hat erstmals Blogger als Presse zugelassen. 2009 stand das Medium „Blog" sogar ganz offiziell im Akkreditierungsformular!

Die Frage ist also: Was wollen wir heute eigentlich unter Medien verstehen? Zeitungen, Zeitschriften, Hörfunk, Fernsehen – gut, das ist immer noch ein Kernbereich. Sind deren Online-Varianten eigenständige Medien oder nicht? Das ist gar nicht pauschal zu beantworten – mal so, mal anders. Reine Online-Medien der verschiedensten Art – von der „netzeitung" bis zum Jugendmagazin „webmag.de" – lassen sich nicht ausklammern. Gar nicht zu reden von den „Bloggern", den thematisch spezialisierten „Web-Magazinen" und, und, und – eine bunte Szene zwischen Kommerz und liebhaberischem Engagement. Medien – das bedeutet nicht mehr unbedingt Massenmedien, kommerziell agierende Medienunternehmen und professionell definierte und aufbereitete Medieninhalte. Die neue Medienwelt besteht aus kommerziellen und nichtkommerziellen, professionell und amateurhaft gestalteten Medien – alle Übergangs- und Zwischenformen inklusive.

Neben den Online-Angeboten der bekannten Verlagshäuser haben sich zahlreiche neue Portale etabliert, die ebenfalls Nachrichten, Unterhaltsames und Kommentare publizieren. Zu den Bekanntesten zählen Auftritte von „T-Online", „AOL" und „MSN", aber auch „Yahoo", „Google News" und „Web.de" stehen in direktem Wettbewerb zu den klassischen Anbietern und warten mit personell gut ausgestatteten Redaktionen auf. Ein engagierter PR-Mitarbeiter lässt es sich nicht entgehen, auch diese Publikationen mit Informationen und zusätzlichem Material zu versorgen – zumal die genannten Portale über ungeheure Zugriffsraten verfügen. Hier besteht die Herausforderung noch stärker darin, etwas zu bieten, das den flüchtigen Besucher zum Lesen verleitet. Gerade bei den großen Portalen, die überdurchschnittlich oft von Interneteinsteigern genutzt werden, steht deshalb der Unterhaltungsaspekt deutlich im Vordergrund. Portale agieren extrem „Traffic-orientiert". Ein Beitrag, der nicht in kürzester Frist die gewünschte Zahl an Zugriffen erzielt, fliegt im Zweifel schon nach einer halben Stunde von der Seite. Auch das sollte bei der Zusammenstellung des PR-Materials berücksichtigt werden. Die präzsie Aufbereitung der Informationen für die unterschiedlichen Verwendungszwecke ist das A und O erfolgreicher PR-Arbeit – auch oder gerade im Web.

Natürlich verschwinden die alten Medienmächte nicht, schon gar nicht über Nacht. Das „Handelsblatt" wird für Investor Relations noch lange unverzichtbar bleiben, wer in Mode macht, muss die Frauenzeitschriften im Blick behalten, und der Kulturbetrieb wird im „F.A.Z."-Feuilleton auch künftig ein Leitmedium sehen. Länger jedenfalls, als nach heutiger Lage der Dinge so manches Zeitungshaus seine Bedeutung in der lokalen und regionalen Kommunikation wird halten können. Aber auch hier, wo die Leserschaft an den Altersrändern bröckelt, die Reichweiten dahinschmelzen und die Werbekundschaft sich abwendet, darf die Anhänglichkeit bestimmter Zielgruppen an liebgewordene Informationsgewohnheiten und ihr Vertrauen in ein Medium nicht unterschätzt werden. Wer immer auch auf seine regionale Verankerungen und Reputation schauen muss – und wer muss das nicht? –, wird die Regionalzeitung nicht vorschnell abschreiben dürfen. Wobei entscheidend die Erkenntnis ist, dass die Zeitung des Internetzeitalters mit der Zeitung des 20. Jahrhunderts immer weniger zu tun haben wird. Manche Experten sind der Meinung, es werde bald gar keine „echten" Zeitungen mehr geben, sondern so etwas wie Programmzeitschriften des jeweiligen Internetauftritts.

## 2 Social Bookmarks, Tags, RSS: Knotenpunkte im Netz

„If the news is that important, it will find me." So brachte laut New York Times ein amerikanischer College-Student in einer Befragung das Medienverhalten junger Leute auf den Punkt. Die Menschen schauen nicht mehr gewohnheitsmäßig in die Medien – morgens die Zeitung und abends die Tageschau –, um zu erfahren, was in der Welt geschieht. Sie warten ab, welche Nachricht wichtig genug ist, um zum Tagesthema zu werden.

Welche Information bedeutsam ist, bestimmen immer weniger die professionellen Medienschaffenden. Hinweise von Freunden, Arbeitskollegen, Geschäftspartnern, Gleichgesinnten werden wichtiger als die Nachrichtenauswahl der Redaktionen. Ist es doch für den Normalbürger extrem einfach und praktisch kostenlos geworden, den engeren oder erweiterten Bekanntenkreis auf interessante Themen hinzuweisen. Früher musste man Zeitungsartikel ausschneiden, kopieren und physisch verschicken, mindestens aber telefonieren. Heute reicht ein Klick auf „digg it" oder „Artikel versenden". Freunden hin und wieder einen Link auf eine Story per E-Mail zu schicken, gehört im bestimmten Kreisen zum festen Ritual der Beziehungspflege.

Da treten nicht immer Hobby-Redakteure an die Stelle von Profis, manchmal fällt auch das Kollektiv der Nutzer einer Seite das Urteil: Jeder Internet-User kann gefundene Blog-Einträge, Pressemitteilungen oder Nachrichten mit Titel, Beschreibung und Kategorie bei „digg.com" einstellen – die Benutzer bewerten den Eintrag mit Hilfe des Verweises „digg it!" als positiv oder eben auch nicht. Selbst Websites wie „Facebook" oder „Twitter", die eigentlich eine soziale Funktion erfüllen, werden zunehmend als Kanäle genutzt, die Menschheit auf interessante Meldungen aufmerksam zu machen.

Intensive Web-Nutzer lesen wohl nicht weniger als andere Zeitgenossen – vielleicht sogar mehr, aber gewiss anders. Sie nutzen die riesigen technischen Möglichkeiten, interessante Informationsquellen zu ermitteln und sich zu ihren Themen ständig auf dem Laufenden halten zu lassen – und sie stützen sich auf die Erfahrungen und Empfehlungen anderer im sozialen Netzwerk. Hier tun sich für die PR große Möglichkeiten auf, die bisher zu wenig genutzt werden.

Wenn von Web-2.0-Instrumenten die Rede ist, fällt einem immer zuerst der Blogger ein – und dann kommen Podcast und „Youtube". Das ist aber nur die Spitze des Eisberges. In diesen Ecken des Netzes tummeln sich junge Kreative, die kleine, aber aktive Vorhut der Web-2.0-User. Viel typischer für das heutige Netz und seine Nutzung durch Millionen von Menschen ist zum Beispiel der unspektakuläre, aber folgenreiche Umgang mit Lesezeichnen, Tags und RSS-Feeds. Trotzdem finden diese seltsamerweise kaum Beachtung, wenn vom Potential der Social Software für Public Relations die Rede ist.

## Der soziale Narziss – Selbstdarstellung ist alles

Wer sich bei einem der Social-Bookmarking-Dienste anmeldet und dessen Bookmark-Funktion in seinen Browser integriert, tut etwas an sich Merkwürdiges: Wann immer er künftig etwas Interessantes im Web findet, genügt ein Klick, um den Link bei „del.icio.us", „yigg.de", „digg.com" oder „mister-wong.de" zu hinterlegen. Dort kann er sie, so er denn will, zur Privatsache erklären und vor den neugierigen Blicken anderer Besucher verbergen. Im Normalfall aber liegt das Hauptmotiv zur Nutzung solcher Netzangebote nicht darin, seine Bookmarks auch auf Reisen von jedem Computer aus erreichen zu können. Man will gerade anderen Nutzern seine Schätze zur Verfügung stellen und ihnen vielleicht durch Kommentare noch Hinweise zum Gebrauch der Lesezeichen geben.

Auch dies ist eine der vielen Formen der Selbstdarstellung, die im Netz möglich sind. Diese Einsicht ist wichtig, um das Verhalten der Web-2.0-User überhaupt zu verstehen: Das Web ist ein sozialer Ort, ein Feld sozialer Interaktion – dort offenbaren sich die Menschen allen anderen. Aber sie bekommen etwas zurück: Sie können sich präsentieren, sich darstellen, wie sie sind oder sein möchten – zum Beispiel als gut gelaunter Partymensch, der Freunde um sich schart, als qualifizierter Jobsuchender oder auch als Fachmann oder -frau mit überlegenem Wissen auf einen bestimmten Gebiet.[127] Und sie bekommen Feedback – Klickzahlen, Bewertungen, Kommentare sind der Spiegel. „Aufmerksamkeit von anderen erhöht unsere eigene Wertschätzung, so sind wir von Natur aus Egoisten und soziale Wesen zugleich", sagt der Medienphilosoph Georg Franck.[128] Wer nicht beachtet wird, existiert nicht als Sozialwesen.

Nie war es so leicht, sein Ich zu konstruieren und zu inszenieren, wie im Web-2.0-Zeitalter: Mit einem Mausklick und fast kostenlos lassen sich persönliche Informationen, Bilder, Filme ins Netz stellen, vor der Webcam lässt sich die eigene kleine Show abziehen, die Menschen auf der ganzen Welt sehen können. „Unterm Strich zähl ich“ – der aktuelle Werbeslogan der Postbank könnte programmatisch über der Web-2.0-Entwicklung stehen.

Social Bookmarking ist gewiss etwas anderes als schrille Fotos auf Party-Websites zu veröffentlichen. Nach dem Motto „Ich helfe anderen, damit auch mir geholfen wird“ entsteht quasi ein Netzwerk aus hilfsbereiten Usern, die bereit sind, etwas zu geben, weil sie aus Erfahrung wissen, dass sie etwas wiederbekommen. Die Möglichkeit, sich über seine Interessen und Themen auszutauschen, ist im Netzwerk wesentlich höher als in der Eckkneipe. Jenseits solcher Nützlichkeitserwägungen geht es aber zugleich um eine Form der Inszenierung und des Eigen-Marketings, denn zu den Bookmarks wird normalerweise auch angegeben, wer sie gesammelt hat. Je nach System ist es möglich, Netzwerke zu bilden und gesammelte Quellen dieser Gruppe oder auch nur einem speziellen Nutzer verfügbar zu machen. Der fleißige Bookmarker, zumal wenn er anerkennende Kommentierung aus der Community erhält, erwirbt damit Reputation – ein wichtiges Stichwort im Web 2.0: Er darf sich als Teil einer „Informationselite“ fühlen.

Um es im Expertenslang auszudrücken: Social Tagging enthält ebenso Aspekte der Wissensorganisation (Nutzung als Suchmaschine, zur Datensicherung, zum Datenaustausch, als Ablage) wie auch der Wissenskommunikation (Expertise darstellen, Anerkennung in der Community erfahren, Teil einer Informationselite sein, ein persönliches Netzwerk aufbauen). Es steht dem einzelnen Nutzer frei, wie weit er die Möglichkeiten in die eine oder andere Richtung nutzen will. Was die kommunikativen Qualitäten des Social Bookmarking und des Tagging angeht, sind sie durchaus vergleichbar mit dem Betreiben eines Weblogs und ergänzen dieses hervorragend.

## Netz-Reputation will verdient sein

Genau an diesem Punkt müssen strategische Überlegungen zum Einsatz dieser Instrumente in der PR ansetzen: Wo über den Einsatz von Social Bookmarking/Social Tagging diskutiert oder damit experimentiert wird, handelt es sich in der Regel um Ziele im Bereich der Wissensorganisation. Da werden solche Services geschlossenen Benutzergruppen im Unternehmen angeboten, oder sie stützen die Kooperation mit bestimmten Kundengruppen, Lieferanten und so weiter. Gegen diese Verwendungsformen ist nichts einzuwenden, nur ist nicht nachzuvollziehen, weshalb das Potential öffentlicher Wirksamkeit nicht gesehen wird. Das Unternehmen sollte hier im Grunde genauso denken und agieren, wie es immer mehr seiner Kunden auch tun: Wenn es möglich ist, sich zu profilieren, indem ich bestimmten Zielgruppen im Netz Nutzwertiges anbiete, gibt es keinen Grund, darauf zu verzichten. Ein Unternehmen unterstreicht so sein Know-how, seine Fachkompetenzen, sein Engagement – wenn es hier etwas zu bieten hat, wird die Steigerung der Netz-Reputation nicht ausbleiben.

Social-Bookmarking-Portale sind Informationsquellen und Wissensspeicher zugleich. Das könnte eine Organisation beliebigen Typs mit einfachsten Mitteln für sich nutzen. Beispielsweise indem sie bei einem Social-Bookmarking-Service ein Archiv mit Artikeln anlegt. Das können Online-Texte über die Firma sein – das wäre dann eine Art Pressespiegel. Den dazugehörigen RSS-Feed können Kunden und/oder Mitarbeiter abonnieren. Die Linksammlung kann aber genauso gut in die eigene Website münden, sofern der Bookmark-Dienst das rechtlich zulässt.

Ähnlich funktioniert das Bereitstellen von Informationsressourcen zu Themen, die von zentralem Interesse für die Inhalte und Ziele der Organisation sind. Auf einer Seite, zum Beispiel bei „del.icio.us“, lassen sich nicht nur Lesezeichen, sondern gleich auch die entsprechenden Artikel zur Branche des eigenen Unternehmens beziehungsweise des Kunden ablegen. Das ist dann ein Themenservice, den Journalisten ebenso wie Blogger zu schätzen wissen, aber auch Mitarbeiter, die fachlich auf dem Laufenden bleiben müssen. Natürlich lässt sich auch ein solcher Themendienst abonnieren – inzwischen haben auch die meisten Journalisten gelernt, solche Angebote zu nutzen.[129]

Für die klassischen Medienanbieter, schrieb „Die Zeit“, sind solche Dienste Traum- und Horrorvorstellung zugleich.[130] Traumhaft ist, dass ihre Inhalte sich fast von allein weltweit verbreiten können. Ärgerlich: Der Nutzer muss das ursprüngliche Angebot gar nicht mehr aufsuchen. Das gilt genauso für die großen Portale, die früher im Internet eine Schlüsselposition innehatten: Ihre Scout- und Orientierungsfunktion ist von der technischen Entwicklung überholt worden. Unternehmen, öffentliche Einrichtungen, Wohltätigkeitsorganisationen und so weiter können dagegen nur profitieren: Ein interessanter Beitrag, den sie ins Netz gestellt haben, kann ein Eigenleben im Internet entwickeln und eine ganz erstaunliche Zahl von Menschen erreichen, ohne dass diese jemals den Ausgangspunkt, also den Internetauftritt, das Blog und so weiter des Unternehmens zu Gesicht bekommen. Das ist nur für den ein Nachteil, der immer noch allein in Clickraten denkt (oder auch denken muss, weil er auf eine Refinanzierung durch Werbung setzt). Wenn es um Wirkung geht, gibt es nichts Besseres. Social Bookmarking, Social Tagging und RSS-Feeds anzubieten und zu nutzen kostet so gut wie nichts. Das kann man passiv tun – oder aktiv.

RSS-Abonnenten gehören zu den treuesten Nutzern eines Online-Angebots. Leider wird diese Technologie noch viel zu wenig angeboten, aber auch nicht massenhaft spontan genutzt. Auch wo RSS in vielen Formaten und Varianten angeboten wird, bleiben potentielle RSS-Nutzer eher zurückhaltend und verzichten lieber nach dem Motto: Wer soll das alles lesen? Deshalb sollte die Entwicklung der RSS-Abonnentenzahlen nicht dem Zufall überlassen bleiben, sondern alles geschehen, um sie zu fördern.

## Checkliste 2: Zehn Tipps zum Thema RSS

1. Das A und O für den erfolgreichen RSS-Einsatz sind aktuelle, exklusive Inhalte – Werbetexte und abgestandene Informationen abonniert kein Mensch.
2. Es muss sich häufig etwas tun, nicht unbedingt täglich, aber doch mehrmals in der Woche – sonst fehlt der Anreiz durch Aktualität.
3. Spannende Inhalte in kleinen Serien zu präsentieren schafft Erwartungen und reizt die Neugierde, nichts zu verpassen.
4. Bieten Sie im RSS-Feed den ganzen Inhalt. Nur Teaser anzubieten schafft zwar Traffic auf der eigenen Seite (für werbefinanzierte Seiten natürlich wichtig), gut gelaunte User sind aber im Zweifel wichtiger: Die Abonnenten sollten selbst entscheiden können, ob ihnen der Teaser reicht oder ob sie den ganzen Text empfangen wollen.

5. Sorgen Sie dafür, dass Ihre Inhalte auch in Social Networks („Facebook“, „Xing“) und anderen Social-Media-Angeboten („Mister Wong“, „Twitter“, „Youtube“ und so weiter) verfügbar sind und abonniert werden können.
6. Ein gut sichtbares RSS-Icon ist von Vorteil, auch wenn viele Browser inzwischen RSS erkennen. Integrieren Sie die speziellen Icons verschiedener Dienstleister. Bieten Sie alternativ auch ein E-Mail-Abonnement an, denn noch sind nicht alle Computernutzer mit der Technik vertraut.
7. Werben Sie mit einem eigenen Text dafür, via RSS-Reader immer das Neueste ins Haus zu bekommen, und bieten Sie Hilfe an für den Umgang mit dieser Technik.
8. Kommentieren Sie in Blogs und anderswo und hinterlassen statt der URL den RSS-Feed. Aber substantiell muss der Kommentar schon sein. Wer als Kommentar-Spammer auftritt, dessen Online-Reputation ist schnell dahin.
9. Mit geeigneten Partnern gemeinsam zu werben, kommt immer gut an: Im Rahmen einer RSS-Kooperation wirbt man für andere RSS-Dienste und wird von anderen beworben.
10. Mit einer witzigen Aktion zu werben, kann helfen und den RSS-Feed zum Selbstläufer machen. Aber Vorsicht: Die Geschmäcker sind verschieden und ein solches Unterfangen kann auch zum Schuss in den Ofen werden.

### Von der Homepage zur Beziehungspflege im Netz

„Das Internet ist ein Platz, wo wir die Sicherheit Amerikas genauso beschützen müssen wie zu Lande, zu See, im Luft- und Weltraum.“ Michael Hayden, der Chef des US-Geheimdienstes National Security Agency, sagte das im Jahr 2000 bei einer großen Konferenz zur Computersicherheit in San Francisco. „Informationen sind jetzt ein Ort“, fügte er der Deutlichkeit halber noch hinzu.

Acht Jahre später haben viele PR-Fachleute diese einfache Wahrheit noch nicht begriffen: Das Internet ist eigentlich kein Medium, sondern es ist ein Marktplatz für Medien. Es ist ein globaler öffentlicher Ort – ein großer Platz als Ort des Handels und des Wandels, der Begegnung und des Gesprächs, des Lernens und des Austauschs von Neuigkeiten, der Vergnügung und des Spiels, des Protestes und eben auch des handfesten Kampfes. Während diese Zeilen geschrieben werden, verlängern gerade Israelis und Hamas und ihre jeweiligen Kombattanten die Schlacht um den Gaza-Streifen ins World Wide Web – Hamas mit deutlich größerem Erfolg.

Auf dem Marktplatz Internet treffen alle aufeinander – die fachkundigen Händler und die Marktschreier, die Gaukler und Schausteller, die Prediger und Wissbegierigen, die Neugierigen und die Geschäftigen, die Taschendiebe und Trickbetrüger. Wer sich hier nicht zeigt, den gibt es eigentlich nicht. Im Netz fließt ein großer Teil aller individuellen wie der Massenkommunikation zusammen. Wenn dies zutrifft, kann das für das Kommunikationsmanagement nur heißen: Das Internet ist der globale Supermarkt der Kommunikation des 21. Jahrhunderts. Auf diesem globalen Markt ringen die Teilnehmer dieses großen Spiels um öffentliche Aufmerksamkeit, um Wahrnehmung und Zuwendung, um Gehör für ihre Anliegen. Ob es dabei um Wahrnehmung durch Milliarden in einer „Weltöffentlichkeit" oder durch wenige Einzelne – vielleicht als Schlüsselkunden oder lokale Meinungsbildner – geht, macht keinen entscheidenden Unterschied.

Um im Bild des Supermarktes zu bleiben: Jedem wird etwas Spezielles geboten, zielgruppenorientierte Präsentation ist das Gebot der Stunde. „Man kann nicht nicht kommunizieren" – diese von Paul Watzlawick formulierte Wahrheit gilt auch und gerade im globalen Supermarkt Internet. Nicht im Netz auffindbar sein, verkündet eine eindeutige Botschaft: „Wir haben das Gespräch nicht nötig." Auch die kalte technische Perfektion mancher optisch hochgestylten Unternehmens-Homepage enthält eine klare Aussage: Viele Unternehmen, so schrieb ein Blogger, bewegen sich derzeit noch durchs Web, als sei es eine elektronische Variante des Postwegs.[131] Da kann der von elektronischer Hochglanzwerbung nicht abgeschreckte User sich die Kundenzeitschrift als PDF herunterladen und nach Kontaktmöglichkeiten lange suchen; da gelangen Journalisten nur per Akkreditierungsritual an Pressemitteilungen und (eventuell) zu einer Bilddatenbank, um dann zu erfahren, dass der Account „in den nächsten Tagen" freigeschaltet wird. So darf man aktuell recherchierende Redakteure im Hochgeschwindigkeitszeitalter der digitalen Kommunikation nicht behandeln.

Auch der Internetauftritt des regionalen Gasversorgers aus dem letzten Kapitel, der außer einem nichtssagenden Mission-Statement und einer Presse-Ecke dem Kunden nichts zu bieten hat als Tarifinformationen und Formulare für Adressenänderungen, Tarifwahl und Angabe von Zählerständen, trifft eine klare Aussage: Für Auskünfte beispielsweise über seine Preisgestaltung steht das Unternehmen seinen Kunden nicht zur Verfügung. Erst recht nicht zu Fragen des Umweltengagements, der sozialen Verantwortung als Arbeitgeber in einem regionalen Umfeld, der Unternehmensstrategie ...

Altes Denken bleibt auf die Internetpräsenz fixiert. Die muss – so heißt es gerne – definiert sein in ihrer Funktion innerhalb der Gesamtkommunikation einer Organisation. Diese Forderung reicht, wie wir schon im letzten Abschnitt gesehen haben, bei weitem nicht mehr aus. Und da hilft es auch nicht, die Seiten nicht mehr statisch, sondern dynamisch und mit noch so schönen multimedialen Inhalten zu füllen. Dem eigenen Auftritt im Netz eine abgeleitete Funktion zuzuweisen geht so ohne weiteres gar nicht mehr – zumindest geht es mehr und mehr an den Realitäten vorbei.

Der Internetauftritt wird zum Mittelpunkt einer Fülle von Aktivitäten im Netz. Und die Gesamtheit der Aktivitäten im Netz wird mehr und mehr zur strategischen Mitte der gesamten Interaktion einer Organisation mit ihrer Umwelt. Dort formieren und organisieren sich Lieferantenketten, können Kunden in die Arbeit einbezogen werden, vollzieht sich der Dialog zwischen dem Unternehmen und seinen Mitarbeitern, bilden sich Fan-Communities, ist das Gespräch mit Kritikern möglich, manifestieren sich die Konsumentenurteile über Produkte und Dienstleistungen, gewinnt man Freunde, Unterstützer und Verbündete, reagiert auf Anfeindungen, bedient die Medien im weitesten Sinne und vieles andere mehr.

Klänge es nicht so schrecklich militärisch, ließe sich von einer „strategischen Kommandohöhe" sprechen. Die neue Frage heißt: Wie kann der strategische Ort Internet genutzt werden, um allen Stakeholdern einer Organisation durch einen neu definierten Medien-Mix optimale Dialog- und Informations- und vielfach auch Unterhaltungsangebote zu machen?

Ganz ohne Internetpräsenz können Organisationen heute nicht mehr leben, es sei denn, sie heißen Mafia oder Cosa Nostra. Es kann aber sehr wohl sinnvoll sein, mehrere Auftritte zu pflegen. So sollte jede Marke sicherlich eine eigene Plattform im Web haben, um die sich ihre Anhänger versammeln können. Es kann sinnvoll sein, ein Unternehmen neben seinen Marken zu präsentieren. Und genauso es kann sinnvoll sein, zu Schlüsselthemen und für Schlüsselzielgruppen getrennte eigene Angebote zu machen. Die Grundregel heißt: Es gilt, dort zu sein, wo die eigene Klientel im Netz zu finden ist – es ist den Versuch wert, der eigenen Klientel spezielle Orte im Netz zu schaffen.

Was heißt das? Natürlich muss sich ein Hersteller oder Händler von Speiseölen überlegen, wo er seine Traubenkernöl-Marke inklusive Kochtipps noch platzieren könnte außer auf der eigenen Plattform „traubenkernöl.de“: „essenundtrinken.de“ käme da ebenso in Frage wie „gesundheit.de“. Für einen Hersteller, Händler oder Importeur der neuen minimalistischen Fahrräder ohne Gangschaltung wäre es sinnvoll, eine Fixed-Gear-Story nicht nur auf der eigenen Seite, sondern auch als Teil von „tour-magazin.de“ anzulegen. Auch das reicht aber nicht mehr aus. In Zeiten von Social Media ist es zusätzlich notwendig, seine Zielgruppen im Netz auch abseits der Online-Medien klassischen redaktionellen Zuschnitts zu suchen: „StudiVZ“ wird monatlich mehrfach so oft geklickt wie „Spiegel-Online“, und wer bei „Google“ „Wanderschuhe“ eintippt, findet eine Menge Foren und Internetseiten, die sich mit dem Reisen per pedes beschäftigen. Dort gilt es, präsent zu sein. Über Specials für die klassischen Print- und Online-Medien hinaus ist es heute unverzichtbar, mit den Menschen der Szene über die Web-2.0-Medien direkt in Kontakt zu kommen.

Arbeit im Netz ist Beziehungspflege. Wer dort ernst genommen werden und Erfolg haben will, kann sich nicht auf einem noch so schönen Internetauftritt ausruhen. Er muss in Foren, in „Facebook“, in „Twitter“ und in Blogs aktiv werden; aber nicht, um dort penetrante Werbebotschaften zu spammen, sondern um sich mit interessanten, wichtigen und vielleicht unterhaltsamen Informationen nützlich zu machen. Oder auch um Stellung zu beziehen zu Fragen, die gerade im Gespräch sind. Das sind die Formen von Selbstdarstellung und Selbstinszenierung, die im Netz Anerkennung finden. Und diese kann nicht dauerhaft von anonymen Organisationsstrukturen getragen sein. Glaubwürdig kann sie nur von Personen ausgehen – von Menschen mit Fleisch und Blut, mit Stärken und Schwächen, mit eigenen Interessen und mit einem ganz individuellen Kommunikationsstil. Menschen treten im Web 2.0 in den Vordergrund – darüber wird in anderen Zusammenhängen noch zu sprechen sein.

Das ist die grundsätzliche Einsicht. Einzelheiten und Vorgehensweisen sind einem schnellem Wandel unterworfen. Über „Twitter“ und seine 140-Zeilen-Nachrichten haben PR-Leute zunächst die Nase gerümpft; nachdem Obama, TGS (nicht Hoffenheim, sondern Thorsten Schäfer-Gümbel) und ein bis dahin unbekannter New Yorker[132] vorgeführt haben, was sich damit machen lässt, könnte ein Hype daraus werden – man wird sehen. Heute gilt das Potential von „Facebook“ als bedeutsam, morgen tritt es vielleicht hinter neuen faszinierenden Möglichkeiten eines neuen Angebots zurück. Das könnte beispielsweise der im Februar 2009 ans Netz gegangene „Club Cooee“ sein – es handelt sich hier um eine individuelle multimediale Chat-Umgebung, in der sich der Nutzer mittels eines individualisierbaren Avatars bewegt. Als den Versuch, ein weiterentwickeltes Instant-Messaging-Konzept mit den Möglichkeiten einer lebendigen, pulsierenden 3D-Online-Welt zu verbinden, hat es der Anbieter beworben.[133]

Vielleicht sieht die Richtung ja auch ganz anders aus, aber das Kaffeesatzlesen über Netzentwicklungstrends wollen wir anderen überlassen. Es ist leider nicht möglich, mit einem Fachbuch dem ungeheuren Tempo zu folgen, mit dem sich immer neue Optionen im Web 2.0 auftun. Wir begleiten dieses Buch durch ein Blog (www.medienarbeit-zweinull.de), weil wir auf diese Weise wenigstens den Versuch wagen können, hilfreiche aktuelle Tipps zu verbreiten. Die entscheidende Botschaft lautet: Wo meine Zielgruppen sich gerade im Netz herumtreiben, kann ich nicht irgendwo nachlesen – das will (vielleicht nicht gerade täglich, aber doch in sehr kurzen Abständen) immer neu ausgekundschaftet sein. Und genau dorthin muss ich als Öffentlichkeitsarbeiter ihnen folgen.

## Checklist 3: Zehn Tipps zur Beziehungspflege im Internet

1. Arbeit im Netz ist in erster Linie Beziehungspflege – und wie im wirklichen Leben gibt es dafür gute Ratschläge, aber keine Patentrezepte. Für jede Organisation, für jedes Anliegen, jedes Thema, jede Art von Zielgruppen gestaltet sie sich anders. Strategische Überlegungen sollten die Richtung gehen: Klasse statt Masse!
2. Die Basis legen Sie mit einer sorgfältigen Felderkundung und -beobachtung: Was gibt es zum Thema im Internet – Homepage der Kon-

kurrenz, wissenschaftliche Seiten, Seiten interessierter Laien und engagierter Gruppen, Wikis, Blogger usw.

3. Nutzen Sie dazu über Google hinaus unterschiedliche Suchmaschinen (z.B. Technorati für Weblogs) und erkunden Sie nicht zuletzt die aufgefundenen Linklisten.

4. Bleiben sie mit einem dauerhaften Controlling auf dem Laufenden: überall einschlägige Newsletter und RSS-Feeds abonnieren, Google Alerts einrichten, RSS-Feeds bei Technorati einrichten usw.

5. Arbeiten Sie ein Konzept aus: Welche Instrumente sind dem Thema, dem Anliegen und den anvisierten Zielgruppen angemessen? Das Spektrum der Möglichkeiten und ihrer Kombinationen ist riesig: von der Community bis hin zum Weblog, von Auftritten in sozialen Netzwerken bis zu zielgruppenspezifischen Wikis, von Bookmark-Sammlungen bis hin zum Versuch, sich virale Verbreitungswege nutzbar zu machen.

6. Eigene Angebote im Web sind keine Selbstläufer: Ob Videos, Fachartikel oder Bookmark-Sammlung – stellen Sie Ihr Angebot auf unterschiedlichen sozialen Plattformen ein. Sorgen Sie dafür, dass ihre Beiträge vielfältig verlinkt werden.

7. Verlinkung erreichen Sie am besten dadurch, dass Sie sich in Foren, Communities, in sozialen Netzwerken und in Blogdiskussionen zu Wort melden, dass Sie persönliche Kontakte zu Multiplikatoren im Netz aufnehmen, dass Sie selber fleißig verlinken.

8. Wer Beziehungen aufnehmen und pflegen will, muss interessante Inhalte zu bieten haben – Werbebotschaften reichen nicht, nutzwertige Information und ehrliche Meinungsäußerungen sind gefragt.

9. Scheuen Sie nicht die Auseinandersetzung mit Kritik und auch unqualifizierten Angriffen, bleiben Sie freundlich und sachlich.

10. Der vielleicht wichtigste Rat: Beziehungen kann man nicht „pflegen lassen“ – man muss (eventuell mit professioneller Hilfestellung) es selber tun! Denn die Kenntnis des Anliegens und der Organisation ist ebenso wichtig wie das Wissen um die sich ständig verändernden Gegebenheiten im Netz.

## Das Weblog als Imagehilfe

Im März 2007 richteten fünf attraktive Singles namens Alina, Joe, Katharina, Mirjam und Tomek Weblogs auf mehreren Plattformen ein. An sich nichts Bemerkenswertes – das haben sicherlich im gleichen Zeitraum noch tausende andere junge Leute getan. Diese fünf allerdings schrieben in rund 50 Blogs Kommentare, luden ihre Videos auf „YouTube" hoch, richteten „MySpace"-Seiten ein und zeigten ihre Fotos auf „Flickr". Überall war von dem sensationellen neuen Duft „CK IN2U" die Rede („definitiv mein neuer Duft"). Was die fünf attraktiven jungen Leute außerdem verband: Es gab sie gar nicht. Es handelte sich um reine Kunstfiguren, vom Marketing der zum Parfümkonzern Coty gehörenden Marke Calvin Klein fürs Netz erfunden, um den „technosexuellen Duft" CK IN2U ins Gespräch zu bringen.

Es kam, wie es kommen musste: Die Fakes blieben der Blogger-Szene nicht verborgen. Die Aufregung war groß und ergoss sich in alle Kanäle. Alexander Svensson (Wortfeld) und Marco Maas (The Maastrix)[134] widmeten der Kampagne eine ausführliche, bitterböse Analyse mit dem Fazit: „Bad publicity is bad publicity is bad publicity." Das Unternehmen reagierte uneinsichtig: „Während die Kampagne bei einigen Bloggern zu hitzigen Debatten führt", hieß es in einer Pressemitteilung, „ist die Resonanz bei der CK IN2U Zielgruppe eher positiv: ‚Ich finde die Geschichte ziemlich lustig', äußert sich einer der jungen Blogger, bei denen Unterhaltung, Spaß, neue Medien und Kommunikation im Vordergrund stehen. ‚Das Spiel mit Identitäten ist im Web Alltag und gerade das macht die Kommunikation dort unter anderem auch so spannend.' Letztlich hat das polarisierende Konzept seine Zielgruppe erreicht."

Auch hier wieder: Die Aussage des unbekannten Bloggers war nicht belegt und nirgends auffindbar. Bis heute aber sind Blog-Headlines wie „Der Duft, der Blogger provoziert" (werbeblogger.de), „Calvin Klein's IN2U riecht nach Spam" (Mein Parteibuch), „Fakeblogging – Calvin Klein und die Blogosphäre" (bucklicht-maennlein.de), „Werbungs-Rohrkrepierer" (ostblog.wordpress.com) „technosexual, es stinkt" (milchschnid.de) oder „Technosexuelle und schöne Helena: neue Fake-Blogs in Spanien und Deutschland" (conecdator.wordpress.com) im Netz nachzulesen. Und auch in „Spiegel Online", „Focus Online", „Frankfurter Allgemeine Sonntagszeitung", „Handelsblatt", „BR Zündfunk" und der „Netzeitung" war die Resonanz entsprechend.

Mag die Marketing-Schummelei um ein Duftwässerchen noch harmlos erscheinen, immer öfter werden gravierendere Fälle sogenannter „Guerilla-PR“ im Netz bekannt. In Blogs und Foren von Patientenorganisationen wirbt die Pharmaindustrie verdeckt für ihre Produkte.[135] PR-Mitarbeiter melden sich dort als Betroffene an und berichten von ihren guten Erfahrungen mit den Medikamenten ihrer Auftraggeber, zum Beispiel Cholesterinsenkern oder Mitteln gegen Bluthochdruck. Für echte Patienten ist dies nicht transparent, mancher geht mit der scheinbar seriösen Information zum Arzt und fordert das „richtige“ Medikament.

In der Öffentlichkeitsarbeit darf es nicht erlaubt sein, anderen etwas vorzumachen, auch wenn manche PR-Auguren in Vor-Web-2.0-Zeiten schon so agiert haben. Die PR-Leute sind in der Verantwortung, dass ein Unternehmen glaubwürdig agiert. Zumal im Zeitalter der digitalen Vernetzung noch mehr als früher gilt: Letztlich kommt alles raus. Für die alten Medien hieß es: Nichts ist älter als die Zeitung von gestern – und kritische Kommentare in Rundfunk und TV sind noch schneller vergessen. Reputationsschäden im Digital Life bekommt niemand mehr weg; sie kommen jedes Mal neu auf den Tisch, sobald sich Journalisten, Blogger, Kunden und Geschäftspartner durch eine kleine Online-Recherche via „Google“ oder „Technorati“ minutenschnell einen ersten Eindruck von der Glaubwürdigkeit eines Unternehmens verschaffen. Denn, was einmal ins Web gestellt wurde, bleibt dort meist über Jahre unverändert stehen. Bevor Unternehmenslenker und Justiziare auf Ideen kommen: Der Einsatz eines „Reputation Defender“[136], der jeden schädlichen Artikel noch im letzten Blog zu finden und auszumärzen verspricht, kann den Imageschaden im Zweifel nur verdoppeln.

Da dürfen die PR-Verantwortlichen sich die Wirklichkeit nicht schönreden, sondern müssen die Online-Reputation scharf im Blick haben. Wegtauchen hilft auch nicht – wer einfach nicht mitmacht, muss nicht glauben, dass nicht über ihn geredet wird. Es gibt keine Alternative dazu, sich um Online-Reputation zu bemühen. Wie macht man das? Nun, leichter ist gesagt, wie es garantiert auch bei besten Absichten nicht funktioniert – aber sich das klarzumachen, ist schon die halbe Antwort.

Nehmen wir als Beispiel das Weblog: Es bringt nicht wirklich viel, als Hersteller von Gartengeräten auf seiner Homepage ein „Garten-Blog“ anzubieten, der sich liest wie eine Ansammlung von schlechten Pressemitteilungen über schöne Produktneuheiten – sicher sehr inhalts- und lehrreich, aber ein wenig langweilig, recht distanziert und anonym, nicht zuletzt schön werblich: „Auch wenn es noch ein wenig dauert, bis die neue multi-star(R)-Fugenbürste von XY zum Einsatz kommen wird, ist sie trotzdem schon jetzt im Handel erhältlich. Der besondere Clou an dem Gartenhelfer ist, dass ..." Erfolgreich kann nur sein, wer es schafft, sich im Netz als kommunikativer Gartenexperte zu profilieren. Die wichtigsten Voraussetzungen dafür:

- Der Gartenexperte muss einen Namen (und sei es auch ein Nickname), er kann auch ein Gesicht haben.
- Er muss seinen Blog-Beiträgen eine hohe inhaltliche Qualität und eine persönliche Note geben können – multimediale Einsprengsel eingeschlossen.
- Er muss sich im Netz überall dort einbringen, wo es um das Thema Garten geht – und das ist immer weit mehr, als man zunächst denkt.
- Hier wird ein Fachmann zum PR-Partner; es ist durchaus wahrscheinlich, dass er darauf durch gezielte Schulungen vorbereitet werden muss.

Letzteres ist sehr ernst zu nehmen: Er muss sich zum Beispiel auf einschlägigen Blogs wie „Wir sind im Garten"[137], „Gärtner-Blog"[138], „Das wilde Gartenblog"[139] und vielleicht einem Dutzend anderen herumtreiben, dortige Beiträge sachkundig kommentieren – also ergänzen, kritisieren, richtigstellen und auch loben. Er wird sehr gute Beiträge mit dem eigenen Blog verlinken und feststellen, dass andere Blogger auch damit beginnen, seine Beiträge auf ihren Blogs zu referenzieren. Eigene multimediale Beiträge gehören natürlich in die einschlägigen Netzwerke – die Fotoserie über richtiges Rasenlüften wird er bei „Flickr" einstellen und das Filmchen über das fachmännische Schneiden von Kletterrosen bei „Youtube".

Der Gartenexperte wäre auch gut beraten, fleißig zu recherchieren, welche spannenden Ressourcen im Internet verfügbar sind – zu Gartengestaltung, Gartentechnik, Ökologie, Schädlingsbekämpfung und, und, und. Diese könnte er in einer kommentierten und bewerteten Linksammlung in einem der Social-Bookmarking-Portale zur Verfügung stellen, die User seines Blogs natürlich auch von dort aus erreichen können. Über alles, was neu und spannend ist, wird er selbstverständlich per RSS-Feed wie auch per E-Mail-Abonnement informieren. Und wenn er den Eindruck hat, dass es im Netz noch keinen vernünftigen Wiki rund um den

Garten gibt, könnte er einen solchen integrieren und seine wachsende Fangemeinde zur Mitarbeit einladen. Dass er selbstverständlich seine Profile auf „Facebook" und anderswo nutzt, um sich und seine Arbeit zu präsentieren, versteht sich fast von selber – vielleicht fällt ihm sogar ein Dreh ein, hin und wieder eine Kurzinformation über „Twitter" laufen zu lassen.

Das alles darf nicht unter fremder Flagge geschehen: Es hat gar keinen Sinn, unter der Tarnkappe unabhängigen Expertentums Interessen befördern zu wollen. Irgendwann kommt es ohnehin heraus, und dann ist der Schaden groß. Nur wer Ross und Reiter klar nennt, wird es schaffen, authentisch und geradeaus zu argumentieren. Der Nutzen für die Firma, die den Experten stellt, ist ein zweites Argument für ein offenes Spiel.

Solche strategischen Ansätze (und immer weniger irgendwelche Sprach- und Programmierstrategien) bewirken, dass ein Blog plötzlich in den Google-Suchergebnissen ganz weit oben auftaucht. Das Blog kann auf diese Weise[140] – nicht von heute auf morgen, sondern in einer recht langen Zeit kontinuierlicher Arbeit – zum Mittelpunkt einer Netz-Community werden, einer dieser im Wortsinne virtuellen Gemeinschaften, wie sie sich eben nur im Netz bilden können.

Entscheidend für den Erfolg eines Weblogs ist die starke Vernetzung zwischen den wechselseitig interessierten Benutzern und Autoren – bis eine scharfe Grenze zwischen den einen und den anderen irgendwann gar nicht mehr zu ziehen ist. Dabei wächst ein dynamisches System von Inhalten und Verbindungen – ein System, das traditionelle Abläufe der News- und Informationsvermittlung auf den Kopf stellt und darum sehr ungewohnt ist. Mit einem traditionellen Umgang der PR-Stäbe mit Meinungsmachern hat das nur noch wenig zu tun.

Das ist auch der Grund, warum Weblogs sich nicht für alle PR-Zwecke gleichermaßen gut eignen: Das (halb)fiktive Beispiel oben war das typische „Themen-Blog" – ist es langfristig angelegt, kann die Netzwerkarbeit ihre Wirkung in aller Ruhe, am besten über Jahre hinweg, entfalten. Chefs, die nach sechs Wochen Nutzerdaten einfordern, haben nichts verstanden. Ähnliches kann für einen „CEO-Blog" gelten, wo der höchste Boss (tatsächlich oder vermeintlich) selbst in die Tastatur greift. Auch „Marken-Blogs" versuchen, langfristig eine Kundenbindung zu schaffen, indem Themen rund um das Produkt oder die Dienstleistung User-gerecht aufbereitet werden und den Lesenden interessanten Zusatznutzen bieten. Ähnlich agieren „Service-Blogs", die zielgenau Dienstleistungen rund um ein Produkt oder eine Marke bieten. Natürlich sind die verschiedensten Kombinationen aus den genannten Weblog-Formen denkbar, neue Formen werden entstehen.

Nicht problemfrei sind aus den genannten Gründen sogenannte „Kampagnen-Blogs" (Von den mittlerweile gängigen „Wahl-Blogs" vieler Politiker soll hier nicht die Rede sein). Weblogs wurden mit nicht gerade umwerfendem Erfolg häufig zur Flankierung von Werbekampagnen und Produktlancierungen eingesetzt. Allzu kurzfristig angelegt, können sie allenfalls bei sehr themenaffinen Zielgruppen und Journalisten Erfolge erzielen – für eine breitere Wirkung fehlt einfach die Zeit. Anders kann das im Rahmen eines unternehmensinternen Krisen- oder Change-Managements aussehen, wo es darum geht, kritische Phasen in der internen Kommunikation mit den Mitarbeitenden zu begleiten. Ein internes „Team-Blog" kann auch auf Wissen oder Projekte ausgerichtet sein, zum Beispiel als Ergänzung des Intranets die Zusammenarbeit für Produktentwicklungen erleichtern (wofür aber ein Wiki bessere Dienste leisten würde).

Blogs sind Tagebücher im Netz, lesen wir allenthalben – das stimmt oft, aber oft eben auch nicht oder nur teilweise. Tagebücher sind Monologe, Selbstgespräche, nicht selten ein Sammelort intimer Gedanken – Weblogs sind mindestens der Absicht nach das genaue Gegenteil! Sie wollen gelesen werden, am liebsten von Milliarden Web-Nutzern, und mehr als das: Sie wollen Feedback, Dialog, ja Streit in jeglicher Form. Vom Tagebuchstil der frühen Blogs ist freilich ein bestimmtes Maß an Subjektivität und Individualität übrig geblieben, die für den Erfolg nicht völlig unwichtig sind. Für Weblogs von Unternehmen, öffentlichen Einrichtungen und gesellschaftlichen Organisationen aller Art ist das eine ernst zu nehmende Hürde. Mit Texten, die durch die Mühlen soundso vieler Fachabteilungen gedreht wurden, vom Marketing mit den wohlbekannten Floskel aufgeplustert, vom Justiziar auf Unbedenklichkeit geprüft und vom Vorstand auf gediegene deutsche Sprache hin redigiert, lässt sich meistens nichts mehr anfangen.

Nach wie vor ist hier Microsoft/USA vorbildlich, wo Robert Scoble – im Netz besser bekannt als „Scobleizer" – zu einem weltberühmten Blogger werden konnte und als der „Technische Botschafter" des Unternehmens ein breites Publikum und viele Fachjournalisten dazu brachte, ihn regelmäßig zu lesen. Er nahm sich allerdings auch die Freiheit, selbst Bill

Gates zu widersprechen und auch mal den Konkurrenten Apple zu loben. Damit erreichte er genau die Glaubwürdigkeit, die Netzreputation, die ein erfolgreicher Blogger braucht. Im Impressum von „http://scobleizer.wordpress.com“ stand der Satz: „Alles hier ist seine persönliche Meinung und wird vor der Publikation weder gelesen noch freigegeben.“

In namhaften deutschen Unternehmen unserer Tage ist solche Souveränität derzeit leider schlecht vorstellbar – aber was nicht ist, kann ja noch werden. Dabei wird keineswegs unbedingt die Unternehmensleitung zum Problem – es ist die Struktur insgesamt. Bei Daimler stellte der Vorstandsvorsitzende Dieter Zetsche höchstpersönlich klar, dass es in einem hierarchisch gegliederten Unternehmen schon ein großer Gewinn sei, wenn Mitarbeiter über Hierarchiegrenzen oder Standorte hinweg überhaupt einmal die Chance bekommen, miteinander in Kontakt zu kommen und neue Ideen zu diskutieren. Dem mittleren Management klarzumachen, dass es keine vergeudete Zeit ist, wenn sich ihre Mitarbeiter in einem internen Blog engagieren, bleibt trotzdem schwierig, weil sie sich in dieser Zeit für das Unternehmen, aber nicht für die jeweilige Abteilung oder den Geschäftsbereich einsetzen. Das Dilemma reicht bis hin zu Arbeitskollegen, die einen bloggenden Kollegen in der Abteilung schief anschauen. Es geht also nicht nur darum, resümiert Thomas Pleil, ob Corporate Blogger von außen akzeptiert werden, sondern auch, welches Klima sie intern antreffen. „Zugespitzt und umgedreht: Aus autoritären Strukturen heraus kann man im Social Web nicht bestehen.“

Unternehmens-Blogs geraten dann am besten, wenn ein einzelner Autor oder ein kleines Team die gesamte Arbeit verantwortet. Dazu muss die Organisation über Menschen verfügen, die diese Inhalte im Griff haben und glaubwürdig, subjektiv und einigermaßen lebendig und spannend präsentieren können. Dass diese in der Hierarchie hoch angesiedelt sind, wäre wünschenswert, ist aber nicht zwingend. So lange jedenfalls, wie ihnen ein gewisses Maß an redaktioneller Freiheit zugestanden wird – jeden Satz abzustimmen, wäre ohnehin ein Ding der Unmöglichkeit. Unternehmenskommunikation muss also, wenn man so will, informaler, authentischer, menschlicher werden.

Noch wichtiger aber: Wer als Blog-Autor oder mit anderen Web-2.0-Instrumenten für seine Organisation im Netz aktiv wird, muss ein Gefühl dafür entwickeln, wie er mit den Betreibern von Weblogs, Podcasts und anderen

Web-2.0-Kanälen umgehen kann. Das lernt sich nicht durch bloßes Stöbern im Netz oder durch das Studium der Fachliteratur, sondern ausschließlich durch eigenes Tun und praktische Erfahrung. Deshalb ist dieses Wissen Chefs und Kollegen auch nicht immer leicht zu vermitteln.

## Checkliste 4: Wer eignet sich als Corporate Blogger?

1. Bloggen ist auch bei intensivstem Einsatz kein Vollzeitjob – im Normalfall braucht es dafür alleine keine neue Planstelle.
2. Blogger ist kein neues Berufsbild: Zum Blogger wird, wer einen Beruf hat und sein berufliches Know-how im Web 2.0 nutzt, um kommunikative Ziele zu erreichen.
3. Der Blogger kann, muss aber keineswegs in der Kommunikationsabteilung angesiedelt sein. Tut er es, braucht er fachkundige Partner in der Unternehmenshierarchie. Gehört der Blogger einer Fachabteilung oder der Unternehmensleitung an, muss er in enger Abstimmung mit bzw. unter Richtlinienkompetenz der PR-Abteilung bloggen.
4. Wichtiger als alles andere ist eine profunde Kenntnis der Organisation, ihrer Arbeit und ihrer Ziele, der Produkte, der Kunden usw.
5. Eine gewisse Affinität zum Internet und zum Umgang mit Text sollten ebenfalls sein – eine journalistische Ausbildung ist nicht erforderlich.
6. Vertiefte Kenntnisse der Web-2.0-Welt können (unter Anleitung von Experten) in der praktischen Arbeit erworben werden. Wichtig ist aber die grundsätzliche Offenheit und Lernbereitschaft gegenüber den Mentalitäten und Verhaltensweisen der Menschen im Netz.
7. Konflikte werden nicht ausbleiben: Hilfreich ist deshalb ein persönliches Standing durch eine gehobene Position innerhalb der Hierarchie und einen direkten Draht zur obersten Leitung.

### Der Blogger – das unbekannte Wesen

Hinter Weblogs stehen häufig Menschen mit einem gewissen Sendungsbewusstsein, einer klaren Meinung und einem ausgeprägten Bedürfnis, ihre Ansichten der Menschheit zu vermitteln. So sind sie Meinungsmacher mit einer sehr speziellen Gefolgschaft. Wer ihnen nicht mit dem gleichen Respekt entgegentritt, wie er es zum Beispiel Journalisten gegenüber gewohnt ist, fällt unweigerlich auf die Nase. Sie reagieren anders: Der Journalist ärgert sich über die für sein Medium sinnlose Pressemitteilung und wirft sie in den Papierkorb; der Blogger aber macht die Unfähigkeit der PR-Fuzzis der Firma XY vielleicht zu seinem Thema des Tages und veröffentlicht seinen ätzenden Spott.

Es gibt auch Rollenwechsel, wenn zum Beispiel der Handelsblatt-Redakteur Thomas Knüwer für sein Blog „Indiskretion Ehrensache“ in die Tasten greift. Die verschmähte Pressemitteilung, die er als Redakteur mit Kopfschütteln aussortiert hat, wird zum Anlass einer beißenden Satire aus der „Kleinen PR-Agentur am Rande der Stadt“, wo die intrigante Seniorberaterin Alexa und der dummdreiste Lars die naive Volontärin Anja-Tanja ein Vollbad im Fettnapf nehmen lassen. So erklärt Knüwer, wie die untaugliche Pressemitteilung entstanden sein mag. Immer unter voller Namensnennung der auftraggebenden Firma.

Hier hören die Gemeinsamkeiten aber auch schon auf. Dass Blogger allesamt Weltveränderer, Netz-Revoluzzer mit gesellschaftskritischer Attitüde seien, ist ein Vorurteil. Wie oben bereits dargelegt: Vielen geht es nicht zuletzt um Selbstdarstellung und Eigen-Marketing. Die meisten haben gar nichts gegen PR – vorausgesetzt der gelieferte Content ist gut. Und viele stehen den kleinen oder größeren Vorteilen ihres öffentlichen Wirkens und auch dem Geldverdienen durchaus aufgeschlossen gegenüber. So bedankt sich denn schon mal ein Blogger ganz öffentlich für das ihm kostenlos zugesandte Gerät der Unterhaltungselektronik und fügt dann an, dass es sich um ein cooles Gerät handele – oder auch das Gegenteil. Die Grenzen zieht jeder für sich selber.

So führt in die Irre, was häufig zu lesen ist: „Blogger sind nicht interessiert an PR-Anrufen oder Promotions-Mails. Sie werden mit Ihnen in einen Dialog treten, wenn Sie etwas wirklich Interessantes zu erzählen haben, aus der sehr subjektiven Sicht des Bloggers. Fragen Sie nie einen Blogger, ob er Ihre Site oder einen Artikel verlinken könnte. Wenn es ihn interessiert, nimmt er Kontakt mit Ihnen auf – und schreibt.“[143] Solche Blogger mag es geben, aber die meisten sind anders. Nämlich dankbar für gute Themen, weil es ja nicht so leicht ist, ein Blog mit hochwertigem Inhalt zu füllen. Aber alle miteinander können in Rage geraten, wenn jemand etwas von Ihnen will, der sich offensichtlich mit dem Blog und seinem Anliegen nicht beschäftigt hat.

Es ist kein Problem, mit Bloggern direkten Kontakt aufzunehmen – ob es um sachliche Auseinandersetzung oder ein PR-Anliegen geht. Das geht per E-Mail oder auch per Telefon, wichtig ist nur, dabei mit offenen

## Die wichtigsten Regeln für den Kontakt mit Bloggern

Erstens: Wer mit einem Blog-Betreiber Kontakt aufnehmen will, muss das Blog studieren – nicht bloß oberflächlich, sondern gründlich und über einen längeren Zeitraum, dabei hilft meistens ein Archiv. Wie und worüber hier geschrieben wird, ist wichtig – noch wichtiger, ein Bild davon zu bekommen, was für ein Zeitgenosse der Blogger ist und wie er denkt. Ein guter Rat, der alles andere als neu ist: Genau das Gleiche sollten PR-Profis nach der reinen Lehre auch bei Redaktionen von Zeitungen und Zeitschriften tun, bevor sie Kontakt aufnehmen. Im hektischen Alltag von Pressestellen und Agenturen wird das allzu oft vergessen.

Zweitens: Im Umgangston nicht allzu jovial werden! Die Verführung ist groß, weil der Umgangston in der Szene unkompliziert und das Du sehr verbreitet ist. Aber nicht jeder Blogger lässt sich gerne von jedem duzen, und wenn jemand von Firma XY anruft, gilt er nicht automatisch als Insider, bloß weil er ein Firmenblog schreibt. Auch hier ist nichts zu verallgemeinern – Fingerspitzengefühl zählt. Beim Erstkontakt sachlich und ein wenig auf Distanz zu agieren, kann nicht schaden. Wenn sich mit der Zeit Vertrauen einstellt, kann der Umgangston immer noch informeller werden.

Karten zu spielen. Am besten sagt man gleich, für welches Unternehmen und für welches Interesse man agiert – und was man möchte. Bei Reaktionen auf kritische Blog-Beiträge ist besondere Vorsicht angesagt. Hektische Reaktionen über den Blog-Kommentar oder E-Mails sollte man sich verkneifen; alles Schriftliche könnte im Weblog auftauchen, je aggressiver und polemischer, desto lieber. Auch Ironie zahlt sich selten aus, weil sie oft missverstanden wird.

Die Angesprochenen müssen auch keineswegs immer die sogenannten A-Blogger sein – eine Bezeichnung, die die Betroffenen großenteils sowieso nicht schätzen. Diese haben sicher die größeren Reichweiten, was sie veröffentlichen, verbreitet sich schneller im Netz. Aber wenn das thematische Feld des Blog nicht kompatibel ist zu den vom Unternehmen verbreiteten Inhalten, nützt das wenig. Außerdem werden diese Web-Promis inzwischen oft von PR-Agenturen und Unternehmen angesprochen und in ganz ähnlicher Weise umworben wie bekannte Journalisten. Viele von ihnen legen umso mehr Wert darauf, womöglich noch kritischer und ausgewogener, zugleich aber auch subjektiver und provokanter zu formulieren als ein kritischer Journalist. Daher ist die Zusammenarbeit ein Stück weit riskanter und unberechenbarer.

Eine geeignete Strategie kann es daher auch sein, sich auf weniger bekannte und angesehene Blogger, Podcaster oder Community-Mitglieder zu stützen und sie zu fördern – vielleicht passen sie viel besser zum Unternehmen und seinen Produkten oder Dienstleistungen und sind für die Zusammenarbeit zu begeistern. Wenn sie durch die Unterstützung wachsen, profitiert das Unternehmen gleich mit.

### Kosten, Aufwand und Ertrag

Die Investitionen für die geschilderte Arbeit im Web sind marginal, ein gewisser Zeitaufwand ist natürlich erforderlich. Es bleibt aber schwer nachvollziehbar, dass große Unternehmen mit Millionenetats für Kommunikation es sich angeblich nicht leisten können, was im Netz viele Wissenschaftler, Journalisten und ganz normale Arbeitnehmer vieler Branchen neben ihrem Beruf in der Freizeit hinbekommen.

Es geht um ganz andere Hindernisse. Sie liegen in der Denkweise des einzelnen PR-Arbeiters (oder auch Dienstleisters) ebenso begründet wie in der Unternehmenskultur. Was sollte etablierte Kommunikationsmitarbeiter dazu motivieren, das vertraute Terrain der gepflegten Medienwelt zu verlassen und sich freiwillig auf das Gespräch mit irgendwelchen anspruchsvollen, manchmal empfindlichen Webloggern im Netz einzulassen? Das ist aber noch das kleinere Problem: Wenn es angeordnet würde, würde Web 2.0 gemacht – basta! Leider lässt sich das nicht so einfach anordnen. Der Mitarbeiter der Pressestelle oder des Marketings kann kein Blog machen – jedenfalls nicht alleine. Da müssen viele mit ins Boot, dazu müssen sie begreifen, worum es geht. Das Unternehmen braucht eine neue Offenheit, es muss sich in seiner Gesamtheit stärker öffnen. Und das tut weh.

Gerne werden Zweifel am Kosten-Nutzen-Verhältnis vorgeschoben: Rechtfertigt der Zusatzaufwand, den ein Weblog auslöst, den erreichbaren Nutzen? Wie lassen sich Zusatzaufwand und Zusatznutzen messen und intern rechtfertigen? Wahrscheinlich überhaupt nur dort, wo ein Basiswissen über das Wesen von Kommunikation im Web und ein Grundeinverständnis mit den damit verbundenen Notwendigkeiten vorhanden ist. Reichweiten[144], Page Impressions[145] oder Visits sind in diesem Zusammenhang keine Kategorie, die ernsthaft diskutiert werden kann. Gerade im Netz lässt sich die Relevanz von Zielgruppen schwer in Zahlen fassen, weil jeder User auch ein Multiplikator sein kann. So kann ein Blog mit einigen Hundert Nutzern – wenn es denn die richtigen sind – weitaus mehr wert sein als der Abdruck einer Pressemitteilung in der Süddeutschen Zeitung.

> So schätzt der verantwortliche Manager für den Daimler-Blog, Uwe Knaus, dass nur etwa 2.000 Mitarbeiter und externe Interessierte regelmäßig die Einträge in seinem Weblog lesen. Darunter aber sind etliche Fachjournalisten führender Zeitschriften für die Branche. „Wir haben die Auffindbarkeit unseres Blogs durch Tagging und andere Methoden der Suchmaschinenoptimierung so steigern können, dass jeder, der Stichwörter wie ‚Daimler' oder ‚Mercedes' bei Google eintippt, als erstes oder zweites Suchergebnis auf unser Blog stößt", erklärt er. „Wir erreichen so mit großer Sicherheit die richtigen, was mit noch so tollen Abdruckzahlen in den Zeitungen kaum garantiert ist."

„Weblogs sind ein junges Phänomen, mit dem Sie sich als professionelle Netz-Medienarbeiter auseinandersetzen müssen", schrieb 2006 ein Schweizer Kollege in einem Buch zur Medienarbeit im Netz.[146] Drei Jahre später stellen wir fest: Um die einschlägigen Blogs zu Web 2.0 und PR kommt niemand mehr herum, der in den Medien, als Wissenschaftler oder PR-Praktiker etwas zur Medienarbeit im Netz schreiben möchte. Und so ist es auf manch anderem Gebiet auch: Es gibt viel Müll, so manches Blog steht seit dem Weblog-Hype 2007 im Netz, ohne jemals aktualisiert worden zu sein. Aber es gibt auch viele Perlen, und es gibt Grund zur Dankbarkeit, wenn hochkarätige Fachleute ihr Wissen einfach so in lockerer Form unter die Menschen streuen. Hier finden sich Informationen, die nirgends sonst in ähnlicher Weise zugänglich und die mit sehr viel Aufwand und hoher Qualität geschrieben und gestaltet sind.

So oder so werden Weblogs und andere Web-2.0-Instrumente eine immer wichtigere Rolle im Gesamtorchester der Kommunikation einnehmen und ihm eine ganz andere, sich immer wieder ändernde Klangfarbe geben. Es sei gerade die Unschärfe, die Flexibilität als Prinzip, die diese Szene heute ausmacht, heißt es in einem Rückblick auf die Bloggerkonferenz „re:publica 2008“: „Und es ist wohl diese Unschärfe, die die an feste Prozesse und klare Ziele gewohnten PR-Leute in Unternehmen und Agenturen so verunsichert. Dabei ist es ganz einfach, sich in dieser neuen, dynamischeren Welt zurechtzufinden: Man muss seine Berührungsängste ablegen und einfach mal etwas ausprobieren. Schließlich kommen im Spiel mit den Möglichkeiten die besten Ideen.“[147]

## Checkliste 5: Sechs Tipps fürs Weblog

Ein Weblog ist ein Web-Auftritt spezieller Art – seine zentralen Eigenschaften sind:

1. *Selektivität:* Es geht um eng eingegrenzte Inhalte für in der Regel präzise zu beschreibende Zielgruppen.
2. *Chronologie:* Alle Einträge sind nach Datum des Eingangs sortiert, die aktuellsten stehen oben. Ältere Beiträge stehen in einem Archiv zur Verfügung.
3. *Aktualität:* mindestens wöchentlich, eher öfter bieten neuen Einträge einen Anreiz zum wiederholten Besuch der Seite.
4. *Subjektivität:* Die Beiträge sind persönlich gefärbt, subjektiv kommentiert – Persönliches darf und soll einfließen.
5. *Interaktivität:* Kommentarmöglichkeiten provozieren den Dialog mit und auch zwischen den Besuchern, Kommentare werden ausgewertet und rückkommentiert.
6. *Vernetzung:* Die Verbindung zu anderen Weblogs ist wichtig, die Vernetzung wird durch eine Fülle flankierender Aktivitäten im Web 2.0 gepflegt.

### Virale Kommunikation, Unterhaltung und Glaubwürdigkeit

Die bayerische Gemeinde Oberpfaffelbachen begeisterte über Wochen hinweg die Netzgemeinde: Sie ist auf die geniale Idee gekommen, Autos aus Bayern auf direktem Weg in die USA zu exportieren. Alles nur eine Frage des Anlaufs, des Tempos – kein Problem bei bayerischen Nobelfahrzeugen – und des Abflugwinkels, hat man sich am Stammtisch ausgedacht. Und deshalb baut Oberpfaffelbachen eine wahrhaft gigantische Sprungrampe.

Oberpfaffelbachen gibt es nicht wirklich, nur im Film. „*The Ramp*" heißt der 30-Minuten-Streifen, den BMW ins Netz gestellt hat. Vor allem für den US-amerikanischen Markt gedacht, spielt er mit dem amerikanischen Klischees vom typischen Bayern. Aufwendig ist nicht nur der Film produziert, sondern auch das Drumherum: Das fiktive Dorf Oberpfaffelbachen[148] bekam eine Gemeinde-Webseite, auf der selbst die Werbebanner nicht ins Leere führen. Wer wichtige Protagonisten des Films im Netz sucht, findet sie auch: den Brendl Franz mit seinem Firmenprofil Brendl Events, aber auch auf „Twitter" und anderen Netzwerken ist er aktiv. Der waghalsige Sepp ist mit seiner Firmen-Webseite „Sepp-Stunts" vertreten, und von Jeff Schulz, dem Regisseur, gibt es ein Blog und natürlich einen „Facebook"-Eintrag.

Ein irrsinniger Aufwand, über dessen Resultat sich viele Web-Besucher totlachen können. Und selbst die, denen der Film nicht wirklich komisch vorkommt, haben noch Stoff zum Streiten. Sind 30 Minuten nicht zu lang? Und warum gibt es technische Probleme beim Download? „Ich habe mittlerweile schon von einigen Neugierigen erfahren, dass sie entnervt weitergezogen sind und den Film nicht zu Ende gesehen haben, da er nicht flüssig dargestellt beziehungsweise geladen wird", berichtet ein Blogger. Mächtig beeindruckt aber, das ist unverkennbar, sind alle – der Autobauer punktet, und das nicht nur bei Autofans. Um solche Aufmerksamkeit zu gewinnen, um überhaupt in den Wahrnehmungshorizont einer breiten Öffentlichkeit zu geraten, muss man im Netz nicht nur hervorragend informieren, sondern faszinieren – am besten beides zusammen.

Nicht erst durch diese Kampagne hat sich BMW einen Namen in der Online-Szene gemacht. In München begriff man früh, dass das Web als Kommunikationsplattform Menschen mit gemeinsamen Interessen neue Möglichkeiten bietet. Dort können unkompliziert und schnell virtuelle Gemeinschaften, „Communities of Interest", entstehen, wie sie nur im Netz möglich sind. Das einende Interesse kann sich an einer Sportart festmachen, an einer prominenten Persönlichkeit, an faszinierender Technologie oder auch an einem Markenartikel. BMW hat als eines der ersten Unternehmen die Konsequenz daraus gezogen: Auf den Websites gab es nicht nur Bilder und Informationen, sondern den Sound von BMW-Motoren. Das begeisterte eine unglaublich große Zahl von Autofans in aller Welt. Bald bildeten sich Fangemeinschaften, die die passenden Handy-Töne und MP3-Motorensounds ihrer BMW-Lieblinge zum Download anboten.

Bei BMW ist es inzwischen Routine: Bei der Vorstellung eines neuen Modells wird „Twitter" eingeschaltet, Fotomaterial für „Flickr" vorbereitet, bewegte Bilder für „Youtube" ebenso, und am Ende wird das Ganze auf „Facebook" aggregiert. Das alles kostet nicht viel. Aber es hat einen hohen symbolischen Wert, der durchaus wahrgenommen wird und weit über die einschlägigen Communities hinaus Interesse weckt: Da hat ein Unternehmen den ernsthaften Willen, überhaupt mit Social Media Relations anzufangen, sich von der sicheren eigenen Plattform auf den Konsumenten hin zu bewegen. „Fehlt im Grunde nur die Mobil-Anbindung, der Blog und die Ankündigung mit den gewonnenen Fans den Dialog fortzusetzen", merkte ein Blogger an.[149] Der Lohn ist eine hohe Netz-Reputation.

## Unterhaltung muss sein

Wenn von „viraler Kommunikation" die Rede ist, denken viele gemeinhin an solche Aktivitäten, die nach der reinen Lehre ins Marketing gehören und nicht in die Öffentlichkeitsarbeit – eine Trennung, die unter den Bedingungen des Web 2.0 immer fragwürdiger wird. Der Begriff ist schräg genug, weil er einen Krankheitskeim ins Spiel bringt, wo es um positive Wirkungen geht. Und dann stellen Unternehmen öffentlich „virale Kampagnen" vor, die sie zu starten gedenken, was an sich schon die Wirkung einer vorbeugenden Impfung haben kann. Der Sachverhalt hat übrigens wenig mit dem Internet oder Web 2.0 zu tun: Gute Storys haben sich wohl schon in der Steinzeit wie ein Lauffeuer verbreitet. Nur dass es heute Techniken gibt, sie buchstäblich in Minuten rund um den Erdball zu tragen.

„Viral" wirkt daher auch der spannende Blogbeitrag; oder das Schreiben der Rechtsabteilung der Deutschen Bahn an einen Blogger, eine Veröffentlichung zu unterlassen. In diesem Sinne haben wir die ganze Zeit über nicht anderes geredet als über „virale Kommunikation". Es sind die Inhalte, die über eine mehr oder minder weite Verbreitung entscheiden. Hoher Unterhaltungswert, hoher Nutzwert, spannende Neuigkeiten, prominente Namen – wer diesen Stoff in den Händen hält, muss sich heute schon anstrengen, um die Verbreitung durch Ansteckung zu verhindern.

Voraussetzung für eine „virale Weiterverbreitung" ist, dass klassische Nachrichtenfaktoren erfüllt sind, also zum Beispiel Aktualität/Neuigkeitswert, Nutzen der Information, nicht zuletzt der Unterhaltungswert. Der Unterschied zu klassischen PR-Angeboten ist also nicht groß, nur zielt der Content auf andere Verwendungszusammenhänge – nämlich auf die Verbreitung durch nichtprofessionelle Kommunikatoren, auf den ganz normalen User, der mit einem Klick an seine Freunde weiterschickt, was ihm gefallen hat. Und hier ist, auch wenn schon vor Jahren das Ende der Spaßgesellschaft ausgerufen wurde, Spaß und Unterhaltung immer noch in hohem Maße gefragt. Wer mit Botschaften in der Web-Gesellschaft durchdringen will, kann das nicht mit Bierernst und Verbissenheit schaffen.

„Virale" Verbreitung ist nicht durch das Medium definiert – das können neben bewegten Bildern auch Texte sein, Fotos, Animationen oder auch Spiele. Im Zentrum stehen aber Videospots. Ein geeigneter Spot muss kurz sein und dabei die Botschaft knapp, präzise und eindeutig, aber eher nebenbei herüberbringen. Platte werbliche Aussagen sind kontraproduktiv. Im Zentrum steht die Story selbst, ihr Unterhaltungswert. Aber auch das eindrucksvollste oder lustigste Video auf „Youtube" wird nicht ohne weiteres zum Selbstläufer. Ohne Anstoß passiert gar nichts, das heißt, Kontakte zu den für die Zielgruppe geeigneten Multiplikatoren und entsprechende Hinweise sind wichtig. Eine Vorarbeit, die Wochen oder Monate dauern kann. Über Pressemitteilungen funktioniert das nicht.

## Erfolg bleibt ungewiss

Anstoßen – das war's aber dann auch. Wirklich steuern lässt sich die Verbreitung nicht; wer das Gegenteil verspricht, muss sich nach seiner Seriosität fragen lassen. Das große Problem bei allen „viralen" Ansätzen ist die Tatsache, dass es nicht in der Macht des Absenders liegt, welche Aktion zum Erfolg führt und welche nicht. Selbst Vorhersagen, ob die „Ansteckung" funktionieren wird, sind unsicherer als die Wettervorhersage. Die Leute im Netz entscheiden – jeder einzeln –, ob ihnen das Angebot eine Weiterempfehlung wert ist. Und es gibt erbitterte Gegner, gerade in der Blogger-Szene. Ronie Grob schrieb auf medienlese.com:

„Ich glaube nicht, dass sich Firmen einen Gefallen tun, wenn sie mit Werbebuden zusammenarbeiten, die ihre Kunden mit Viren anstecken möchten. Es ist eine Art von Werbung, die in mir Zweifel am Produkt aufkommen lässt – wer nicht von Anfang an für sein Produkt stehen kann, weckt in mir den Eindruck, etwas zu verbergen."[150]

Es könnte sein, dass „virale Wirkungen" viel besser funktionieren, wenn sie gar nicht von PR- oder Marketing-Strategen erdacht sind, sondern auf das kreative Potential der User zurückgehen. Fake-Werbespots tauchen häufig im Netz auf, also nicht im Auftrag des darin beworbenen oder auch auf den Arm genommenen Markenunternehmens hergestellten Spots; sie reichen von lustig über unternehmenskritisch bis geschmacklos. Eine Fake-Werbung für den Polo, in dem sich zwei Terroristen in die Luft sprengten, brachte VW vor Jahren sogar Drohungen aus der islamischen Welt ein.

> Es war nicht der herstellende Konzern, sondern ein großer Freund schnellen Fahrens[151], der ein kurzes Video über einen Spurt mit dem Audi TT 3.2 auf „Youtube" einstellte. Die Kamera schaut dem Fahrer über die Schulter, das Mikro fängt einen rasch aufröhrenden Sound ein, die Optik vibriert, die Landschaft rechts und links der Autobahn verrauscht zu einem grünbraunen Band – der Zuschauer erlebt fast mit allen Sinnen, wie der Wagen in wenigen Sekunden bis auf Tempo 180 km/h beschleunigt. Innerhalb von drei Monaten haben rund 30.000 Menschen diesen Clip angeschaut, in mindestens 120 Blogs taucht er ebenfalls auf.

Unternehmen reagieren gerne ungehalten oder setzen ihre Anwälte in Marsch, wenn ihr Produkt, ihre Marke oder ihr guter Name zum Beispiel in einem „Youtube"-Video auf die Schippe genommen wird. Dann die Sperrung des Videos zu verlangen, ist in vielen Fällen genau der falsche Reflex, denn das wird schnell zum „viralen Diskussionsthema" im Netz. Besser ist die kontinuierliche Beobachtung des Netzes, der dezente Versuch, das Ruder zu übernehmen, sich vielleicht zu distanzieren, aber unbedingt die Sache laufen zu lassen. Für Unternehmen lohnt es sich immer, zu beobachten, worüber gesprochen wird – dafür hat sich der Begriff „Buzz Monitoring" eingebürgert. Gemeint ist das Erfassen und Filtern von Unterhaltungen und Kommentaren auf Blogs, in Foren, in Chaträumen und auf Bewertungsportalen über eine Firma, eine Marke, eine Dienstleistung oder ein Produkt im Internet. Wer wirklich wissen will, wie im Netz über ihn gesprochen wird, sollte sich das Lauschen angewöhnen!

Bei einer speziellen Art der Unterhaltung, die sich ebenfalls viral verbreiten kann, besteht diese Gefahr nicht: beim Online-Spiel. Gemeint ist hier nicht die „Ingame-Werbung“, also das Platzieren von Werbebotschaften in kommerziellen Spielangeboten, sondern die als „Ad-Games“, „Branded Games“ oder „Werbespiele“ bezeichneten Spiele, die speziell für Kommunikationszwecke entwickelt werden. In der Regel handelt es sich um reine Werbeaktivitäten. Doch das Thema Spielen hat mehr Potential: „Serious Games“ bezeichnen einen Trend zur Verwendung der integrierten Spielelemente für pädagogische Zwecke und/oder zur Wissensvermittlung, aber auch zu PR-Zwecken. Diese Spiele nutzen Technologie und Prinzipien von Computerspielen, um seriöse Inhalte zu vermitteln und Spiele für Aus- und Weiterbildung, Training und Simulation zu nutzen. Viele der Serious Games wollen die Lücke zwischen der Realität und ihrer medialen Abbildung überspringen – beispielsweise das browserbasierte Spiel „Darfur is Dying“. Mit bunter Zeichentrickgrafik will es den Konflikt im Sudan dem Spieler auch emotional näherbringen. Dieser soll ein Flüchtlingslager leiten und dabei sieben Tage lang drohende Versorgungsknappheit und Überfälle berittener Mörderbanden bewältigen.

Ganz ähnlich nutzt das von der UNO veröffentlichte Spiel „Food Force“ die Strategie- und Actionelemente handelsüblicher Computerspiele, um Spielern in sechs Missionen die Arbeit des Welternährungsprogramms (WFP) näherzubringen. Ein ganz anderes Thema greift „Re-Mission“ auf, das die Therapie krebserkrankter Jugendlicher unterstützen soll. Darin wird ein winziger Nano-Roboter namens Roxxi in den Körper eines Krebskranken injiziert, wo er Krebszellen abschießt. Eine Studie, für die 375 an Krebs erkrankte Kinder und junge Erwachsene „Re-Mission“ spielten, hat gezeigt, dass die jungen Patienten mit Roxxis Hilfe mehr über ihre Krankheit erfahren, bessere Blutwerte haben und ihre Medikamente regelmäßiger einnehmen. Da sie eigenhändig mit dem Joystick Tumorzellen vernichten, erleben sie eine Selbstwirksamkeit, die ihnen eine kräftezehrende Chemotherapie allein nicht vermitteln kann. Mit den Animationstricks kommerzieller Computerspiele können es heutige Serious Games meistens nicht aufnehmen, trotzdem finden sie ihre Zielgruppen, und, so schreibt „Die Zeit“: „Aufmerksamkeit wecken – das konnten Spiele schon immer besonders gut.“[152]

„Alternate Reality Games“ (ARGs) sind interaktive Erzählungen, bei denen die Grenzen zwischen Fiktion und Realität stark ineinander fließen.

Zunehmend werden diese Spiele im Marketing eingesetzt. Sie können rein spielerisch-werblich sein wie „The lost ring“: Das Spiel, hinter dem McDonalds steht, beginnt mit einem echten Paket. Es kommt per Post mit einem mysteriösen Inhalt und einer Webadresse; wer diese öffnet, ist mittendrin im Spielgeschehen. Meistens geht es darum, die Ursachen von mysteriösen Ereignissen zu erforschen und dafür Rätsel und andere Aufgaben zu lösen – stets nach dem Motto „this is not a game!“.

Wird ein solches Spiel in eine Marketing-Kampagne eingebettet, so besteht die Chance, dass diese Erfahrung positiv mit der Marke verknüpft wird. Gute Spiele werden sogar von einem wahren Fankult begleitet. Eines der bisher größten und teuersten ARGs hat Audi in den USA verwirklicht. Es ging um die Markteinführung des neuen Modells A3. Die Geschichte begann mit einem gestellten Autodiebstahl. Audi rief dazu auf, bei der Suche nach den gestohlenen Fahrzeugen zu helfen. Rund eine halbe Million Menschen beteiligten sich an einer Jagd quer durch die USA, die immer wieder durch Medien angeheizt wurde. Selbst bei der „International Automobile Show“ in New York, wo das neue Modell angekündigt war, zeigte Audi nur ein großes Schild: „Missing“. Nach drei Monaten endete die Kampagne mit einer Party, bei der die angeblich gestohlenen Autos auf dramatische Weise wieder auftauchten. Business Week schätzte die Kosten des Spiels auf drei bis vier Millionen Dollar – ohne den Aufwand für die crossmediale Begleitkampagne.[155]

ARGs sind aber auch geeignet, ernstere Themen zu vermitteln. Ein Beispiel dafür ist „World Without Oil“[156], bei dem das Szenario einer globalen Ölkrise simuliert wird und die Mitspieler sich in Form von Lösungsvorschlägen beteiligen können. Ziel ist, das soziale Bewusstsein der Teilnehmer zu fördern und alternative Möglichkeiten als Ausweg aus der Ölkrise deutlich zu machen. Dabei kam eine Vielzahl von Ideen, Vorschlägen und Verbesserungen zusammen, die in den verschiedensten Blogs, Foren und auf Webseiten dokumentiert sind. Inzwischen steht dieses Material sogar für Lehrer zur Verfügung, die damit Unterrichtseinheiten gestalten können. Das Spiel wurde 2008 mit dem SXSW Web Award ausgezeichnet.

Vielfältige Anwendungen dieser Art sind vorstellbar. Freilich ist der Aufwand hoch, ansprechende und durchdachte Plattformen in dieser Form ins Web zu stellen und zu betreuen – für eine Zielgruppe von Spielfans, die zwar hochinteressant, aber quantitativ eher klein sein dürfte. Und die Wirkung ist noch unklar, denn die empirische Basis ist bislang einfach zu klein.

## Vom Foto zum interaktiven TV – die Macht der Töne und Bilder

Aus der Werbung ist der Videoclip kaum noch wegzudenken. Doch das bewegte Bild ist generell auf dem Vormarsch. Es ist noch nicht lange her, dass Zeitungen darauf stolz waren, kein einziges Foto auf der Titelseite zu bringen – oder jedenfalls nicht über dem Bruch. Das galt als Ausweis besonderer Seriosität. Heute sind alle Tageszeitungen „Bildzeitungen", und das fast durchweg in Farbe. Eine neue Untersuchung zeigt: Im Jahre 2008 boten 82 Prozent der 100 auflagenstärksten Tageszeitungen auf ihren Websites Videos an – eigenproduziert oder zugekauft. Das ist ein Anstieg um 11 Prozent gegenüber 2007 und sogar um 45 Prozent seit 2006.[157]

Die Entwicklung beschleunigt sich selbst.[158] Wo viele Mediennutzer das Netz mit eigenproduzierten Filmwerken überschwemmen, haben sie kaum noch Verständnis dafür, dass Medien mit purem Text und Standbild daherkommen. „Video first" heißt die Devise der Zukunft. Wie bisher schon das herausragende Foto zum Grund für einen Bericht werden konnte, wird es künftig das exzellente, spektakuläre Video sein. Die bewegten Bilder gelten mehr denn je als authentischste Darstellung von Wirklichkeit. Ihre Dramaturgie folgt den Regeln der menschlichen Rundum-Wahrnehmung, mit allen Vor- und Nachteilen der Emotionalisierung, Manipulation oder Suggestion. Nicht ohne Grund sah das Bundesverfassungsgericht in seinen Medien-Urteilen hier stets auch einen besonderen Regelungsbedarf – die gesellschaftspolitische Relevanz der Fernsehbilder fordere das. Heute sind Fernsehkanäle kein knappes Gut mehr, das Internet bietet sich als Low-Cost-Verbreitungsweg an und die Produktion von Videos kostet nicht mehr viel – außer eine Menge Kreativität. Für das Kommunikationsmanagement hat das weitreichende Konsequenzen. Die meisten Organisationen „lösen" die Probleme, indem sie nicht darüber nachdenken.

Jedes Unternehmen wird damit, ob es das will oder nicht, auch zu einem Medienunternehmen. Dabei ist es ganz nebensächlich, ob die benötigten Produktionskapazitäten im eigenen Haus aufgebaut oder als Dienstleistung in Anspruch genommen werden. Entscheidend ist: In der Organisation muss Kompetenz für den Umgang mit dem neuen Instrumentarium sichergestellt werden. Das bedeutet weitaus mehr als eine entsprechende personelle Weiterentwicklung der Kommunikationsstäbe. Es braucht die Menschen, die sachverständig hinter dem Set arbeiten – aber auch die Protagonisten für den Auftritt vor der Kamera, und das ist die größere Herausforderung.

## Menschen stehen für das Unternehmen

Die Kommunikation der Organisationen aller Art wird im Internetzeitalter aus den Schreibstuben heraustreten müssen – das gilt für die externe wie die interne Kommunikation. Immer häufiger werden Journalisten nicht mit Notizblock und Stift, sondern mit der Videokamera zum Interview antreten, werden Videojournalisten mit ihren Themen an die Tür klopfen. Derzeit schulen schon Regionalzeitungen die Redakteure von Außenredaktion in solcherart multimedialer Umsetzung von Themen. Ein viel gelobtes Beispiel liefert der „Kölner Stadt-Anzeiger", der in seiner Online-Version gut gemachte Lokalberichterstattung in TV-Qualität unter dem Namen „Rheinblick" offeriert (ksta-online.de). Die Pressestellen werden von sich aus immer mehr Ton- und Videomaterial anbieten müssen.

Und das bedeutet: Die Organisation muss sich selber ein Stück weit ändern, sich den Anforderungen der personalen Kommunikation unterwerfen müssen. Werden Bewegtbild und Ton zum zentralen Mittel der Außendarstellung, können nicht abgefilmte Produkte, Szenen aus der Produktion und der Off-Ton professioneller Sprecher die Transporteure einer Botschaft sein. Dann müssen stärker als heute Menschen das Unternehmen verkörpern. Niemand will allerdings gut geschulte und geschmeidige PR-Leute als Sprecher sehen – viel spannender sind je nach Thema der Umweltbeauftragte, der Entwicklungs- oder der Personalchef.

In der Nonprofit-PR ist das schon recht verbreitet: Da tritt heute bereits die fachliche Kompetenz an die Rampe. Auch in der Politik agieren die Sprecher fast nur noch im Hintergrund. Die Masse der Unternehmen ist längst noch nicht so weit. Auch hier werden leitende Mitarbeiter viel stärker zu Kommunikatoren werden müssen, während die PR-Leute sich mit der Rolle der Coaches und Berater begnügen. Dieses Zurücktreten fällt schwer, nachdem sich die PR-Abteilungen, wie es in dem einen oder anderen Fachbuch zu lesen ist, „mühsam die Kommunikationshoheit erstritten" hatten.

Die Reputation der Führungskräfte gilt ja längst als Erfolgsfaktor, als kalkulierbarer Unternehmenswert. Bis zu einem Viertel des Firmenwertes, wollen Untersuchungen ermittelt haben, ist direkt von dem Ruf des Spitzenmanagers abhängig. Die Führungsfigur steht in der Öffentlichkeit für die positive oder negative Wahrnehmung des Unternehmens. Leider ist ebenso gewiss: Nicht jeder Chef oder jede Chefin hat das hilfreiche Charisma, ist beredt, witzig und blüht im Rampenlicht geradezu auf. Allenfalls übergangsweise wird es mit einem Training „Wie agiere ich vor der Kamera" für die Führungsriege getan sein. Auf Dauer wird die Medientauglichkeit zu einem ebenso wichtigen Eignungskriterium für Führungspositionen werden wie die fachliche Kompetenz und Durchsetzungsfähigkeit. Wer nicht locker vor die Fernsehkamera treten, nicht verständlich und ein wenig salopp formulieren, nicht spontan, freundlich, menschlich, authentisch und zugleich kompetent wirken kann, wird irgendwann für die erste Reihe nicht mehr in Frage kommen, so gut er sonst auch sein mag. Öffentlichkeitsarbeit wird damit in letzter Konsequenz endgültig zu einer Führungsaufgabe, wie sie es in der Politik schon lange ist: Jedes Unternehmen, jeder Verband wird seine Medienfrontleute brauchen, um wirksam kommunizieren zu können.

## Crossmediales Publizieren – die neue Rolle der Printmedien

„Holzmedien" ist ein Wort, das sich noch nicht im Duden findet. Es ist die verächtliche Bezeichnung der Internetgemeinde für alle Arten gedruckter Medien (sogenannte Printmedien), sprich: Bücher, Zeitschriften, Zeitungen etc. Sie benötigen Papier, und für die Papierherstellung wird Holz gebraucht. Darin schwingt die Vorstellung mit, alles Gedruckte sei überholt, weil das Internet inzwischen mehr und aktuellere Information anbietet, als es Zeitungen und Bücher jemals könnten. Ob diese Vorstellung richtig ist, sei dahingestellt. Auf längere Sicht bleiben Bücher, Zeitschriften und Zeitungen für viele Menschen unverzichtbar. Nischen wird es ohnehin immer geben, aus Notwendigkeit, aus kulturästhetischen oder auch aus nostalgischen Gründen. Davon abgesehen aber sollten wir nicht vergessen, dass kein geringer Teil der soliden Information, die ins Internet einfließt, der professionellen Arbeit von Printredaktionen zu verdanken ist.[159]

Hier geht es um das symbiotische Verhältnis, das die neuen und die alten Medien zwangsläufig entwickelt haben. Das ist auf dem Markt der kommerziellen Medien so, und das kann bei den Publikationen von Unternehmen und Organisationen aller Art nicht anders sein. Als das Fernsehen aufkam, schafften es die Tageszeitungen jahrzehntelang, so zu tun, als ob es die Konkurrenz gar nicht gäbe. Gegenüber dem Medium Internet haben sie sich schnell geöffnet – Serviceartikel ohne weiterführende Links sind schon seit einem Jahrzehnt kaum noch vorstellbar. Net-Ereignisse sind Gegenstand der Berichterstattung und Kommentierung, und mittlerweile greifen aktuelle Medien häufig Themen auf, die auf viralem Wege im Web 2.0 hochgekommen sind.

Diese Abhängigkeit ist aber wechselseitig. Was hätten Blogger zu kommentieren, analysieren und diskutieren, wenn es Fernsehen und Zeitungen nicht gäbe? Das Internet-Kulturmagazin „perlentaucher.de" lebt gut davon, die Feuilletons der Edelmedien auf „Perlen" abzusuchen und User in einer knapp gehaltenen Kurzinformation auf Rezensionen und Berichte hinzuweisen.

Printmedien verlängern sich ins Internet, Internetangebote verweisen auf Printtexte – das alles läuft unter dem Stichwort „Crossmedia" inzwischen bereits in recht eingefahrenen Bahnen. Und deshalb muss auch PR heute crossmedial denken – nach außen wie nach innen, beim Umgang mit fremden wie mit eigenen Medien. Wer dies heute fordert, handelt sich ein mildes Lächeln ein – wie kann man über Selbstverständlichkeiten überhaupt reden?

## Corporate Publishing im Media-Mix

Wer jedoch genauer hinschaut, sieht es nur allzu deutlich: Es ist nicht weit her mit der Crossmedialität. Ein schweifender Blick auf neue PR-Produkte genügt, um den Beweis anzutreten: Ein Kundenmagazin oder auch ein Mitarbeitermagazin im Jahre 2009 als reines Printmedium zu konzipieren, ist ein Anachronismus – und doch geschieht es am laufenden Band. Diese gedruckten Medien – solche für Kunden wie für Mitarbeiter – sind keinesfalls überflüssig geworden, sondern spielen eine neue Rolle: Sie ergänzen und flankieren das Online-Medium. Und sie erreichen nach wie vor Menschen, die an der neuen Medienwelt keinen Anteil haben. Die Problemstellung nach innen und nach außen ist allerdings ein wenig verschieden.

Professionelle Kundenzeitschriften und -magazine sind nach wie vor für die Kundenbindung äußerst hilfreich. Ihre Leser sind dem Unternehmen gegenüber loyaler eingestellt, weniger wechselwillig und haben eine deutlich höhere Bereitschaft, Produkte oder die gesamte Firma weiterzuempfehlen. Allerdings: Der Aufwand ist hoch, wenn man es richtig machen will. Denn der Kampf der Medien um die Gunst des Lesers ist gnadenlos. Lesezeit ist kostbar. Unverlangte Zusendungen wie Kundenzeitschriften werden nur gelesen, wenn die gebotenen Inhalte möglichst genau die Interessenlage einer Zielgruppe treffen, wenn sie erkennbar einen Nutzwert besitzen und schnell zu erfassen sind.

Eine Kundenzeitschrift muss mit den konkurrierenden kommerziellen Medienangeboten in ihrem Markt schon mithalten können – sie muss sogar herausstechen, damit der potentielle Leser sie in der Fülle der täglich zu verarbeitenden Informationen überhaupt wahrnimmt. Hervorragende Optik, journalistische Qualität und erstklassige Inhalte sind Voraussetzung dafür, dass Kundenzeitschriften als ein hochwirksames Instrument zur Imagebildung und Kundenbindung wirken können. Das muss in einer sich schnell ändernden Medienwelt ständig überprüft und hinterfragt werden.

Wo jeder Internetnutzer zum potentiellen Content-Produzenten wird, hat auch jedes Unternehmen die Chance, im Netz seine Themen zu bearbeiten und damit bestehende wie auch ganz neue Dialoggruppen zu erreichen – das gilt insbesondere für die Kommunikation mit den Kunden. Das umfasst Print- und Online-Medien, die nicht voneinander zu trennen, sondern auf einander bezogen sind. Ins Zentrum rücken dabei immer stärker die Online-Medien, die allerdings auf absehbare Zeit nicht ohne die Flankierung durch Printmedien auskommen. Nach wie vor sinnvoll ist die Unterscheidung zwischen Internet und externer Medienkommunikation – sofern klar ist, dass es sich keineswegs um völlig separierbare Welten handelt. Das Internet ist für beide Bereiche der Dreh- und Angelpunkt. Durch die Vernetzung und einheitliche Ausrichtung aller Publikationen eines Unternehmens (online und offline) wird Corporate Publishing zu einem wirksamen Instrument des Customer-Relationship-Managements.

Über 34 Prozent der Deutschen lesen mehrmals im Monat Kundenzeitschriften, die von Unternehmen, Verbänden oder Organisationen herausgegeben werden – etwa Info-Magazine in der Apotheke, im Reformhaus, das Magazin ihrer Krankenkasse und ihrer Bausparkasse oder bei langen Zugfahrten das Kundenmagazin der Deutschen Bahn. Diese Magazine informieren unterhaltend durch erstklassige Texte, sie brauchen aber heute die Fortschreibung ins Internet, ein Online-Pendant, das durch seine Dialogfunktionen besonders geeignet ist, eine aktive Kundenbeziehung aufzubauen und zu intensivieren. Denn Coupons ausfüllen, Postkarten schreiben, Briefmarken aufkleben – das sehen jedenfalls jüngere Menschen im 21. Jahrundert nicht mehr ein.

Im Internet-Kundenmagazin findet der Nutzer keine Themendoubletten, sondern neben viel eigenständigem, aktuellem Inhalt die Fortführung von Themen mit den zusätzlichen Möglichkeiten des Mediums: attraktive Videos, ganz andere Formen von Gewinnspielen und Unterhaltung, weiterführende Links, Abonnement-Angebote für aktuelle Informationen über RSS-Feeds oder E-Mail, nicht zuletzt die Möglichkeit, unaufwendig seine Meinung zu sagen und Fragen zu stellen. Das Online-Magazin motiviert bei häufiger Aktualisierung zu wiederholten Nutzerbesuchen. Solche Crossmedia-Publikationen sind Teil ganzheitlicher Corporate-Publishing-Strategien, die Kunden dauerhaft zu binden versuchen. Online-Umfragen, Votings, E-Mail-Feedback und Auswertungen der Seitenzugriffe (Logfiles und User-Tracking) gewährleisten eine direkte Erfolgskontrolle und helfen Inhalte zu evaluieren und der Zielgruppe anzupassen. Um glaubwürdig zu sein, müssen sie sich möglichst weitab üblicher Werbepostillen positionieren. Mangelnde Qualität schadet hier dem Image des Unternehmens.

Bei größeren, stark differenzierten Organisationen reicht ein Medium der Kundenkommunikation häufig nicht aus. Möglicherweise fordert der B-to-B-Bereich eigenständige Medien, bei denen der Schwerpunkt stärker in der fachlichen Informationsvermittlung zu Produkten und Dienstleistungen sowie deren Einsatzmöglichkeiten liegt. Im Einzelfall ist zielgruppenabhängig zu entscheiden, ob hier die reine Online-Kommunikation ausreicht oder ein begleitendes Printmedium sinnvoll erscheint.

Kundenzeitschriften sollen Lesernutzen schaffen, und das funktioniert bei unterschiedlichen Produkten und Zielgruppen auf unterschiedlichen Wegen recht gut. Einerseits geht es um Unterhaltungsnutzen – interessant aufbereitete Inhalte, erstklassige Fotostrecken oder haptische Eindrücke. Andererseits bedarf es zielgruppenspezifisch relevanter, journalistisch aufbereiteter Informationen. Bei alledem geht es immer auch darum, die Kommunikationsziele des Absenders und die Kommunikationsbedürfnisse der Leser auf einen Nenner zu bringen.

Die multimedialen Möglichkeiten des Web 2.0 haben hier die Palette der Möglichkeiten verbreitert. Wer Corporate Publishing (CP) betreibt, ist gut beraten, sich der verändernden Mediennutzung zu stellen. Die Herausgeber müssen klären, welche Informationen sie über welche Kanäle an welche Zielgruppe zu welchem Zeitpunkt verbreiten. Da punktet das Web sicherlich dank Bewegtbildern oder Interaktionsmöglichkeiten mit Animationsnutzen. Vor allem die Möglichkeiten des Dialog-Marketings sind im Vergleich mit den Zeiten des Coupons und der Postkarteneinsendung enorm gewachsen. CP-Medien sind Produkte, die erst im „Crossmedia-Mix" ihre volle Wirkung entfalten. Wer dagegen anspruchsvolle Inhalte kommuniziert, wird dies in vielen Fällen besser auf Papier tun und möglicherweise online mit abrufbaren Visuals flankieren.

## Mitarbeiterkommunikation auf neuen Wegen

„Über 93 Prozent der in einer Studie befragten deutschen Kommunikationsmanager sehen in einer professionell produzierten Mitarbeiterzeitschrift das wichtigste Instrument der internen Unternehmenskommunikation." So heißt es auf der Homepage einer Firma, die solche Medien gestaltet. Und: „Journalistisch und gestalterisch muss die Zeitschrift den Interessen und Erwartungen der Mitarbeiter entsprechen." Wie schwierig bis unmöglich letzteres ist, weiß jeder Praktiker. Hinter vorgehaltener Hand gibt auch so mancher Verantwortliche zu, wie wenig überzeugt er ist von dem, was er abliefern muss. Und die Redakteure leiden regelrecht (so lange sie jung und engagiert sind) unter dem Spagat, eine professionell gemachte Zeitung, eine Zeitschrift oder ein Magazin machen zu sollen – ohne journalistisch arbeiten zu dürfen.

Das Problem liegt nicht in der Hochglanzgestaltung. Schwierigkeiten macht der hochgepriesene journalistische Ansatz. Der Widerspruch lässt sich nicht idealistisch auflösen: Da hilft keine Überzeugungsarbeit im Unternehmen, im Sinne der Glaubwürdigkeit müssten Chefs auch kritische Töne aushalten, wirklichen Dialog zulassen und so weiter. Die Analyse selbst gut gemachter Magazine bringt immer wieder das gleiche unbefriedigende Ergebnis: Wer mag eigentlich die seitenlangen Interviews mit den Chefs lesen, in denen er in einer unsäglichen Managementsprache auf Stichwörter zur Unternehmensstrategie eingeht?

Es handelt sich eben gar nicht um ein ernst gemeintes Interview. Da geht kein Journalist kritisch dazwischen, die Fragen sind offenkundig Formalität – Stichwortgeberei. Die Mitarbeiter sind nicht dumm, sie merken, wenn ein Interview eigentlich ein Monolog ist, wenn der Rückblick aufs vergangene Jahr die Probleme ausspart, wenn die Entwicklungsabteilung ihre Arbeit hochjubelt, obwohl die Konkurrenz technisch um Jahre voraus ist. Sie fühlen sich auf den Arm genommen, wenn Reportagen aus der Arbeitswelt Idyllen schildern, denn sie kennen die Wirklichkeit. Sie merken, dass sie selber als bunter Content im Blatt erwünscht sind – von der Fußballmannschaft bis hin zum Literaturzirkel am Feierabend –, aber nicht als verantwortlich mitdenkende Mitarbeiter, die auch Kritik äußern.

Leser wissen durchaus, was Journalismus ist, und sehen, wo Journalismus vorgetäuscht wird. Gerade die Printmedien – das ist der Kern des Problems – stehen ja für eine kulturelle Tradition: Sie decken auf, kritisieren, schildern auch Aspekte der Realität, die nicht schön und nicht erfreulich sind. Das ist wohlgemerkt nur ein Teil des Themen-Mix von klassischen Zeitungen und Zeitschriften – wo der aber völlig fehlt, ist das Verdikt glasklar: ein Käseblättchen!

Schuld daran haben am wenigsten die Macher dieser Mitarbeiterzeitschriften – sie wissen am besten um die Achillesferse und sind auf ihren Job angewiesen. Den großen Vorstandsvorsitzenden unterbrechen? Kürze und Verständlichkeit anmahnen? Kritische Fragen stellvertretend für die Mitarbeiter stellen? Das macht man nur einmal. Schuld daran haben nicht immer die Verantwortlichen in den Führungsetagen: Selbst wenn ein Vorstandsvorsitzender ein kritisches Mitarbeitermedium aus Überzeugung tolerieren wollte, in der zweiten oder dritten Managementreihe will das niemand hören. Denn dort sitzen die operativ Verantwortlichen, die sich ungern Fehler nachweisen lassen – das behindert den Aufstieg. Will sagen: Organisationen in Deutschland (und wohl auch anderswo), wie sie heute beschaffen sind, halten eine Mitarbeiterpublizistik mit selbst kontrollierter Gestaltungsfreiheit, halten ein ernsthaft dialogorientiertes Medium nicht aus.

Das Dilemma ist nicht wegzureden, deshalb sind neue Wege gefragt. Viele Unternehmen haben seit Jahren mit ihrer Mitarbeiterkommunikation den Weg ins Netz gewagt, manche haben das gedruckte Mitarbeitermagazin gleich ganz gestrichen, was manchmal recht und öfter schlecht funktionierte. Andere versuchen sich mit crossmedialen Konzepten, die bei näherem Hinsehen oft gar keine sind.

Das gedruckte Mitarbeitermedium behält seine Berechtigung, nicht nur da, wo größere Belegschaftsteile computerfern arbeiten. Aber es muss mit der multimedialen Mitarbeiterkommunikation im Intranet eng verzahnt und in seinen Aufgaben neu definiert werden. Die Betonung liegt auf multimedial. Information im Unternehmensnetz ist schnell und aktuell, das gilt es zu nutzen. Mitarbeiter überzeugen, motivieren und an das Unternehmen binden kann man damit alleine nicht. Für den Transport emotionaler aufgeladener Botschaften, und darum geht es, eignen sich Darstellungsformen des Fernsehens besser als gedruckter Text. Bewegtes Bild und Ton – die Präsenz und Unmittelbarkeit von Menschen, die für das Unternehmen stehen, lassen sich heute recht unaufwendig herstellen. Video-Streams, sinnvoll eingesetzt, wirken besonders authentisch – es muss nicht gleich richtiges Unternehmens-TV sein.

Das Live-Interview mit dem Vorstandsvorsitzenden hört sich leichter, als es sich lesen lässt; und wenn der Chef halbwegs eine Persönlichkeit ist, wird er mit Mimik und Gestik einiges davon über den Bildschirm bringen. Die Reportage aus der Arbeitswelt mit Kamera und Mikrofon gibt das Gefühl, vor Ort mit dabei zu sein, und wird deshalb viel unkritischer gesehen, als ein bemühter Bericht gelesen würde. Und selbst für die Nachrichtengebung eröffnen sich mit bewährten TV-Formen wie „NIF" (Nachricht im Film) oder gestalteten Kurzbeiträgen neue Welten.

Das ganze Repertoire der Fernsehformate steht zur Verfügung – vom Magazin bis zur Talkshow. Und hier schließt sich der Kreis: Die Erwartungshaltung der Menschen gegenüber elektronischen Medien, ihre Nutzererfahrungen sind völlig andere als bei den Printmedien. Für das Fernsehen gehört kritischer Journalismus, Enthüllung und Analyse viel weniger zum Kerngeschäft. Solche Ansprüche sind zwar nicht ausgeschlossen, werden vom Publikum aber auch nicht zwingend erwartet.

Zusätzlich ist der Rückkanal eine neue Dimension: Der ernsthafte Dialog mit den Mitarbeitern gehört dazu, die Kommentarmöglichkeiten für alle Angebote, der Mitarbeiter-Blog und/oder der CEO-Blog. Alles das ist natürlich mit Risiken behaftet, aber auch mit großen Chancen verbunden – und auf jeden Fall im geschlossenen Netz leichter im Griff zu behalten als alle früher oder später gescheiterten Versuche, über Printmedien den Dialog zwischen Unternehmensleitung und Mitarbeitern zu suchen.

So liegt es auf der Hand, dass das Netz mit seinen vielfältigen Möglichkeiten ins Zentrum der Mitarbeiterkommunikation rückt. Für das gedruckte Magazin erwachsen hieraus ein neues Selbstverständnis und eine neue Funktion: Die MAZ wird im Kern zum „Programmheft" für das Angebot des Unternehmens im Netz. Was aber keineswegs bedeutet, dass sie bloß eine Hinweisfunktion hätte und weitgehend frei von Inhalten wäre. Im Gegenteil: Wenn das Blatt den Ballast anspruchsvoller printjournalistischer Darstellung abwirft, gewinnt es neuen Spielraum und Freiheiten. Für das ausführliche Video-Interview mit dem höchsten Boss wird die Zeitschrift auf dreißig bis fünfzig Zeilen durch eine knackige und gut lesbare Zusammenfassung von Kernaussagen werben können. Auf die Reportage aus dem Montagewerk macht sie vielleicht Lust mit einem kurzen Porträt einer Mitarbeiterin, die bei den Dreharbeiten involviert war und von ihren Eindrücken erzählt. Und zu einem aktuellen Thema einige originelle Blog-Beiträge zusammenzustellen kann auch einen lesenswerten Text ergeben.

Um diese Kernfunktion des Programmhefts kann sich einiges an Rubriken ranken: von kurzen, knappen Servicethemen über Fotoreportagen bis hin zur populären Erläuterung besonders abstrakter oder komplexer Themen, die durch gedruckten Text immer noch am besten und nachhaltigsten zu vermitteln sind. Schreiberische Qualitäten bleiben also unbedingt gefragt. Es kommt aber darauf an, die unterschiedlichen Stärken von Print und neuen Online-Möglichkeiten sinnvoll zu nutzen. Die Details muss eine an der Situation eines konkreten Unternehmens orientierte Konzeption klären.

## Von der Pressemitteilung zum digitalen Newspool

Eines ist sicher: Die Vertreter der Medienunternehmen müssen von ihrem hohen Ross herunter. Monopole sind schön für den, der sie hat, aber sie sind niemals für die Ewigkeit. War die Pressefreiheit früher das Privileg von Leuten, die sündhaft teure Druckmaschinen kaufen konnten oder über aufwendige Sendetechnik verfügten, so ist heute auf breiter Front der Ich-Verleger möglich geworden. Wer gut schreiben oder interessante Videos produzieren kann, findet seine Leser oder Zuschauer, ganz ohne Verlag und ohne Kapitaleinsatz – meist freilich auch ohne nennenswerten finanziellen Nutzen. Wer demokratisch denkt, kann das nicht bedauern – was aber nicht heißt, dass die Folgen allesamt erfreulich sein müssen. „Internet – das ist die Befreiung von Öffentlichkeit, mit allen negativen Seiten. Das lässt sich auch nicht mehr nehmen, jeder wird selbst zu einem Medium", so sieht es Thierry Chervel, einer der Macher von „perlentaucher.de".

Da hilft es wenig, wenn die alten Medien verbissen versuchen, die Tore geschlossen zu halten. Rückzugsgefechte werden auch mit juristischen Mitteln geführt. So verbündeten sich die Konkurrenten „F.A.Z." und „Süddeutsche Zeitung", um gegen das Internet-Kulturmagazin „perlentaucher.de" zu klagen. Der Vorwurf der Platzhirsche: Der Perlentaucher dürfe keine Zusammenfassungen ihrer Rezensionen verkaufen. Thierry Chervel argumentiert: „Es ist das Metier des Journalisten, Neuigkeiten weiter zu tragen." Im Übrigen sieht er die neuen Probleme philosophisch: „Die Veränderung ist so radikal wie zuletzt durch den Buchdruck. Wird sie nur positiv sein? Der Buchdruck schuf die freie Öffentlichkeit. Und die Inquisition."[160]

In der verschärften Konkurrenzsituation lassen der Wille und der Zwang, um jeden Preis Geld zu verdienen, journalistische Standards unter die Räder kommen. Die Trennung von Berichterstattung und Werbung wird nur noch selten wirklich ernst genommen. Ob Texte für ein Reisespecial oder Fotos für die Bebilderung einer Gesundheitsserie – kostenlos gelieferte Inhalte werden auch von vielen Tageszeitungen dankend angenommen. Oftmals werden ganze PR-Texte unredigiert übernommen, weil angesichts der Unterbesetzung niemand Zeit hat, nachzuprüfen oder umzuschreiben.

Die Folge: Freude bei den PR-Profis und Missvergnügen bei den Redakteuren, die von Rechercheuren und Schreibern zu Content-Managern werden und immer mehr zusehen müssen, dass sich erfolgreiche Web-Magazine und Blogger genau um das kümmern, was Aufgabe der Medien sein sollte. Es wird immer leichter, abseits allen journalistischen Nachrichtenwerts Dinge zu lancieren – durch professionelle Themenaufbereitung und zur Not gegen Anzeigen oder Bargeld. Kooperation mit PR-Agenturen und Unternehmen vor allem in vielen Online-Medien sind an der Tagesordnung. Ein Sieg der PR über den journalistischen Informationsanspruch? Man kann darin auch einen Pyrrhus-Sieg sehen, denn die zahlenden Nutzer der kommerziellen Medien merken es und sind verstimmt. Qualitätsverlust beschleunigt den ohnehin kaum aufzuhaltenden Rückgang der Reichweiten.

Noch ein Schritt weiter: Die Medien selber treten tendenziell als Konkurrenz der PR- und Werbe-Agenturen in Erscheinung beziehungsweise sie dienen sich als Dienstleister selber den PR-Stellen an. Denn sie haben das Know-how und brauchen das Geld zum Überleben. Doch im Multimedia-Bereich erreicht dies schon eine neue Qualität. Da viele Zeitungsverlage gezwungen sind, in Multimedia-Ressourcen zu investieren, machen sie sich um die Refinanzierung dieser Ausgaben Gedanken. So übernehmen die neuen „Video-Journalisten" neben den kritischen Videoberichten auch die Auftragsproduktionen für Politik, Unternehmen und Verbände. Die Grenzen zwischen Medien und PR lösen sich auf.

Die PR- und Kommunikationsexperten hätten es in der Hand, verantwortungsvoll mit den neuen Möglichkeiten umzugehen, die sich ihnen bieten. Die Herausforderung besteht darin, zugleich die Journalisten bei ihrer Tätigkeit und der Wahrung ihrer Unabhängigkeit zu unterstützen und auf diese Weise die eigenen Ziele zu erreichen. Dies gelingt vor allem dem, der sich in den Redakteur und die Leser hineindenkt. Vielleicht mag es auf den ersten Blick erfreuen, seinen unredigierten, werbelastigen PR-Text auf der Online-Seite einer bekannten Tageszeitung wiederzufinden. Langfristig werden PR-Schaffende aber nur erfolgreich sein, wenn sie den Redakteuren, die extern erstelltes Material benötigen, nach journalistischen Maßstäben professionell aufgearbeitete Themen liefern.

### Die Arbeitsbedingungen verschlechtern sich

Deutsche Journalisten sind konservativ – das ist nichts Neues. Und so waren sie nicht gerade die Vorreiter der Web-Nutzung. Bis heute gibt es eine Menge Vorurteile gegen die abenteuerlichen Dinge, die sich im Web vollziehen und den eigenen Arbeitsplatz gefährden. Trotzdem sind die meisten Journalisten nicht technikfeindlich und nutzen, was der Fortschritt ihnen bietet. Nicht selten allzu unkritisch, wenn heute Redaktionsleiter darüber klagen, dass gerade junge Kollegen dazu neigen, Recherche nahezu mit „googlen" gleichzusetzen. Wenn es eine Beweises bedurft hätte: Die als Scherz gedachte Manipulation des Wikipedia-Eintrags über Karl-Theodor Maria Nikolaus Johann Jacob Philipp Franz Joseph Sylvester Freiherr von und zu Guttenberg, die dem frisch gebackenen Bundeswirtschaftsminister für einige Stunden in zahlreichen Medien zu einem weiteren, falschen Vornamen *Wilhelm* verhalf, hat ihn geliefert.

Für die Pressearbeit bestimmend sind die Arbeitsbedingungen und Anforderungen der professionellen Redaktionen. Und die verändern sich gerade massiv: Newsdesk-Strukturen bringen bei den Tageszeitungen neue Arbeitsteiligkeiten und Verantwortlichkeiten. Vielerorts wird ein kleinerer Teil der Redakteure zu „Produktionsredakteuren", ähnlich dem amerikanischen „editor", ein größerer zu „Reportern", die fürs Recherchieren und Schreiben zuständig sind. Vielfach müssen sie crossmedial zu arbeiten lernen, weil sie Themen fürs Printmedium wie fürs Internet aufbereiten und manchmal dafür auch Ton- und Bewegtbildbeiträge beibringen müssen. Gleichzeitig werden professionelle Redaktionen nicht etwa aufgestockt, sondern ausgedünnt. Kleine Stäbe von Innendienst-Redakteuren, das ist der Trend, leiten einen flexibel einsetzbaren Pool von (immer öfter freiberuflich tätigen) Reportern, Videojournalisten und Fotografen an.

Auf Seiten der Journalisten werden die Zeitressourcen für umfängliche Recherchen, aber auch für Pressekonferenzen und Termine aller Art knapper. Immer mehr Zeit verbringen auch die Medienprofis vor dem Bildschirm, wo die Angebote der Nachrichtenagenturen und die meisten Pressemitteilungen per E-Mail zusammenlaufen und entscheidende Ressourcen für die Recherche verfügbar sind. Auch die Medien hängen am Tropf von Google & Konsorten, auch wenn Journalisten das noch so gerne bestreiten. Weblogs, RSS und Podcasts sind auf dem Vormarsch – insgesamt in der Prioritätenliste der Informations- und Themenquellen aber noch ziemlich weit unten.

Zu unterschiedlichen Lösungen kommen die verschiedenen Medienhäuser beim Thema Crossmedia: Bei den Tageszeitungen überwiegt zur Zeit die Tendenz, dass alle Redakteure perspektivisch in der Lage sein müssen, ihre Themen multimedial umzusetzen, das heißt, bei der Führung des Interviews gleich das Videomaterial zu drehen, das Interview als Text zu verschriftlichen, daraus einen Online-Kurztext zu machen, das Videomaterial zu einem Beitrag zu schneiden, eventuell sogar aus dem nicht verwendeten Tonmaterial einen „Audiostream" zu schneiden.

Auch in dieser neuen Internetwelt wollen trotz wachsender Bedeutung des Internets immer noch die Regeln und Bedürfnisse der „alten" Medien beachtet sein, auch die Gefühlslage der Journalisten. Diese fühlen sich vernachlässigt, wenn sie Pressemitteilungen zu Themen erhalten, über die sie schon (wenn auch anders geschriebene) Texte im Internet gelesen haben. Vorläufig bleibt es deshalb sinnvoll, den Medien Informationen als Pressemitteilung, das heißt in streng nachrichtlicher Aufarbeitung und Diktion, zu übermitteln. Die Nachrichtenform ist und bleibt der gemeinsame Nenner der Medien. Professionell getextet, bietet sie die beste Chance, dass journalistische Profis den Nachrichtenwert einer Information erkennen und sie unaufwendig verwerten können.

Problematisch ist allerdings die wachsende Flut der Pressemitteilungen. Nie war es so einfach und kostengünstig, Pressemitteilungen per E-Mail massenhaft in die Welt zu streuen. Gute Pressearbeit soll aber die Tätigkeit der Journalisten erleichtern und nicht erschweren. Wer ohne Rücksicht auf den Nachrichtenwert und unter Verzicht auf qualifizierte Verteilerarbeit Presseaussendungen verschickt, muss sich nicht wundern, wenn Journalisten den Absender per Spam-Liste ausfiltern.

### Der Internetauftritt als Bindeglied

Der Internetauftritt ist heute zweifellos das zentrale Bindeglied zwischen Unternehmen und Medien. Und das trotz all der Fehler in der Online-Kommunikation, die eine Menge Studien in den zurückliegenden Jahren immer wieder aufgezeigt haben: Schlecht aufbereitete Dokumente, nicht druckbares Bildmaterial, veraltete Pressemitteilungen, fehlende Ansprechpartner – es gibt die Defizite immer noch, aber der Fortschritt ist sichtbar. Die grundlegenden Anforderungen haben sich herumgesprochen, auch wenn die Umsetzung vielfach Schwächen hat – aber wo gibt es die nicht. Dass sich immer noch manche Firmen überhaupt keinen Pressebereich leisten, geschweige denn einen professionellen – damit müssen diese Firmen leben.

Wer an der Kommunikation mit Medien interessiert ist, muss dies heute mit einem professionellen Online-Pressebereich auf der Einstiegsseite eindeutig kundtun. Übersichtlicher Aufbau mit klarer Untergliederung (Presseinformation, Pressekontakt, Pressespiegel, Pressefotos und so weiter), mediengerechte Aufbereitung der Inhalte – über Selbstverständlichkeiten wollen wir hier nicht reden. Auch nicht darüber, dass die „Bitte“ um Akkreditierung eine Zumutung ist und von vornherein den wahrscheinlich richtigen Eindruck erweckt: Hier schottet sich ein Unternehmen ab. Wenn es ein Automobilhersteller ist, lässt man den Besucher mit dem Auto einer anderen Marke wahrscheinlich nicht einmal auf den Besucherparkplatz. Der Nutzen, billig zu einem qualifizierten Presseverteiler zu kommen, wiegt den Schaden nicht auf. Noch eine Steigerung gibt es: Pressemitteilungen zur Verbreitung entgeltlich (!) an PR-Portale zu vergeben, die ihrerseits wieder eine Akkreditierung von Journalisten verlangen. Solches zeigt nur, dass diese Unternehmen nicht verstanden haben, wohin die Reise geht.

Ein paar deutliche Worte:

*Erstens:* Journalisten haben nicht das mindeste Verständnis dafür, sich bei jeder Hinz und Kunz GmbH + Co. KG zeitaufwendig akkreditieren zu müssen, wenn sie eine Pressemitteilung einsehen wollen. Das Internet ist ein offenes Medium. Wer Zugangshürden und abgeschirmte Räume errichtet, provoziert Misstrauen und den Verdacht, etwas verbergen zu wollen.

*Zweitens:* Die Bedeutung der kommerziellen Massenmedien für die Unternehmenskommunion sinkt: Auch das macht die Privilegierung ihrer Vertreter immer weniger sinnvoll. Und schließlich haben journalistische Profis eine Privilegierung auch nicht nötig. Ihr Vorsprung besteht in Fachwissen, in ihrer Kompetenz als Informationsbroker, in ihrer Fähigkeit zur Analyse und zur Entwicklung der richtigen Fragen. Durch Akkreditierungszwänge fühlen sie sich nur belästigt.

*Drittens:* Jeder soll die gewünschten Informationen prompt finden und sich ein Bild des Unternehmens machen können, auch Blogger, PR-Vertreter und auch der interessierte Bürger. Wer aus Urheberschutzgründen den Zugang glaubt einschränken zu müssen, sollte zumindest Basics wie Pressemitteilungen, Pressearchiv, Pressekontakt freischalten.

Alles, was für einen Online-Pressebereich zählt, ist wirklicher Informations-Mehrwert und Arbeitserleichterung für die Nutzer: Deshalb ist es müßig, über Formate für das Herunterladen von (hoffentlich formal und inhaltlich schulmäßig geschriebenen) Pressemitteilungen zu diskutieren. Vorbildlich agiert hier die EU-Kommission: Seit Jahr und Tag gibt es dort Pressemitteilungen, Memos und viele offizielle Kommissionsdokumente nach Wahl in den Formaten doc, pdf und htm. Je mehr sie mit weiteren Informationen, Interviews, Studien, Video-Files (allesamt vernünftig betitelt und beschrieben) verlinkt sind, desto besser. Das kürzt Recherchezeiten ab und beschleunigt das tiefere Einsteigen in das Thema.

Überhaupt ist die Zeit ein entscheidender Faktor: Rückfragen und die Bitte um zusätzliche Materialien müssen am besten sofort beantwortet werden. Auch Journalisten sind im Google-Zeitalter noch ungeduldiger geworden. Wenn's nicht schnell genug klappt, suchen sie eben anderswo. Deshalb sind qualifizierte Pressekontakte so wichtig, Ansprechpartner mit kompletten Daten (Name, Funktion, Postanschrift, Telefon, Fax, Mobiltelefon, E-Mail) und, wenn es mehrere sind, einer Beschreibung des Kompetenzbereichs.

Natürlich ist ein Pressearchiv wichtig, nach Jahren gegliedert, ebenso der Online-Pressespiegel, der Event-Kalender mit wichtigen Medienterminen, ein guter Info-Bereich mit Firmen- und Personenporträts, Fakten- und Produktblättern, Reden, Vorträgen, Produkttests, aktuellen Studien, Branchen-Links und Präsentationen als Download. Geht es um komplexe Themen, haben auch Glossare oder gar Lexika einen Sinn.

Was noch wenig zu finden ist, aber möglichst bald zum Standard werden müsste: ein vielfältiges Angebot an Audio- und Videomaterial.[161] Es wird immer wichtiger werden, aktuelle Pressemitteilungen multimedial anzureichern – mit aktuellen Statements, Interviewmaterial, aktuellen Aufnahmen von den Ereignissen, von denen im Text die Rede ist. Unabhängig davon sollten Live-Mitschnitte von Pressekonferenzen, Veranstaltungen, Vorträgen und so weiter bereitstehen – mit präzisen Hinweistexten zu Inhalten, Struktur, Timing und schnellem Vor-/Zurückspringen zu Kapiteln. Auch professionell produzierte Videos des Unternehmens sind von Interesse – vom Porträt des CEO über eine ins Bild gesetzte Firmengeschichte bis hin zu informativen Produktpräsentationen. Dies alles in einer Qualität und Auflösung, die nicht in jedem Fall den hochgesteckten Ansprüchen des öffentlich-rechtlichen Fernsehens gerecht werden müssen, aber die Weiterverarbeitung als Rohmaterial für Internetbeiträge ermöglichen muss. Noch sind es überwiegend spezielle Online-Medien, die solches Rohmaterial verwenden – crossmedial arbeitende Printmedien werden die Nachfrage danach sukzessive verstärken.

Selbstverständlich ist heute ein Pull-Service – das Abonnement von Presseinformationen durch Eintrag (und Löschung) in den Presseverteiler. Das Formular sollte möglichst wenige Daten abfragen und die Wahl zwischen E-Mail (HTML beziehungsweise Nur-Text) und RSS-Feed lassen. Zu den Selbstverständlichkeiten gehört ebenfalls professionelles Bildmaterial – in einer Auflösung von mindestens 300dpi für den Druck und 72dpi für den Bildschirm und erschlossen durch Thumbnails sowie Inhalts- und Quellenangaben. Vielfalt ist gefragt, Vorstandsporträts und Logos reichen bei weitem nicht. Hervorragende Produktfotos und reportagegerechte Unternehmensimpressionen verbessern die Chance auf ausführliche Berichterstattung. Ähnlich ist es mit guten Info-Grafiken, die schon für sich alleine Berichterstattung auslösen können.

Alle Bilder sollten unter der sogenannten „Creative Commons Lizenz" (www.creativecommons.org) in Netz gestellt werden, das heißt zur freien Weiterverwendung. Der Nutzer ist jedoch verpflichtet, den Urheber zu nennen und den Inhalt nicht zu verändern. Auf dieser Lizenz basiert der Trend des „Remixing", der kreativen Neukombination von Inhalten in Blogs, Social Networks, Nachrichtenangeboten und herkömmlichen Webseiten. Es gehört zum guten Ton der Blogger-Szene, proprietäre Inhalte und Technologien mit Argwohn zu betrachten. Man lässt sich in seiner Gestaltungsfreiheit nicht gerne einschränken und das Urheberrechtsmodell der tradierten Medien mit seinen teuren Nutzungsrechten für Texte, Bilder, Videos, Musik und Sprachbeiträge ist manchem ein Dorn im Auge.

### Auf die Medien zugehen

Die meisten Pressestellen verbreiten Presseinformationen immer noch ausschließlich auf traditionelle Weise – per E-Mail oder sogar Post. Auch Fax-Versand soll es noch geben. Auf diese Weise bedient man die Journalisten, die manchmal über eine mühselige Verteilerrecherche ermittelt wurden – häufiger aber wurden Adressen eingekauft oder sie sind irgendwann, irgendwie, meist durch Anfragen, Akkreditierungen und so weiter in die Datenbanken gelangt. Selten bemüht sich ein Redakteur aus eigenem Antrieb um Aufnahme in den Verteiler. Dabei wäre das aus PR-Sicht wünschenswert:

Ein Traum, der mit Hilfe von RSS-Feeds (siehe Seite 95ff.) wahr wird. Es stimmt – es gibt noch viele Journalisten, die von solch fortschrittlicher Technik nichts wissen wollen oder einfach damit nicht vertraut sind. Aber deren Zahl nimmt rasch ab. Derzeit gilt es noch, alte und neue Technik nebeneinander zu nutzen. Aber die Vorteile von Aussendungen via RSS gegenüber der E-Mail (vom Postversand wollen wir gar nicht mehr reden) liegen auf der Hand:

- Wo ein Journalist einen Feed aus eigenem Antrieb abonniert, äußert er wirkliches Interesse und wird sich die Informationen viel sorgfältiger ansehen. Die Meldungen landen nicht bei irgendwelchen Karteileichen aus überalterten PR-Verteilern.
- Wenn wichtige Redaktionen in der Vergangenheit schlecht auf das Informationsangebot reagiert haben, lassen sie sich vielleicht mit dem äußerst bequemen RSS-Verfahren ködern.
- In der alltäglichen E-Mail-Flut gehen Zusendungen allzu leicht unter, mit RSS kann das nicht so leicht passieren.
- E-Mails werden schnell vom Spam-Filter des Empfängers aussortiert, wenn bestimmte Schlagworte enthalten sind; via RSS besteht diese Gefahr nicht.
- Via RSS große Datenmengen mit Videos, Audiodateien oder komplexen Grafiken zu versenden ist kein Problem.
- Der Versand via RSS ist kostenlos.

Wer einen RSS-Feed anbietet, kann auch gleich mehrere einrichten und thematisch ausgerichtete Newsfeeds für die unterschiedlichen Zielgruppen anbieten. So bekommt der Wirtschaftsredakteur nur die Unternehmensmeldungen, der Lokaljournalist die Informationen über die unterstützte Kulturveranstaltung und der Fachjournalist erfährt von den Produktneuheiten. Angesichts der Informationsüberflutung sind Journalisten für diese Vorauswahl dankbar. Je spezifischer die Inhalte sind, desto effektiver können sie arbeiten.

### Checkliste 6: Zehn Prüfsteine für den Pressebereich

1. Ist der Pressebereich auf der Startseite gut erkennbar?
2. Ist er frei zugänglich und nutzbar?
3. Sind die Pressemitteilungen mit zusätzlichen Quellen oder Multimedia-Angeboten verbunden?
4. Sind alle Informationen auf dem neuesten Stand und alte News oder Termine gelöscht?
5. Sind alle Kerndokumente vorhanden und klar betitelt?

6. Stehen genügend Bilder und Grafiken in den richtigen Formaten zum Download bereit?
7. Liegen für Medienpublikationen Veröffentlichungsrechte vor?
8. Findet ein Journalist für Rückfragen einen Ansprechpartner?
9. Lassen sich die Presseinfos online abonnieren? Ist die Registrierung dafür einfach genug?
10. Ist die Auswahl zwischen RSS-Feed und E-Mail-Bezug gegeben?

### Was wird aus der Pressemitteilung?

Die Pressemitteilung, wie wir sie kennen, ist rund 100 Jahre alt. In Deutschland kam sie erst nach dem Zweiten Weltkrieg so richtig in Gebrauch, dafür mit deutscher Gründlichkeit und Konsequenz gehandhabt: Strikt an der Nachrichtenform orientiert – das Wichtigste im ersten Satz zusammengefasst, aufgebaut nach Wichtigkeit der Information, mit Quelle versehen und streng sachorientiert, frei von Kommentierungen. So haben es alle Journalisten in Presse, Hörfunk und Fernsehen gelernt. Bis auf den Übermittlungsweg – heute meist per E-Mail statt per Telegraf, Post oder Fax – hat sich über die Jahrzehnte daran fast nichts verändert.

Stimmt es, dass die neuen Kommunikationsmittel und -bedürfnisse nicht nur die Medienarbeit im Allgemeinen insgesamt verändern, sondern auch die Pressemeldung? Richtig ist: Viele der neuen Multiplikatoren im Web 2.0 sind mit dieser journalistischen Form nicht glücklich. Das hat mit der Art und Weise zu tun, in der diese Macher ihre Themen aufgreifen – das Geschäft mit harten Fakten ist ihre Sache in aller Regel nicht, dazu fehlt meistens auch das journalistische Know-how und nicht zuletzt die Infrastruktur zur Informationsbeschaffung. Die Blogger, Vlogger und Podcaster leben von den Fakten und Vorgängen, die ihnen die klassischen Medien liefern. Heute greifen viele auch bereitwillig die über PR-Instanzen vermittelten Inhalte in reflektierender, interpretierender Weise auf. Ihr Textgenre ist im Grund uralt – es ist der klassische Leitartikel, in dem Faktendarstellung und Meinung vermischt sind. Wo Subjektivität und klares Bekenntnis gefragt sind, gibt es für die distanzierte Darstellungsweise der Pressemitteilung, hinter der sich dann trotzdem bei näherem Hinsehen interessengebundene Argumentationen oder werbliche Anliegen verstecken, wenig Verständnis.

Das Anliegen, Pressemitteilungen durch das „Wording“ mit Hilfe einer Content-Optimierung suchmaschinentauglicher zu machen, hilft gegen diese Ablehnung nicht, ist ansonsten aber sinnvoll. Indem Schlüsselbegriffe der Zielgruppen und des Unternehmens einbezogen und auch verlinkt werden, wird die Pressemitteilung online weitaus besser gefunden. Das hilft bei journalistisch geprägten Online-Magazinen sicherlich. Und es verstärkt den Traffic auf der Website. Die neuen Multiplikatoren sind jedoch damit sicher nicht zu gewinnen. So werden klassische Pressemitteilungen und neue Formen der Information wohl auf schwer absehbare Zeit nebeneinander bestehen.

### Social Media Release – Angebot an neue Multiplikatoren

Für die Information der neuen Multiplikatoren, so eine sich langsam verbreitende Überzeugung, muss eine neue Präsentationsform entwickelt werden. Es geht um die Erweiterung im Sinne multimedialer Aufbereitung und Vernetzung, nicht zuletzt um die Weiterentwicklung zu einem dialogischen Instrument. Mehr oder weniger ist diese grundsätzlich neue Art, Nachrichten und Informationen online zu verbreiten, am grünen Tisch entwickelt worden. Der „Social Media Release“ (SMR)[162] wird bisher mehr diskutiert als praktiziert.

Ihre Erfinder erheben den Anspruch, damit den veränderten Informations-, Medienrezeptions- und Kommunikationsbedingungen im Internet besonders gut Rechnung zu tragen, indem sie sich den Distributionskanälen sowie den Erwartungen und Ethiken des Social Webs bestmöglich anpasst.[163] Im Unterschied zur Pressemitteilung wird der SMR nicht über E-Mail versandt, sondern per RSS-Feed verbreitet und auf der eigenen Homepage veröffentlicht – idealerweise in einem eigenen „Social Media Newsroom“. Dieser arbeitet mit einem „Blog Content Management System“, so dass – richtiges Taggen beziehungsweise Indexieren vorausgesetzt – der SMR durch Social-Media-Suchmaschinen wie „technorati.com“ auffindbar ist. Im Verbund mit dem Einsatz von Social Bookmarking und Social-News-Sharing-Diensten sowie auf „Flickr“ oder „Youtube“ abgelegten Multimediainhalten ist so die Chance am größten, dass die Themen und Inhalte ihre Zielgruppe auch erreichen.

Der SMR ähnelt auf den ersten Blick einer um vielfältige multimediale Angebote und Verlinkungen erweiterten Pressemitteilung. Er richtet sich aber nicht (in erster Linie) an die klassischen Medien, sondern an jedermann in der endlosen Weite des Internets, der sich für ein Thema interessiert und damit arbeiten möchte. Der wichtigste Unterschied zur Pressemitteilung: der Social Media Release bietet keinen zur unmittelbaren Verwertung geeigneten Text. Auf diesen nach den klassischen Regeln der Nachrichtenform und -sprache gestalteten Text sind aber viele Medien dringend angewiesen, weil die redaktionellen Ressourcen so gut wie nirgendwo ausreichen, alle Texte selbst auszurecherchieren und in eine druckreife Endfassung zu bringen. Die Professionalisierung der Pressearbeit zielte bisher ja gerade darauf ab, durch möglichst exakte Übernahme der journalistischen Regeln den Redaktionen Arbeit abzunehmen und so maximale Abdruckquoten bei minimalen redaktionellen Eingriffen in den Text zu erzielen.

Kein Blogger aber würde einen vorgefertigten Text übernehmen – mit seinem Selbstverständnis wäre das nicht zu vereinbaren. Deshalb tritt das Element Text deutlich zurück; es geht nicht mehr um einen geschlossenen Artikel, sondern um ein modulares Angebot. Die Inhalte (Core News Facts) werden in kurzen, komprimierten, sachlichen Aussagen präsentiert. Der Nutzer soll die Fakten und ihren Nachrichtenwert schnell erfassen können – immerhin eine Gemeinsamkeit mit der Nachrichtenform. Vier zusammenhängende Sätze als Fließtext gelten als Minimum, nur so akzeptiert „Google News“ den Text zur Indexierung. Wie bei der Pressemitteilung gibt es eine – am besten zweigliedrige – Headline, die das Thema klarmachen und zum Lesen anregen soll. Zitate unterschiedlicher Akteure (vom Vorstandsvorsitzenden, von Experten aus dem Unternehmen oder extern, Kunden und Partnern) sind ebenfalls wichtig – aber sie werden nicht in den Text eingewoben, sondern in einem davon getrennten Abschnitt präsentiert.

Für klassische Nachrichtenredakteure erhöht dies den Verarbeitungsaufwand. Der SMR ersetzt daher innerhalb einer integrierten Kommunikationsstrategie keine Pressemitteilung, sondern tritt neben diese. Es geht darum, an den herkömmlichen Medien vorbei eine eigenständige mediale Schiene zum Bürger zu errichten, der ja im Web 2.0 auch ein potentieller Multiplikator ist. Jeder soll die Möglichkeit bekommen, sich multimedial und in textlich optimierter Weise über Themen und Neuigkeiten zu informieren, Service und multimediale Recherchequellen zu nutzen und daraus neue Inhalte für das Social Web zu generieren. In diesem Sinne gibt es:

- Download-Möglichkeit für Multimediainhalte wie Bilder, Videos, Tondateien, Grafiken, Powerpoint-Präsentationen, (Flash-)Animationen und so weiter – möglichst unter einer „Creative Commons License". Jedes Element sollte per ,,Share this"-Schaltfläche[164] weiter zu verbreiten sein.
- Links auf externe Internetseiten – sparsam und streng nach Mehrwert für den Leser ausgewählt. Oder aber, wenn's ein wenig mehr sein soll, der Link auf eine eigens eingerichtete Themenseite auf „del.icio.us" oder „mister-wong.de", wo sich weitere Links und Aktualisierungen zum Thema unterbringen lassen.
- Kurze Hintergrundinformationen zum Unternehmen (Boilerplate), kompetente Ansprechpartner zum Thema sowie ein Abo-Angebot für RSS-Feeds.
- Zur Kommunikationsplattform, von der aus der Nutzer sich das Thema erschließen und mit anderen Web-2.0-Nutzern kommunizieren kann, wird der SMR endgültig durch Tags (Schlagworte zur Indexierung). Sie zeigen auf einen Blick, wo überall sonst im Social Web über das Thema berichtet und diskutiert wird. „Widgets" (,,Share this"-Schaltfläche) erlauben es den Usern, die SMR ganz oder teilweise über Social Media Tools und Webseiten zu verbreiten. Mittels „Trackback URL"[165] lassen sich Umsetzungen des Themas, die den SMR als Quelle nennen, finden und verlinken. So gewinnt der Absender des SMR einen Überblick über deren Rezeption und kann das auch an die User weitergeben.
- Die permanente URL, unter welcher der Social Media Release zu finden ist, sollte als Referenz und Quellenangabe nicht fehlen. Eine moderierte Kommentarmöglichkeit kann die Bereitschaft zum Dialog mit den Usern signalisieren.

Der Social Media Release zeigt sich als ein Gesprächsangebot im Netz – als Dialogplattform, die kontinuierlich durch Berichterstattung, Diskussionen, weitere Hintergrundinformationen und Meinungen zum jeweiligen Thema aktualisiert wird. Im Zentrum steht der direkte Dialog der Rezipienten mit dem Veröffentlicher des SMR und mit anderen Menschen im Netz über die Inhalte und Informationen.

Der ist auch bei Themen und Inhalten möglich, für die eine klassische Pressemitteilung gar nicht sinnvoll wäre. Zum Beispiel, weil ein Thema nach herkömmlichen journalistischen Wahrnehmungsmustern (Nachrichtenwert-Kriterien) keine Chance hätte. Je nach Zuschnitt kann der Social Media Release unterschiedliche Zielgruppen ins Auge fassen, beispielsweise Blogger, Journalisten von Fachmagazinen, Jobinteressenten, Investoren, Analysten oder überhaupt alle Menschen, die Online-Inhalte publizieren.

Für Online-Journalisten sind SMR mit ihren multimedialen Ressourcen und ihren Links zu weiteren Informationsquellen eine höchst willkommene Arbeitsgrundlage. Der SMR präsentiert für sie Informationen und multimediale Inhalte in einer Benutzerfreundlichkeit, die eine klassische Pressemitteilung nicht bieten kann. Die SMR ist zugleich Recherchequelle, die wesentliche Inhalte und Informationen bietet, aber auch Quelle für Bilder, Grafiken, Animationen, Videos und Audiobeiträge, die für Online-Beiträge immer häufiger genutzt werden.

Noch sind die Erfahrungen mit der SMR sehr begrenzt. Viele Pressestellen und PR-Agenturen sind bislang mit den Möglichkeiten und Anforderungen der Online-Kommunikation einfach überfordert. Sie zeigen wenig Interesse daran oder geben an, weder Zeit noch Ressourcen für die Etablierung neuer, bisher unerprobter Instrumente zu haben. Wo die Aufgeschlossenheit vorhanden ist, wirken objektive Schwierigkeiten lähmend: Um eine SMR auszuarbeiten, sind viele interne und externe Teilnehmer involviert, die alle den Sinn und Zweck verstehen und unterstützen müssen.

Das Verständnis der neuen kommunikativen Rahmenbedingungen und Möglichkeiten im Social Web ist aber noch nicht sehr verbreitet. Mangelnde Kooperationsbereitschaft zwischen Unternehmenskommunikation, Marketing, IT, Personalwesen, Forschung und Entwicklung und Investor Relations sind eine ernsthafte Hürde. Das Thema SMR erfordert vor allem eines – Offenheit! Unterlagen, Informationen und Materialien aus unterschiedlichsten Abteilungen wie Forschung und Entwicklung, Marketing, Vertrieb, Ressourcenmanagement, Personalwesen oder Finanzen werden gebündelt zur Verfügung gestellt – die Öffentlichkeit erhält einen breiteren Zugang zum vielfältigen Wissen eines Unternehmens. So viel Offenheit will erst gelernt werden.

## Markenführung 2.0

Wo mehrere Marken geführt werden müssen, braucht jede ihren eigenen Auftritt, und hier spielt sich das Entscheidende online ab. Dort ist mit multimedialen Angeboten am ehesten der Aufbau emotionaler Erlebniswelten möglich, die der Markenphilosophie und der jeweiligen Produktlinie gerecht werden. Die Marktforschung zeigt: Heutige Konsumenten erwarten mehr Information, Kommunikation und Dialog mit der Marke. Dieser Anspruch der Konsumenten spiegelt bereits die Veränderungen, die durch das Web ausgelöst wurden. Das Netz erfüllt wie kein anderes Medium das Bedürfnis nach Dialog, Information, Unterhaltung und Interaktion – und das ohne Medienbruch. Diesem Wandel muss sich die strategische Markenführung anpassen. Entsprechend lauten die wichtigsten Aufgaben eines Online-Auftrittes der Marken: Service- und Dialogfähigkeit, Content- und Informationsstärke sowie Omnipräsenz.

Ideales Ziel einer Plattform mit Web-2.0-Funktionalitäten ist die Bildung einer „Brand Community" – einer Interessengemeinschaft, bei stark emotional besetzten Marken einer mehr oder weniger verschworenen Gruppe von Menschen, die eine Leidenschaft miteinander teilen. Gelingt das, kann der Nutzen weit über den bloßen Marketingnutzen hinausgehen. Für die Produktentwicklung, die Marktforschung und den Vertrieb wird ein nachweisbarer Mehrwert geschaffen. Das Community-Modell ist nicht neu, aber mit Web-2.0-Instrumenten viel besser umsetzbar.

Der Preis ist allerdings hoch: Vernetzte Communities verändern radikal die Markenführung, denn alle Maßnahmen und Entscheidungen stehen in der kritischen Community zur Diskussion. Die Frage „Wie verkaufe ich eine Entscheidung" ist schon falsch gestellt – es wird künftig darum gehen, sie zu erklären und zu begründen. Das Unternehmen muss sich einer offenen, manchmal gnadenlos kritischen Diskussion stellen. Wer meint, dieses High-Involvement lasse sich nach Gutdünken ausschlachten, wird seine Überraschungen erleben. Weil Leidenschaften im Spiel sind, gilt es, äußerst behutsam mit diesen Gemeinschaften umzugehen. Eine Kontrolle ist schwierig, Zensur völlig ausgeschlossen, die Manipulation von Diskussionen durch verdeckt auftretende eigene Mitarbeiter ist in der Regel zum Scheitern verurteilt. Und wenn das bekannt werden sollte – siehe oben.

Weitere Medien können dazu dienen, Kunden in die Ideenfindungs- und Innovationsprozesse einzubeziehen. Inzwischen gibt es eine Menge guter Beispiele dafür, wie erfolgreiche neue Produkte und Dienstleistungen öffentlich entwickelt werden können. Unternehmen, die es unter dem Stichwort Customer Energy schaffen, ihre Kunden stärker einzubinden, befriedigen zweifellos neue Bedürfnisse der Kunden: Erstaunlich ist, wie einfach sich Menschen motivieren lassen, für ein Unternehmen in ihrer Freizeit kostenlos zu arbeiten. Viele von ihnen akzeptieren es nicht mehr, als reine Konsumenten passiv am Ende der Wertschöpfungskette zu stehen; mindestens nutzen sie als Anwendungsexperten das Internet zur Kritik von Produkten. So mancher hat darüber hinaus auch wissenschaftliches oder technisches Know-how zu bieten. Das lässt sich über existierende Internetplattformen wie beispielsweise „NineSigma" abfragen, aber auch über eigene Medien – zum Beispiel über spezielle Wikis. Nicht selten kommen dabei technische Lösungen und Ideen aus ganz anderen Branchen, auf deren Übertragung nur noch niemand gekommen ist.[166]

Egal, ob man die entsprechenden Konzepte dazu nun „Open Innovation", „Crowdsourcing", „Kundenparlament", „Open Source" oder wie auch immer nennt – letzten Endes geht es immer um den Web-2.0-typischen offenen Dialog. Die Produktivität von Forschung und Entwicklung (F&E) und die Innovationserfolgsquote lassen sich mit solchen Instrumenten erheblich steigern. Gleichzeitig können die F&E- Investitionen gesenkt werden.

Der Wasch- und Pflegemittelhersteller „Procter & Gamble setzte darauf, den Anteil von Produkten, die unter externer Mithilfe entwickelt werden, auf 50 Prozent zu steigern. Hierzu bediente sich Procter & Gamble interner sowie externer Netzwerke. Zahlreiche Menschen machten Lösungsvorschläge zu technischen und wissenschaftlichen Problemen von Procter & Gamble, die sie über die Internetplattformen NineSigma und InnoCentive kennen gelernt hatten. Im Ergebnis stieg der Anteil neuer Produkte, die unter Mitwirkung von Externen entstanden sind, innerhalb von sechs Jahren von 15 auf 35 Prozent (2006). Die F&E-Produktivität konnte um rund 60 Prozent gesteigert werden und die Innovationserfolgsquote hat sich mehr als verdoppelt. Gleichzeitig konnte das Unternehmen die F&E-Investitionen von 4,8 auf 3,4 Prozent des Umsatzes herunterschrauben.

Bekannt sind Best-Practice-Beispiele auch von anderen Firmen.[167] In den USA hat sich die Politik dieser Möglichkeiten bemächtigt. Barack Obama fordert über „Youtube", „Facebook" und „Twitter" seine Unterstützer auf, Ideen zur Lösung der Wirtschafts- und Finanzkrise beizusteuern. Mächtige Netzwerke wie „movean.org" (liberal) oder „drillnow.org" (konservativ) versammeln ihre Gefolgsleute, die gewählten Repräsentanten unter Druck zu setzen. Kritiker sprechen bereits vom „digitalen Mob".[168]

## Unternehmens-TV nicht mehr außer Reichweite

Mit BMW-web.tv betrat der Automobilhersteller im September 2007 während der IAA als einer der ersten Fahrzeuganbieter weltweit die Web-2.0-Welt im Internet. „http://www.bmw-web.tv" wurde im Jahrbuch der Werbung 2008 mit der höchsten Auszeichnung, dem Megaphon, in der Kategorie „Website des Jahres 2007" geehrt. Der Erfolg kann sich sehen lassen: Ein Video über die Fahrzeugstudie „BMW GINA Light Visionary Model" sahen sich innerhalb der ersten 30 Stunden ein halbe Million Menschen an. Eingestellt am 9. Juni 2008, kommt der Streifen, in dem Chris Bangle, Director of Design BMW Group, seine Vision „about being flexible" vorstellte, auf mittlerweile rund 3 Millionen Nutzer.

Der bayerische Autobauer ist damit anderen Großunternehmen weit voraus. Nicht einmal Bewegtbild-Elemente auf der Corporate Website sind heute bei börsennotierten deutschen Unternehmen selbstverständlich. In vielleicht drei Jahren, schätzt Alexander Schulz-Heyn, Vorstandsvorsitzender des Deutschen IPTV Verbandes, auf dem Deutschen Direktmarketing Kongress 2009 in Wiesbaden, könnte es so weit sein. „Sie müssen diese kreativen Möglichkeiten nutzen", mahnte der Internet-TV-Spezialist eindringlich die anwesenden Marketingverantwortlichen. Als nächste Entwicklungsstufe des Internets sieht Schulz-Heyn 3D-Communities. Vorläufer sei die Plattform „Smeet", auf der User gemeinsam Filme angucken und per Chat oder Telefon besprechen können.

Das ist sicher noch Zukunftsmusik, wenn auch nicht allzu ferne, wie alle Erfahrung mit Web-Entwicklungen uns lehrt. Was näherliegt: Dank Web 2.0 ist das Projekt Unternehmens-TV selbst für Mittelständler nicht mehr außerhalb jeglicher Reichweite. Dank der Digitalisierung sind die Kosten gesunken, der Umgang mit der Videotechnik wurde auch für den interessierten Laien möglich. Die Produktionskosten für kleine Videos sind heute verschwindend gering, sofern der Anspruch der Filme im Sinne der Bildqualität nicht unbedingt in Richtung Kinoqualität gehen muss. So ist es kein Wunder, dass sich immer mehr Unternehmensporträts, Pressekonferenzen oder Produktbeschreibungen als Videos im Internet finden. Oft aber versteckt in den hintersten Winkeln der Website. Bewegte Bilder bieten mit der Verbindung von Bild und Sprache eine Informationsdichte, die sich mit klassischen Medien schwer erreichen lässt. Dazu kommt, dass Bilder nicht nur ein breites Informationsspektrum, sondern auch Emotionen transportieren können.

Damit sind Videos die idealen PR-Instrumente. Um sie im Netz zur Geltung zu bringen, muss es nicht immer gleich die eigene Video-Plattform sein, wie sie BMW gemeinsam mit dem deutschen „Youtube"-Konkurrenten „Sevenload" realisierte. Bei Plattformen wie „Sevenload" oder „Youtube" können Unternehmen und Organisationen Benutzerkonten (Accounts) anlegen – ebenso wie bei vielen anderen Web-2.0-Diensten. Dort lassen sich nicht nur eigene Videos hochladen und verwalten. Wie bei den meisten Web-2.0-Plattformen ist mit dem Benutzerkonto die Möglichkeit verbunden, in der Community mitzuwirken. Man kann die Filmchen der anderen bewerten und kommentieren, sie zu Favoriten machen, die Videos bestimmter Benutzer abonnieren, Kontakte verwalten und das eigene Benutzerkonto nach Belieben organisieren. Macht man dies gut, entsteht so etwas wie ein eigener kleiner TV-Kanal – oder, wer es eine Nummer kleiner möchte, ein Video-on-demand-Angebot.

Kommerzielle Medienanbieter nutzen das schon lange – so gibt es einen CNN-Kanal auf „Youtube", das öffentlich-rechtliche ZDF ist ebenso vertreten wie der private Programmanbieter ProSieben. Daneben finden sich kleine private Medieninitiativen wie „rebell.tv". MTV Deutschland dagegen zieht es vor, seine populären Formate auf „Sevenload" anzubieten. Für die Politik kommt anscheinend nur „Youtube" in Frage: Sämtliche Parteien bebildern dort ihren Wahlkampf, so mancher Politiker hat seinen eigenen Kanal und Greenpeace Deutschland bietet unter „http://www.youtube.com/user/GreenpeaceDE" ein recht umfangreiches Programm. Wer sich für Hochschulen in Deutschland interessiert, stößt dort zum Beispiel auf „TUDresdenTV", die sich präsentiert, aber noch nicht so weit geht wie die Universität Berkeley in Kalifornien, die schon vor Jahren hunderte Vorlesungsstunden ins Netz gestellt hat.

„Youtube“ ist für viele Anbieter erste Wahl, weil der Traffic auf dieser Plattform konkurrenzlos hoch ist. Wer allerdings Sorgen hat, im Homevideomüll von „Youtube“ unterzugehen, wird sich eher an „Sevenload“ wenden. Der 2006 gegründete deutsche Anbieter setzt auch technisch auf Qualität: Im Februar 2009 erhöhte Sevenload die maximale Uploadgröße auf 1,5 Gigabytes pro hochgeladene Videodatei – weit mehr als der Marktstandard. Für werbetreibende Unternehmen und Produktionsfirmen positioniert sich „Sevenload“, so die Werbung, „als idealer Anbieter für crossmediales Marketing, Videowerbung und Branded Entertainment“ und empfiehlt sein „leistungsfähiges Videohosting und seine innovative Distributionsservices“.

Als offene Plattform speziell für Unternehmensvideos ist im April 2008 „businessworld.de“ an den Start gegangen. Der Basisaccount ist kostenlos und ermöglicht das Hochladen von bis zu 20 Filmen – wer mehr braucht, muss als Premiummitglied zahlen. „Businessworld.de ist ähnlich wie Youtube & Co. Hosting- und Vermarktungsplattform – nur dass wir uns auf Businessthemen und -Zielgruppen konzentrieren und so das optimale Umfeld für Videos mit Businessinhalten bieten“, so die Werbung über das aktuelle Internetprojekt des Schimmel Media Verlags. Der Beweis dafür muss noch erbracht werden – nach gut einem Jahr sind rund 1.100 öffentlich zugängliche Videos gehostet.

## Mehr Emotion in der internen Kommunikation

Noch recht wenig ausgelotet ist das Video als Kommunikationsmedium im Intranet von Unternehmen, öffentlichen Einrichtungen oder gesellschaftlichen Organisationen. Bislang galt der Einsatz als zu komplex und teuer, höchstens große Konzerne leisteten sich den Luxus. Auch das hat sich in jüngster Zeit geändert. Zum Beispiel durch „Google Video for business“, das 2008 ins Leben gerufen wurde. Es dient dazu, Videos innerhalb eines Unternehmens zu publizieren – gewissermaßen ein „YouTube“ für geschlossene Benutzergruppen, das zur (Video-)Kommunikation in der eigenen Organisation eingesetzt werden kann. Allerdings nur von Unternehmen, die auf „Google Apps“, die kommerzielle Version der Office-Lösung aus dem Hause Google setzen. Schulungen, Selbstdarstellungen, Produktpräsentationen, gängige Support-Videos oder Ähnliches können so über die Unternehmens-Videoplattform zum Einsatz kommen. Die Funktionsweise (Upload, Tagging, Kommentare, etc.) unterscheidet sich nicht vom großen, öffentlichen „Youtube“. User müssen sich einloggen und einen persönlichen Berechtigungsnachweis erbringen, um Missbrauch zu unterbinden. Die Zugriffsrechte können also eingeschränkt werden. Außerdem lassen sich die Videos auch herunterladen und auf andere Homepages einbauen oder zum Beispiel auf einem Mobiltelefon anschauen.

Viele Rechner sind mittlerweile mit Kamera und Mikrofon ausgestattet, und ein so erzeugtes Statement hat weit mehr Kraft als eine E-Mail oder ein Forumsbeitrag. Von der Vorstandsverlautbarung bis zur Betriebsratsmeldung, vom Arbeitsgruppenbericht bis zur Pressekonferenz, vom Produktlaunch bis zum Sommerfest kommt das betriebliche Leben auf einer internen Videoplattform viel facettenreicher und emotionaler herüber als in jedem Printmedium. Allerdings ist auch für die interne Kommunikation ein Minimum an Qualität wichtig. Ein gut gestalteter Videobeitrag ist angenehmer zu konsumieren als schlecht geschnittene Wackelbilder mit einem dürftigen Sound voller Nebengeräusche. Letztlich entscheiden Thema, Zielsetzung und Budget über die zu wählende Qualitätsstufe. Ein sinnvoller Mix aus professionellen und eher spontanen, ein wenig amateurhaft wirkenden Berichten dürfte in der internen Kommunikation die beste Wirkung erzielen.

## Checkliste 7: Videos im Netz

- Wo auch immer Business-Videos eingestellt werden – eine Garantie für die massenhafte Verbreitung bietet die Plattform alleine nicht. Entscheidend ist zunächst der *Inhalt* – ein gutes *Thema,* das genügend Menschen interessiert: Und ein interessanter *Aufhänger* muss sein – ob der nun „Germany's Next Topmodel" ist, ein nützlicher Verbrauchertipp oder ein Scherz, spielt keine Rolle. Das Medium entbindet nicht davon, sich etwas einfallen zu lassen, um die eigene Botschaft zu transportieren.
- Jeder Kommunikationsansatz muss von der Zielgruppe ausgehen und deren Sprache sprechen. Abgeordnete des Europa-Parlaments, die Original-Mitschnitte ihrer Parlamentsreden bei „Youtube" einstellen, haben nicht ganz begriffen, worum es geht. Wenn sie sich fünf Minuten vor eine Videokamera gesetzt und versucht hätten, ihre politischen Ideen ohne abgegriffene Formeln und in einfachstem Deutsch zu formulieren – wie es die Bundeskanzlerin in ihrem wöchentlichen Video-Podcast macht –, wäre schon mehr gewonnen.

- Masse statt Klasse bringt es erst recht nicht. Wer viele Videos einstellt, zieht natürlich mehr Traffic an. Aber ein gewisser Qualitätsstandard sollte gewährleistet sein.
- Die Homepage beziehungsweise die Blog-URL gehören auf jeden Fall in die Beschreibung des Videos hinein: Die Links bei „Youtube" und Co. sind zwar No-follow, aber wenn die Leute was zum Anklicken haben, klicken sie auch.
- Einstellen alleine reicht nicht: Stets sollten Sie auch versuchen, über Communities, Social Networks oder Social-News-Dienste auf die Videos hinzuweisen: Interessante Videos werden dann gerne weiterempfohlen und auch von Bloggern veröffentlicht.

## Zusammenfassung

- Das Internet ist der „globale Supermarkt", wo die Ware Information in aller Vielfalt dargeboten wird. Der Internetauftritt wird zum Mittelpunkt einer Fülle von Aktivitäten im Netz. Und die Gesamtheit der Aktivitäten wird mehr und mehr zur strategischen Mitte der gesamten Interaktion einer Organisation mit ihrer Umwelt.
- Wer über das Internet den Kontakt mit der Öffentlichkeit sucht, muss anders denken: Die Abgrenzung von Zielgruppen ist ebenso schwer möglich wie die eindeutige Identifizierung von Multiplikatoren, außerdem sind die Nutzer einer Information sehr heterogen, nur wenige sind professionelle Kommunikatoren wie zum Beispiel Journalisten.
- Wenn Mitarbeiter- und Kundenzeitschriften durch neue, auf das neue Medium zugeschnittene Angebote im Web ergänzt werden, befreit sich die Unternehmenskommunikation aus einer unvermeidbaren Falle: Der schmerzhafte Spagat zwischen ernst gemeintem Journalismus und interessegesteuerter Öffentlichkeitsarbeit wird entbehrlich.
- Informationen im Web brauchen neue Strukturen, weil ihre Nutzer sich von den herkömmlichen Partnern der PR-Branche, den Journalisten, unterscheiden. Infotainment, der Mut zur plakativen Aussage, Personalisierung und Visualisierung erlauben es, ganz normale Menschen direkt anzusprechen. Die klassische Pressemitteilung stirbt nicht aus, bekommt aber Begleitschutz.

121 http://www.blogpiloten.de/2008/10/16/digital-natives-uber-die-naiv-kompetenten-web-youngsters/.

122 Dies keinesfalls nur im Sinne geschäftlicher, finanzieller Transaktionen, so wichtig diese für die schnelle Integration des Internets in den Alltag der Menschen auch waren und sind.

123 Einen guten Überblick bietet Thomas Pleil: http://thomaspleil.wordpress.com/2007/09/03/blog-monitoring-20-tools-und-ein-paar-tipps/.

124 Google Alerts werden automatisch per E-Mail zugesandt, wenn Online-Beiträge veröffentlicht werden, die zu individuell angegebenen Suchworten passen.

125 „Blogger sind Bürger, Konsumenten, beziehungsweise in diesem Kontext Wähler." http://www.helge.at/2007/05/blogger-sind-keine-journalisten/.

126 http://www.robertbasic.de/2009/01/wie-ibm-blogger-auf-konferenzen-einbindet/.

127 Ob es sich um einen Trend zum Narzissmus handelt, wie Jean Twenge, amerikanische Jugendpsychologin und Autorin des Buchs „Generation Me" meint, sei dahingestellt. Jedenfalls ist eine allgemeine gesellschaftliche Entwicklung hin zu mehr medialer Selbstinszenierung nicht zu übersehen. Sieh auch: Cristián Gálvez: Du bist, was Du zeigst. Erfolg durch Selbstinszenierung. 2007.

128 Ökonomie der Aufmerksamkeit. Ein Entwurf. Hanser, München 1998.

129 Wer da noch Bedenken hat: Auch Social-Bookmarking-Services wie zum Beispiel „Furl" bieten ein E-Mail-Abonnement an.

130 http://www.zeit.de/online/2007/06/social-bookmarking.

131 http://off-the-record.de/2008/09/16/beerdigt-die-tanja-anjas/.

132 Er berichtete im Januar 2009 als erster über die Notwasserung eines Airbus auf dem Hudson-River.

133 http://www.clubcooee.com/.

134 http://www.wortfeld.de/2007/04/die_calvinisten_1/ und http://www.themaastrix.net/?p=689.

135 www.nachrichtenaufklaerung.de, Mitteilung vom 12.02.2009.

136 Auch über das Agieren dieses Dienstleisters gibt es Blog-Berichte – z.B. http://blog.handelsblatt.de/indiskretion/eintrag.php?id=1654.

137 http://www.hobby-garten-blog.de/.

138 http://gaertnerblog.de/blog/.

139 http://www.das-wilde-gartenblog.de/.

140 Natürlich tragen auch crossmediale Strategien zur Popularisierung eines Weblogs bei – das sei hier einmal ausgeklammert.

141 Mitte 2006 wechselte Scoble dann als Vize-Präsident zum Start-up Podtech Network.

142 Das Daimler-Blog wurde im Oktober 2008 ein Jahr alt, über einen Social-Media-Workshop aus diesem Anlass berichtet der Blogger Thomas Pleil, der dort als Experte eingeladen war: http://thomaspleil.wordpress.com/2008/10/27/social-media-bei-daimler-und-anderen-eine-frage-der-kultur/.

143 Marcel Bernet: Medienarbeit im Netz, Zürich 2006, Seite 126.

144 Auch bei den Printmedien sind Reichweiten-Daten von fraglichem Wert, wenn man weiß, dass rund 80 Prozent des Inhalts einer Zeitung gar nicht gelesen werden.

145 Es dürfte sich langsam herumgesprochen haben, dass Online-Medien ihre PIs mit technischen Tricks künstlich in die Höhe treiben. Wirkliche Reichweite in Form von Unique User/Unique Visitor wie sie z.B. die AGOF misst, sind eine bessere Grundlage.

146 Marcel Bernet: Medienarbeit im Netz a.a.O.

147 http://www.hotwirepr.de/digital-media/im-herzen-der-blogosphare.html.

148 http://www.oberpfaffelbachen.com/.

149 http://off-the-record.de/2008/10/16/bmw-concept-x1-auf-social-media-abgefahren/.

150 http://medienlese.com/2008/03/19/virale-werbekampagnen-wie-die-medien-auf-pr-aktionen-reinfallen/.

151 http://www.youtube.com/watch?v=HQdZ2cXy1WQ&NR=1.

152 http://www.zeit.de/online/2007/12/serious-games.

153 Zu diesem Thema gibt es ein Wiki mit Beispielen unter dem Namen ARG-Reporter: http://www.argwiki.de/.

154 Quelle: http://holger-dieterich.de/blog/alternate-reality-games-als-marketinginstrument.

155 Weitere Links zum Spiel: Website von Eli Hunt und http://www.argwiki.de/index.php5?title=Find_the_Lost_Ring..

156 http://worldwithoutoil.org/.

157 http://www.media-ocean.de/2009/01/25/studienergebnisse-zeitungen-online-2008/.

158 Siehe auch: Zerfaß, Ansgar/Mahnke, Martina/Rau, Harald/Boltze, Alexander (2008): Bewegtbildkommunikation im Internet – Herausforderungen für Journalismus und PR.

159 Die Erosion dieses professionellen Recherche- und Faktensammlungsapparates hat erkennbar bereits begonnen; jüngstes Beispiel ist die Aufkündigung aller Verträge mit der Deutschen Presse-Agentur (dpa) durch die Zeitungen des WAZ-Konzerns. Was ein wirtschaftlicher Zusammenbruch der Nachrichtenagenturen und großer Medienreaktionen auch für das Internet bedeuten würde, ist derzeit kaum vorstellbar. Die Online-Redaktionen, die am Tropf dieser Medienapparate hängen, erst recht. Ich-Verleger und Blogger könnten dieses Defizit unmöglich ausbügeln.

160 Aus einem Interview am 22. Oktober 2008 im Blogforum „Readers Edition" (www.readers-edition.de).

161 Zerfaß, Ansgar/Mahnke, Martina/Rau, Harald/Boltze, Alexander (2008): Bewegtbildkommunikation im Internet – Herausforderungen für Journalismus und PR. Ergebnisbericht der Bewegtbildstudie 2008. Leipzig: Universität Leipzig.

162 Eine Arbeitsgruppe NEW MEDIA RELEASE WORKING GROUP beschäftigt sich seit Sommer 2006 damit, Einsatzmöglichkeiten und Standards für SMR zu erforschen. Sie hat einen Microformat Standard unter dem Namen hRelease (http://www.eu.socialtext.net/hrelease/index.cgi) erarbeitet. Mitglieder der NEW MEDIA RELEASE WORKING GROUP sind unter anderem: Chris Heuer, Brian Solis, Todd Defren, Tom Foremski, Shannon Whitley, Jon McClure (von der Society for New Communications Research), Laura Sturaitis (von BusinessWire). Das Blog der NEW MEDIA RELEASE WOKRING GROUP: http://www.socialmediarelease.org/. Es gibt auch eine Google-Diskussionsgruppe zum hRelease: http://groups.google.com/group/newmediarelease.; außerdem einen NEW MEDIA RELEASE PODCAST: http://www.forimmediaterelease.biz/index.php/weblog/C5/.

163 Die folgende Darstellung stützt sich vor allem auf Timo Lommatzsch in seiner Bachelor-Arbeit, die als eBook veröffentlicht ist: „http://www.socialmediapreview.de/SocialMediaReleaseeBook.pdf. Als erste deutschsprachige SMR gilt eine für die „Bildungsoffensive 2006" veröffentlichte Meldung der Düsseldorfer PR-Agentur CONOSCO vom Dezember 2006 (http://bildungsoffensive2006.mymediaroom.com/pressreleases/viewrelease.aspx?id=1320).

164 Es handelt sich um ein Plugin, das Alex King entwickelt hat (www.alexking.com). Inzwischen gibt es viele dieser Wordpress Plugins, die sich leicht in jede Seite integrieren lassen.

165 Die Trackback-Funktion ermöglicht es den Bloggern, festzustellen, ob auf ihren eigenen Beitrag in anderen Weblogs Bezug genommen wird. Dazu werden zwischen den beteiligten Weblogs nach einem festen Protokoll Daten ausgetauscht, die die Beziehung zwischen den betreffenden Einträgen herstellen.

166 http://www.work-innovation.de/blog/2007/03/01/kunden-in-innovationsprozesse-involvieren-einige-kernfragen-vor-dem-start/.

167 http://www.customer-energy.de/content/de_de/examples.php.

168 Süddeutsche Zeitung Nr. 40 vom 18.02.2009/Medien.

# V EIN NEUES KOMMUNIKATIONS-MANAGEMENT

„Das Geheimnis auch der großen und umwälzenden Aktionen besteht darin, den kleinen Schritt herauszufinden, der zugleich ein strategischer Schritt ist, indem er weitere Schritte einer besseren Wirklichkeit nach sich zieht."

GUSTAV HEINEMANN, DEUTSCHER BUNDESPRÄSIDENT 1969 – 1974

## Überblick

- Warum neue Strategien notwendig sind.
- Warum die herkömmliche Konzeptionsmethodik oft nicht mehr genügt.
- Warum Kommunikationsmanagement zur zentralen Führungsaufgabe wird.
- Warum die neuen Kommunikationskanäle große Chancen bieten.
- Warum Erfolgskontrolle zum strategischen Gestaltungsfaktor wird.

Mehr als 60 Meter hoch überragt die Südfassade der Kathedrale den Platz, einige tausend Menschen warten. Auf den Klappstühlen hinter der Absperrung haben sich an diesem warmen Sommerabend 500 von ihnen niedergelassen, gegen Entgelt. Ein leiser Windstoß bläht die dunklen Stoffbahnen hinter dem Bühnenpodium ein wenig, das rechts neben dem Museumsbau errichtet wurde, als Markus Stenz den Taktstock hebt. „Zvjesdolikij ...", ein hundertstimmiger Männerchor packt mit lang gehaltenen Akkorden das Publikum, erst dann wallt das große Orchester mit einem ersten Einsatz auf. Während das Chorwerk „Der Sternenkönig" von Igor Strawinsky erklingt, werden nach und nach immer mehr Lichtpunkte im Pflaster des Platzes sichtbar – einzeln, in kleinen Gruppen oder zu Hunderten gebündelt ...

So könnte es kommen, wenn sich ein Plan des Kölner Domkapitels durchsetzen lässt. Oder auch ganz anders, denn über die tatsächliche künstlerische Ausgestaltung gibt es bislang nicht einmal eine Idee. Im Auftrag und gemeinsam mit dem Dompropst Norbert Feldhoff hat die Kölner Kommunikationsberaterin Perdita Duttke ein weit in die Zukunft ausgreifendes Projekt entwickelt, das a) Spenden für die Instandhaltung des Kölner Doms sichern, b) den bislang sehr nüchternen Roncalliplatz durch eine künstlerische Dauerinstallation attraktiver machen und so c) dem Image der Stadt in unmittelbarer Nähe ihrer Hauptattraktion, des Kölner Doms, neue Impulse geben soll. Ein Fundraising-Projekt, an dem sich beispielhaft demonstrieren lässt, wie eine strategisch geführte Medienkampagne zum Erfolg führen könnte.

Täglich benötigt der Kölner Dom für die Personal-, Bau- und Instandhaltungskosten circa 30.000 Euro. Darin enthalten sind auch die Ausgaben für das umfangreiche kulturelle Angebot, wie etwa 25 Konzerte pro Jahr oder die kirchen- und kunstgeschichtlichen Führungen. Allein in den nächsten fünf Jahren werden schätzungsweise 56 Millionen Euro nötig sein, um den baulichen und kulturellen Erhalt des Weltkulturerbes sicherzustellen. Das Projekt „11.000 Sterne“ greift die in Köln gut verankerte Tradition des Mäzenatentums auf, bedient sich christlicher Symbolik und verbindet Kölner Mythologie und Gegenwart miteinander.[169] Personen, Gruppen oder Unternehmen können gegen Entgelt einen Stern erwerben, der – mit ihrem Namen versehen – Teil einer künstlerischen Dauerinstallation auf dem Roncalliplatz sein wird. Entscheidend dabei ist, dass der Platz künftig in seiner Funktion als wichtiger Veranstaltungsplatz in der Innenstadt nicht beeinträchtigt wird.

Für die Umsetzung der Idee will das Domkapitel einen oder mehrere namhafte Künstler gewinnen. Aussehen, Material und Größe der Sterne sind der künstlerischen Ausarbeitung vorbehalten. Fest steht allerdings schon jetzt, dass es unterschiedliche Sterne und damit auch „Kaufpreise“ geben soll, damit sich vom wohlhabenden Unternehmer bis zum einfachen Bürger möglichst viele an dem Projekt beteiligen können. Die Sterne werden ihren Platz nach und nach finden, so dass bis zur Komplettierung immer wieder neue Eindrücke entstehen. Eine Realisierung des Vorhabens würde also nicht nur ein neues touristisches Highlight vor dem Dom schaffen, sondern darüber hinaus auch das Image der Stadt Köln als internationalen Kulturstandort stärken.

Der Roncalliplatz ist Eigentum der Stadt, darum muss das primäre Ziel des Domkapitels lauten: die Stadt Köln für das Projekt gewinnen. Denn die zeigt sich zurückhaltend. Der Baudezernent nennt bautechnische Schwierigkeiten und will zunächst ein tragfähiges Konzept sehen. Die Rheinmetropole hat sich zwar in ihrem „Leitbild 2020" zum Ziel gesetzt, den „lebendigen Kulturstandort" Köln und eine „attraktive Stadtgestaltung" zu fördern. Eine Neugestaltung des Roncalliplatzes steht aber nicht obenan auf der Agenda.

Die Planer können dennoch guten Mutes sein, dass der Magistrat dem Projekt letztlich zustimmen wird. „11.000 Sterne" verknüpft nicht nur gewachsene Kölner Traditionen mit einer Zukunftsidee. Es wäre überhaupt nur an wenigen Orten in Deutschland denkbar. Die Zustimmung der Kölner zu ihrer Stadt ist weit überdurchschnittlich, die Bindung vieler Bürger an die Hauptattraktionen – den Dom und das benachbarte Römisch-Germanische Museum – sind ebenso einzigartig.[170] Köln als uralte Handelsmetropole verfügt ähnlich wie Hamburg oder Frankfurt über eine recht breite Schicht von wohlsituierten, weltoffenen Bürgern. Als Heimat großer Versicherungskonzerne und Banken, als Messestadt und wichtiger Medienstandort bindet die Rheinmetropole zugleich überdurchschnittlich viele leistungsstarke, gut verdienende jüngere Menschen. Als wichtiges Zentrum des Kunsthandels ist Köln zudem neben Berlin der attraktivste Ort in Deutschland für Künstler und alle, die dafür gehalten werden wollen. Und schließlich sind rund 75.000 Einwohner in der Millionenstadt Studenten. In der Sprache der Sinus-Milieus (siehe Seite 41ff.) heißt das: In Köln finden sich deutlich mehr Etablierte, Postmaterielle, Moderne Performer, Experimentalisten und Hedonisten als im Durchschnitt deutscher Städte – ein ideales Spielfeld für ein Projekt wie „11.000 Sterne".

Im Januar 2009 wurde das Projekt der Öffentlichkeit mit einem Pressetermin präsentiert, zeitgleich erschien im Internet die Website „www.11000-sterne.koelner-dom.de". Dort haben sich bisher hunderte Menschen aus Köln und aus ganz Deutschland als Unterstützer eintragen lassen, fast 1.000 ließen sich als Käufer eines Sterns vormerken. Der bei der Vorstellung des Projektes anwesende Kölner Künstler und Ehrenbürger Gerhard Richter zeigte sich so angetan von der Idee des Domkapitels, dass er spontan seine künstlerische Hilfe anbot.

Die Kölner Zeitungen machten das Thema zum Aufmacher in ihren Lokalteilen, etliche Blätter in ganz Deutschland schrieben darüber. Das WDR-Fernsehen berichtete wohlwollend und griff auf einen Videofilm zurück, der auch im Internet zur Verfügung steht. Dort sprechen sich ein knappes Dutzend Kölner und Nichtkölner Prominente für das Projekt aus – vom NRW-Ministerpräsidenten Jürgen Rüttgers über den RTL-Nachrichtenmann Peter Kloeppel bis zur Lindenstraßen-Mutti Marie-Luise Marjan. Damit der Film von möglichst vielen Menschen gefunden wird, sind die richtigen „tags" gespeichert, unter anderem: Dom, Köln, Kölner Dom, Kardinal Meisner, Sterne, 11.000 Sterne, Kirche, Peter Kloeppel, Fernsehen, Roncalliplatz. Die kurze und die ausführliche Version des Videos waren auch rasch über „Youtube" einsehbar, bis zum Mai hatten sich etwa 1.300 Menschen dafür interessiert. Inzwischen wird das Projekt in etlichen Blogs kontrovers diskutiert – und dadurch immer bekannter. Der Kölner Oberbürgermeister Fritz Schramma sagte am 23. Januar im „domradio", er persönlich befürworte das Vorhaben, über die vom Baudezernenten genannten Vorbehalte müsse man halt miteinander reden: „Wo ein Wille ist, ist auch ein Weg". Das Interview findet über die Website des Lokalradios ebenfalls seinen Weg zu „Youtube".

## 1 Mit strategischer Klugheit zum Erfolg

Wie es weitergehen könnte, ist fiktiv: Dompropst Norbert Feldhoff betont in einem Video-Interview mit der „Rheinblick"-Redaktion des „Kölner Stadt-Anzeigers", die Aktion werde keineswegs die Sterne im Beton des Hollywood-Boulevards kopieren – eben deshalb sei ja eine Ausschreibung geplant, um sich die beste künstlerische Idee zu sichern. Er selbst stehe als verantwortlicher Mann für das Richter-Fenster im Dom und für das Kunstmuseum der Diözese nicht in dem Ruf, für Kitsch empfänglich zu sein. In einem eigens eingerichteten Blog diskutiert der Kirchenmann mit Kritikern. Gegen die am häufigsten genannten Kritikpunkte findet Feldhoff leicht überzeugende Argumente: Nein, es handelt sich nicht um eine moderne Form des Ablasshandels; es geht auch nicht um eine Ausweitung des kirchlichen Einflusses auf einen öffentlichen Platz; und die Skateboarder zu verscheuchen, das hätte man billiger haben können.

Auch die prominenten Unterstützer – neben den genannten der BAP-Frontmann Wolfgang Niedecken, der langjährige Gründungsintendant der Philharmonie Franz Xaver Ohnesorg, die Schauspielerinnen Mariele Millowitsch und Renan Demirkan oder der Schriftsteller Frank Schätzing („Der Schwarm") – bleiben nicht tatenlos. Sie machen das Projekt über ihre eigenen Homepages und Blogs weiteren Teilen der Öffentlichkeit bekannt.

Über den Lauf der Dinge werden nicht nur die regionalen Medien auf dem Laufenden gehalten, denn die Unterstützergemeinde wächst rasch. Neben den Kulturredaktionen der wichtigsten deutschen Zeitungen und -sender bekommen auch einschlägige Adressen wie „westropolis.de", das Kulturportal der WAZ-Gruppe, oder „spiegel.de/kultur/" sowie ausgewählte „Kulturblogs" wie „perlentaucher.de", „kulturblog.net" oder „Kulturelle Welten" (joernborchert.twoday.net) über RSS-Feed laufend Informationen über Unterstützer, Anträge potentieller Käufer ebenso wie über den Stand der Diskussion mit der Stadt.

Immer lauter fragen immer mehr Menschen, warum die Stadtverwaltung das Projekt blockiert. Aus einer Kölner Initiative wächst eine bundesweite Community heran, die „Sternenfreunde". Die rasante Entwicklung ruft nun die Feuilletons führender Zeitungen wie „Süddeutsche" und „F.A.Z." auf den Plan, schließlich berichten ARD, ZDF und 3Sat in ihren Kulturmagazinen über den Streit zwischen Kirche und Stadt.

Kurze Zeit darauf einigt sich die Stadt mit dem Domkapitel über die Ausschreibung und über die Besetzung einer elfköpfigen Jury – unter dem Vorsitz von Gerhard Richter werden der Oberbürgermeister und der Baudezernent für die Stadt, der Dompropst und zwei Mitglieder des Domkapitels zu den Entscheidern gehören. Die Unterstützer und Willigen, die einen Stern kaufen möchten, erfahren durch persönliche Schreiben, dass auch sie gefordert sind: Nachdem die Jury unter den eingereichten Konzepten die drei überzeugendsten Ideen ausgewählt hat, werden sie per Abstimmung im Internet die endgültige Entscheidung treffen.

Den meisten Zuspruch findet schließlich eine Installation auf der Basis von in Glas eingeschmolzenen Aluminiumkugeln, die bei Tag das Sonnenlicht reflektieren, bei Dunkelheit Laserimpulse spiegeln, die von Lichtquellen an den Fassaden des Doms, des Museums und des Hotels ausgehen. Jeder „Stern" ist nur so groß wie eine Zigarettenschachtel, über den Preis entscheidet seine Lage. In einem zufälligen Rhythmus blitzen die Sterne mal hier, mal dort, mal vereinzelt, mal gruppenweise – oder auch mal alle zusammen auf. Als im Sommer 2012 der 5501. Stern verlegt ist, feiern Stadt und Domkapitel die „Halbzeit" mit einem Open-Air-Konzert. „Zvjesdolikij ..."

So weit der visionäre Blick in die Zukunft. Die Kommunikationsberaterin im Hintergrund, Perdita Duttke, ist sich heute schon sicher: „Unsere Strategie setzt auf Überzeugung. Das Projekt versetzt alle Beteiligten in eine Win-win-Situation – die Erwerber der Sterne, der Dom, das Domkapitel, die Stadt, die Bürger, die Touristen, alle haben Vorteile davon zu erwarten. Darum vertrauen wir auf umfängliche Information, größtmögliche Transparenz aller Entscheidungen und Beteiligung. Eine gute Idee ist kaum aufzuhalten, wenn die Menschen viel darüber erfahren und selbst aktiv werden können."

## Denken bleibt ein Muss

Am Begriff Strategie ist nicht zu rütteln, es bleibt dabei: Die Strategie ist der Lösungsweg. Sie benennt in aller Kürze und Prägnanz den entscheidenden Hebel, mit dem die gesteckten Kommunikationsziele umgesetzt, die Zielgruppen erreicht und die Kommunikationsbotschaften transportiert werden.[171] Dabei muss alles zu allem passen – Ziele müssen mit den Zielgruppen erreichbar sein, die Botschaften müssen zu den Zielgruppen passen, der Lösungsweg muss für Botschaften durchlässig sein und zu den Zielen führen. Hinzu tritt die Frage der richtigen Positionierung: Passen Zielvorstellung und Projekt überhaupt zusammen?

Wie wir wissen, ist dies im Kölner Beispiel der Fall – die Identifikation vieler Kölner mit ihrer Stadt und dem Dom, die alte Tradition des Mäzenatentums, die breite bürgerlich-wohlsituierte Schicht, die ebenso breite Basis neophiler jüngerer Menschen in der Stadt bieten die Voraussetzung einer sich selbst dynamisierenden Medienkampagne. Die Berichte der traditionellen Medien sind dann nur der Auftakt für eine Vervielfältigung der Botschaft „Von dem Projekt haben alle Beteiligten nur Vorteile zu erwarten". Immer mehr Stimmen vereinigen sich zu einem breiten Strom des Bürgerwillens, gegen den die Stadtverwaltung irgendwann ihren Widerstand aufgeben muss – Branchen-Insider sprechen von einer klassischen „Bottom-up-Strategie". In unserem Fall tritt sie gekoppelt mit einer „Empfehler-Strategie“ auf, die auf die Überzeugungskraft des Beispiels prominenter Mitbürger setzt.

Das entscheidend Neue liegt in der Einbindung von Web-2.0-Instrumenten in die Strategie. Nur ein Teil der ansprechbaren Zielgruppen hat Bezüge zu dieser Welt – jüngere, urbane Menschen, die sich in Köln wohlfühlen, aber nicht unbedingt mit den Traditionen der Stadt verwachsen sind. Ihnen ist die Kirche eher fremd, der Dom allenfalls eine eindrucksvolle Kulisse, kein Gotteshaus. Aber sie haben Spaß an einem attraktiven Platz, von denen es in Köln nur wenige gibt – und sie sind empfänglich für den Begriff „Kunst“. Sie haben nicht das mindeste Verständnis für eine Stadtverwaltung, die aus bürokratischen und technischen Gründen die Chance verwirft, einen zentralen Platz durch eine attraktive Kunstinstallation zu adeln, ohne dass sie dafür nennenswert zur Kasse gebeten würde. Hier steht der schwerfällige Staat gegen mündige Bürger, scheint es.

Darum sind sie ansprechbar, darum wird der Bürgerprotest über Blogs weitergetragen bis hin zu einer virtuellen Bürgerinitiative, der Community „Sternenfreunde“. Hier empfehlen auch keine ältlichen Promis aus dem Bildungsbürgertum etwas, sondern vertrauenswürdige Angehörige der Blogosphäre äußern ihren Unmut. Darum wäre es geradezu eine strategische Unterlassungssünde, die neuen Web-Instrumente unbeachtet zu lassen. Oberhalb einer gewissen Schwelle interessieren sich die bundesweiten Massenmedien für ein Phänomen – und die erreichen in unserem Fall nun große Teile der bürgerlichen Kernzielgruppen über ihre Kulturseiten und Kulturmagazine – Crossmedia für die maximale Aufmerksamkeit.

Strategisches Denken nützt nur dann etwas, wenn eine Ausgangssituation mit all ihren Facetten recherchiert und richtig bewertet wurde. Dann sind manchmal sehr einfach scheinende, aber auf höchstem Niveau durchdachte Lösungen zu beobachten. Barack Obama hatte nicht Erfolg, weil er mit den Möglichkeiten des Web 2.0 so virtuos umging. Er wusste, dass 70 Prozent der Amerikaner das unbestimmte Gefühl hatten, in ihrem Land treibe fast alles in die falsche Richtung. Seine Antwort hieß „Change“, Wechsel. Und er sagte den Leuten auf allen sinnvoll erscheinenden Kanälen, dass er den Wechsel gemeinsam mit ihnen hinkriegen würde: „Yes *we* can!“ Er konnte darauf vertrauen, dass die jüngere, besser gebildete Bevölkerung in den städtischen Ballungszentren an den eher konservativen Zeitungen und Sendern vorbei über Internet und Mobiltelefon ansprechbar sein würde. Genau dort erhielt er schließlich die entscheidenden Wählerstimmen. – Hillary Clinton und John McCaine haben übrigens beide den gleichen strategischen Fehler gemacht: ebenfalls den „Wechsel" zu proklamieren. Weder der Ex-First-Lady aus dem Weißen Haus noch dem alten Herrn aus Arizona mochte das jemand glauben; dem jungen Senator aus Illinois nahmen die Menschen es ab.

## Vom Meinungsmacher zum Kommunikator

Über das Phänomen Web 2.0 sind Unkenntnis und Unvermögen noch sehr verbreitet anzutreffen. Das Notwendige geht weit über das Wissen um einzelne Tools und Kanäle hinaus, auch wenn es nichts schadet, PR-Führungskräfte gut informiert und über neueste Internetentwicklungen auf dem Laufenden zu wissen. Im Kern geht es aber um ein neues Verständnis und ein neues Denken – und das geht deutlich über den engen Kreis der Kommunikationsprofis hinaus. Unser gedachter Fall war, wie gesagt, ab einem bestimmten Punkt eine Fiktion – ob es dazu jemals kommen kann, steht tatsächlich und im wahrsten Sinne des Wortes in den Sternen.

Denn am Ende geht es auch um die Arbeitsweisen und Organisationsstrukturen eines Unternehmens – um die Verschmelzung zahlreicher Kompetenzen der Unternehmenskommunikation, des Marketings und der Werbung. Prozesse und Strukturen werden sich immer mehr überschneiden und werden „schmutziger" im Sinne von direkten Kundenkontakten. Das war (überspitzt ausgedrückt) bis jetzt immer die Domäne des Marketings und der Verkaufsförderung, der Call-Center und des „Front Line Staff". Ob konservative Kirchenmänner in Köln zu diesem Umdenken bereit sein werden? Bis zur nächsten Auflage dieses Buches werden wir es vielleicht wissen ...

Ein Unternehmen, das früh die Konsequenzen aus dem neuen Netz gezogen hat, ist „amazon.com". Als einer der großen Namen des ersten Internet-Hype der neunziger Jahre hat der E-Commerce-Pionier das Platzen der New-Economy-Blase überlebt, weil Amazon mit Büchern und CDs in einem besonders gut handelbaren Markt tätig war. Der Erfolg des Unternehmens aber fußt anderswo: Amazon hat es verstanden, eine Community zu entwickeln. Der Mehrwert liegt weniger im breiten Warenangebot als in der Einbeziehung der Kunden: Sie können Bewertungen abgeben, Empfehlungen schreiben und Listen von Lieblingsbüchern, -filmen oder elektronischen Geräten einbringen. Negative Bewertungen, die für „amazon.com" eigentlich geschäftsschädigend sein könnten, schaden tatsächlich nicht. Die Anzahl der teilnehmenden User macht den Mehrwert von „Amazon.com" im Web-2.0-Zeitalter aus.

Wer heutzutage ein Fernsehgerät kaufen, eine Urlaubsreise buchen oder für eine wohltätige Organisation spenden will, glaubt eher den Empfehlungen seiner Freunde und Bekannten oder selbst dem subjektiven Erfahrungsbericht eines Unbekannten als den Werbebotschaften konkurrierender Anbieter. Ungenügende Leistungen stellen enttäuschte Verbraucher gnadenlos an den Online-Pranger, schlechtes Benehmen gegenüber Kunden sowieso. In der neuen Medienwelt kommt früher oder später alles ans Licht und quillt über neue, unkontrollierbare Kanäle an die Oberfläche. Wie uninteressiert viele Unternehmen solchen Dingen gegenüberstehen, lässt sich exemplarisch an der Hotelbranche studieren: Über 80 Prozent aller Reisenden informieren sich inzwischen vor einer Buchung auf einschlägigen Bewertungsportalen im Internet über die guten wie schlechten Erfahrungen anderer Menschen mit einem Haus. Aber nur knapp ein Drittel aller Hotelmanager informiert sich selbst regelmäßig auf diesen Portalen. Nur eine Minderheit interessiert offenbar, was die ehemalige Kundschaft da so alles an schönen Erfahrungen oder an Gruselgeschichten verbreitet.[172]

## Die neue soziale Kontrolle

Viele Marktteilnehmer haben die Online-Äußerungen ihrer Kundschaft noch gar nicht auf dem Radar. Social Networks, Communities, RSS-Feeds, Wikis, Postings und Votings in Foren und Blogs, online-basierte Empfehlungssysteme, Linkstrukturen und all die anderen Applikationen haben das WWW aber nicht nur zu einem Marktplatz für Bewertung von Produkten und Dienstleistungen gemacht: Da bloggen auch entlassene Mitarbeiter ihren Frust in die Welt hinaus, da geht es um Fehlleistungen in ökologischen Belangen, ökonomische Schieflagen oder um vermutete Steuerhinterziehungen in der Chefetage. Früher erzählten die Leute die frustrierenden Erfahrungen beim Ummelden eines Telefonanschlusses ihren Freunden. Heute stellen sie ihre Erlebnisse ins Internet, und wer Informationen zum Telefonanbieter sucht, stößt auch darauf. Für Unternehmen hat sich eine ähnliche soziale Kontrolle entwickelt, wie es sie früher auf dem Dorf gab.

Die Fälle häufen sich, in denen Gerüchte aus dem Netzgeflüster zu Zeitungsschlagzeilen wurden. Ohne eines der vielen Tools zum „Opinion-Monitoring" im Internet, die bereits auf dem Markt sind, kommt keine Organisation mehr aus. Aktives „Blog-Monitoring" ermittelt ohne allzu großen finanziellen Aufwand eine Menge über neue Kundenbedürfnisse, über Trends, die eigene Position im Markt und das Abschneiden der Mitbewerber. Diese Evaluationsinstrumente zu nutzen bedeutet aber noch keine Neuorientierung in der Kommunikation. Was macht das Unternehmen mit all dem, was es erfahren hat?

Wer heute Kommunikationsverantwortung trägt – das sei zur Erklärung, wenn auch nicht zu Entschuldigung gesagt –, ist in einer anderen Welt aufgewachsen. In einer Welt, in der Werbeetats, je größer, desto wirksamer, das Käuferverhalten steuern und PR-Strategen die Berichterstattung und Meinungsbildung der Massenmedien beeinflussen konnten. Das war schon damals zumindest teilweise eine Illusion, heute geht die neue Realität darüber hinweg. Die Flut der klassischen Werbung nervt die meisten Menschen nur noch, und die Massenmedien, die diesen Namen kaum noch zu Recht tragen, verlieren nicht nur an Glaubwürdigkeit, sondern an Publikum. Ein Thema in einer TV-Ratgebersendung am Vormittag oder in einem Wirtschaftsmagazin in der Primetime zu platzieren ist immer noch ein schöner Erfolg – nur muss das Eingeständnis folgen, dass die Zuschauer zwar nach Millionen zählen, ihr Altersdurchschnitt aber bei rund 60 Jahre liegt. Und mit der wunderschön platzierten Story in der großen Regionalzeitung werden Menschen unter 30 so gut wie gar nicht mehr erreicht.

## Wer sind die neuen Multiplikatoren?

Mit dem klassischen Medien-Mix öffentliche Wahrnehmung zu steuern und wichtige Zielgruppen zu erreichen, gelingt also immer weniger. Der Medien-Mix im fortgeschrittenen Internetzeitalter muss anders aussehen. Zu ihm gehört die Suche nach den geeigneten Multiplikatoren im Netz. Das gilt für (fast) alle, ausgenommen vielleicht die Hersteller von Hörgeräten, Treppenliften und Stützstrümpfen. Alles andere wäre absurd: Wer kommunizieren will, muss auch medial da sein, wo seine Zielgruppen sind. Aber das ist nur die eine Voraussetzung. Genauso entscheidend ist, dass die neuen Online-Kanäle nicht auf die gleiche Weise bespielt werden können wie die alten Medien – sonst wären das Techtelmechtel mit Bloggern und alle Social-Media-Experimente nutzlos.

Entscheidend ist das neue Denken: eine neue Kommunikationskultur der Unternehmen, eine Kultur der Offenheit, des Zuhörens und des Dialogs. Gewiss – die hat die PR-Theorie immer schon gefordert, aber die Praxis sah fast immer anders aus. Anstatt „Zielgruppen" mit Hilfe von Massenmedien top-down mit ausgetüftelten werblichen Botschaften zu beschallen, müsste das Ziel eine wirkliche Begegnung mit den Menschen sein, mit denen eine Kunden-, Fan- oder Unterstützerbeziehung gewünscht ist. Und weil das Unternehmen von den Menschen etwas will, kann es auch nur eine Beziehung sein, in der diese das Sagen haben. Nicht das, worauf die Unternehmen stolz sind, zählt in diesem Dialog, sondern einzig und alleine, was die Kunden über deren Produkte und Angebote, Services und Verhaltensweise des Unternehmens sagen.

Es geht also um zwei Dinge: erstens um wirkliches Zuhören. Und das ist für PR-Leute alten Schlages besonders schwer. Denn zum einen reden sie am liebsten selbst, und zum anderen meinen sie schon zu wissen, wo es langgehen muss. Zweitens geht es ums Gespräch, um einen echten Dialog, der sich auf Kritik – auch auf unfaire Kritik – wirklich einlässt, der auch Probleme nicht unter den Teppich kehrt, sondern benennt und einordnet, der Ideen und Vorschläge aufnimmt und ernst nimmt. Wer das tut, gewinnt nicht nur Respekt, sondern hat gute Chancen, Menschen emotional einzubinden. Oder rund um eine Marke (das muss nicht kommerziell sein) eine lebendige Community zusammenzuschließen und ihr im Internet – vielleicht auch in der realen Welt – eine Plattform zur Betätigung zu bieten. Beispielsweise indem sie den Menschen die Möglichkeit gibt, eigenständig und unkontrolliert ihren „Consumer Generated Content" zu erzeugen. Nicht das Clipping ist der Endpunkt von PR-Maßnahmen, sondern die Reaktion darauf. Agenturen und Unternehmen werden lernen müssen, zuzuhören, statt nur zu senden. Und dann gilt es, aus einer grundsätzlich anderen Perspektive, nämlich aus der Sicht der Betroffenen, Kunden, Kritiker, über die Handlungen und Ziele der Organisation nachzudenken.

Unternehmen, die sich auf Wikis, Blogs oder andere dieser Instrumente ernsthaft einlassen, müssen sich im Klaren sein: Die Konsequenz ist eine häufig brutale Transparenz, die das Unternehmen oder einzelne

Manager zwingen kann, ihr Verhalten zu ändern. Durch die Möglichkeit, Informationen epidemieartig zu verbreiten, verlagert sich die Macht. Kein Wunder, dass Unternehmenslenker herkömmlicher Provenienz alleine bei dieser Vorstellung spontan Atemnot bekommen. Alternativen gibt es aber nicht, einfach nicht mitmachen ist keine Strategie.

Trostreich ist alleine die Hoffnung, dass diejenigen Optimisten unter den Unternehmensberatern Recht behalten, die genau diesen kulturellen Wandel der Unternehmensstrukturen herankommen sehen. Wichtige Triebfeder: Der Einsatz von Web-2.0-Technologien. Manager, so heißt es, müssten damit rechnen, dass hierarchische Strukturen verschwimmen und die Transparenz im Unternehmen und im Kontakt nach außen massiv zunimmt.[173] Die Rolle des Managers als Organisator und Führungspersönlichkeit, so Harvard-Professor Andrew McAfee, werde dadurch eher noch wichtiger. Aber eben ganz anders: Kommunikationsstärke wird zu einer Schlüsselqualifikation.

## 2 Neue Konzepte in einer neuen Medienrealität

„Ein gutes Konzept ist eine individuelle Planung, die die gestellte spezifische Kommunikationsaufgabe so erfolgreich wie möglich löst. Es zeigt ein ganzheitliches Verständnis dieser Aufgabe und zeichnet sich durch analytische Stringenz aus." Das schreiben Renée Hansen und Stephanie Schmidt in ihrem Standardwerk „Konzeptionspraxis". Warum Konzeptions-Methodik? Dafür gibt es (mindestens) drei gute Gründe:

- Weil jeder seriöse Vorschlag zur Lösung eines Kommunikationsproblems eine verantwortliche Analyse und fundierte Bewertung voraussetzt.
- Weil Kommunikationsplanung eine Herausforderung an die Kreativität ist, die jedoch nicht in ziellose Spielerei ausarten darf.
- Weil geplante Kommunikation Streuverluste klein hält.

Die Entwicklung von Konzeptionen ist keine Wissenschaft. Sie ist in erster Linie eine Methode zur Minderung von Risiken – und fußt auf uralten und hochentwickelten Regelwerken. Jede Konzeption besteht aus zwei Teilen: Von der Faktensammlung und -bewertung bis zum Strategievorschlag folgt sie dem Prinzip *Verdichtung*. Der zweite Teil folgt dem

Prinzip *Differenzierung*, fächert sinnvolle Instrumente und konkrete Maßnahmen innerhalb eines Zeitplans auf, mit denen die Strategie operativ umgesetzt werden kann.

Wir haben anerkannte Fachleute aus Agenturen, Unternehmen und Wissenschaft befragt, wie sie für die Konzeptionspraxis wichtige Entwicklungen und Tendenzen in der neuen Medienrealität einschätzen:

- Christian Anderegg war Mitglied der Geschäftsführung des Schweizer Public Relations Institut in Zürich, heute berät und trainiert er Führungskräfte für interne und externe Kommunikation.
- Dietrich Boelter und Malte Hasse sind geschäftsführender Gesellschafter beziehungsweise stellvertretender Geschäftsführer der Online-Kommunikationsagentur A&B Face2net in Berlin, einem Unternehmen der Frankfurter A&B Communications Group.
- Renée Hansen arbeitet in Frankfurt als freie Beraterin und Trainerin, zuvor war sie Seniorberaterin bei Ahrens & Behrent (heute A&B One) und später Director Corporate Communications und Krisenkommunikation bei Burson-Marsteller.
- Wolfgang Kreuter ist CEO der Düsseldorfer Kommunikationsagentur Euro RSCG ABC, einer Tochter des französischen Weltmarktführers Havas.
- Dr. Martina Rudy ist Leiterin Externe Kommunikation und Pressesprecherin des Regionalversorgers Süwag Energie AG in Frankfurt.
- Dr. Jörg Schillinger leitet die Hauptabteilung Öffentlichkeitsarbeit bei der Dr. August Oetker KG in Bielefeld.
- Prof. Dr. Ansgar Zerfaß ist ordentlicher Universitätsprofessor am Institut für Kommunikations- und Medienwissenschaft der Universität Leipzig.

## Was Experten zu sagen haben

*Die interaktiven Möglichkeiten des Web 2.0 haben den Informationsmarkt von der Bevormundung durch die Gatekeeper in den Redaktionen befreit, sagen die einen. Andere klagen, nun würden all die Widersprüche, die ganze Fülle „unterschiedlicher Wahrheiten" im Netzangebot sichtbar und die Orientierung erschwert. Ist es schwerer geworden, Fakten zu veredeln, zu vertuschen oder gar gezielt Unwahrheiten zu verbreiten?*

CHRISTIAN ANDEREGG: Ehrlichkeit und Transparenz waren schon immer die einzigen Wege, um nachhaltig erfolgreiche Öffentlichkeitsarbeit machen zu können. Das steht schon in den Codices von Athen und Lissabon. Die neuen medialen Realitäten machen da noch mehr Druck.

RENÉE HANSEN: Wenn Blogger Klarnamen verwenden und ihre Quellen offenlegen, wenn Moderatoren die Spreu vom Weizen trennen, sind die Social Media genauso überprüfbar hinsichtlich ihrer Quellen und glaubwürdig wie die herkömmlichen Medien. Dann wird es in der Tat viel schwieriger, vielleicht unmöglich sein, „Wahrheiten" zu inszenieren. Investigativer Journalismus wird vielleicht sogar das Markenzeichen der traditionellen Medien sein, um ihre Existenz zu rechtfertigen.

MALTE HASSE: Die Vertuschung von Fakten oder die Verbreitung von Unwahrheiten wird es immer geben, auch in Zeiten des Social Web. Allerdings wird dies zunehmend schwieriger werden; die Gefahr der Aufdeckung steigt kontinuierlich und führt zu immer nachteiligeren Konsequenzen für die eigene Reputation.

WOLFGANG KREUTER: Kein Blog und keine Community dieser Welt hat die Chance, eine vergleichbare Masse an Informationen zu fördern und zu strukturieren, wie die Massenmedien es vermögen. Im Gegenteil: Blogs rekurrieren ebenso auf Informationen aus allgemein zugänglichen Quellen, und das sind nun mal die Massenmedien. Wir finden in Blogs überwiegend daher Meinungen über Fakten – und selten sind die Fakten neu. Fakten werden auch in Zukunft parteilich „vertuscht", in andere Zusammenhänge gestellt und es werden weiterhin gezielt „Unwahrheiten" verbreitet. Das liegt aber am Zustand der Welt, und der verändert sich nicht durch das Internet.

MARTINA RUDY: Ehrlichkeit und Transparenz sind seit jeher unverzichtbar. Wer dagegen verstößt, bekommt früher oder später die Quittung – und das nicht erst in der Ära des Web 2.0. Viel größere Herausforderungen sind im digitalen Medienzeitalter die neuen Formen der Informationsverbreitung: Im Web 2.0 stehen die Inhalte nicht mehr einer begrenzten Nutzerschaft offen, sie sind jedermann zu jeder Zeit und überall zugänglich. Der Internet-User wird zu seinem eigenen Gatekeeper, der die Informationen aus dem WWW selektiert.

JÖRG SCHILLINGER: Im Gegenteil: Bislang sorgten mehrheitlich gut ausgebildete Gatekeeper dafür, dass nicht jeder Unsinn als angebliche

Wahrheit verbreitet wurde. Fällt diese Filterinstanz weg, wird derjenige, der am lautesten schreit oder am cleversten seine Meinung verbreitet – und sei sie noch so abstrus –, die Informationshoheit erlangen. Und die Masse der Rezipienten wird's einfach glauben ...

ANSGAR ZERFAß: Zumindest wird es schwieriger, zu täuschen oder zu vertuschen, das ist richtig. Und zwar von Seiten der Unternehmen wie von anderen, die ungefiltert falsche Botschaften verbreiten. Denn alles ist von jedem auffindbar und vor allem im Internet sehr langlebig verfügbar. Die Transparenz sorgt dafür, dass Unwahrheiten früher oder später auffliegen.

*„Das Internet macht jedes Unternehmen auch zu einem Medienunternehmen", sagt Werner Bogula in seinem „Leitfaden Online-PR" Die Kehrseite der Medaille: Diese Möglichkeit hat jeder Internetnutzer – auch der Konkurrent, der Kritiker, der Denunziant. Wie geht man damit um?*

RENÉE HANSEN: Medien im klassischen Sinn verstehen sich nicht als Sprachrohr, sondern als kritische Beobachter. Medienunternehmen wurden viele Firmen spätestens, als sie in großer Zahl Kundenzeitschriften gründeten. Aber wer glaubt, ähnlich wie bei diesen Produkten den Umgang mit den Inhalten in jeder öffentlichen Darstellung selbst bestimmen zu können, der irrt.

CHRISTIAN ANDEREGG: Darum wird es immer wichtiger, die Gesamtheit der Öffentlichkeit im Blick zu haben und genau hinzuhören, welche Signale da sind. Und dann gilt es, sensibel zu entscheiden, wie man mit diesen Signalen umgehen will. Die Konzentration auf wichtige Teilöffentlichkeiten kann blind und taub machen für andere Teile, die plötzlich wichtig werden könnten, beispielsweise im Krisenfall.

MALTE HASSE: Die Gefahr der Negativ-Kommunikation wird häufig überschätzt. Einerseits gilt das Korrektiv der Menge (crowd intelligence), zum anderen werden Unwahrheiten in der Regel früher oder später entlarvt. Wenn negative Schlagzeilen sich durchsetzen, gibt es auch einen wahren Kern.

WOLFGANG KREUTER: Einwirkungsmöglichkeit auf Bekanntheit, Image oder öffentliche Meinung ist und bleibt eine Frage der finanziellen Macht. Nur wer darüber verfügt, kann auch via Internet (nachhaltige!) Erfolge erzielen. In bestehenden Dialoggruppen konnte jeder Akteur schon von jeher seine Themen setzen, so er denn welche anzubieten hatte. Das ist durch das Internet sicher in eine neue Dimension befördert worden, aber sind wir ehrlich: Kaum jemand kommt auch hier über seinen Kreis hinaus, wenn er nicht viel Geld in die Hand nehmen kann oder ein wirklich innovatives Projekt startet, das Paradigmen in Frage stellt (das „Blair Witch Project"[175] als Musterbeispiel).

MARTINA RUDY: Ein systematisches Web-Monitoring ist unerlässlich. Daraus müssen dann aber die richtigen Rückschlüsse für eine strategische Öffentlichkeitsarbeit gezogen werden. Die beste Versicherung gegen Anwürfe von außen ist jedoch eine konsequente, an den Bedürfnissen der Stakeholder orientierte strategische Kommunikationsarbeit. Empathie und Dialogbereitschaft sind nicht mehr nur zentrale Stoßrichtungen der Unternehmenskommunikation, sondern auch der Unternehmensführung insgesamt.

JÖRG SCHILLINGER: Jede Organisation sollte durch permanentes Monitoring zumindest in Ansätzen mitbekommen, was über sie im Web berichtet wird, und sie sollte in der Lage sein, diese Information auch zu gewichten: Ist der Beitrag positiv, neutral, negativ, eventuell sogar schädlich? Die Organisation sollte dann aber auch in der Lage sein, angemessen zu reagieren. Und gleichzeitig sollte sie die positiven Möglichkeiten des Web für sich nutzen und, wo immer möglich, nach den Spielregeln des Web kommunizieren.

ANSGAR ZERFAß: Das ist eigentlich nichts Neues – schon seit Jahren gibt es den Trend, dass Unternehmen sich ihre Kommunikationsplattformen selbst schaffen, sei es durch Corporate Publishing als Komplementär zur Medienarbeit oder durch eigene Fachkongresse als Alternative zum Sponsoring von Branchenveranstaltungen. Wenn heute und in Zukunft Nachrichtenportale oder Web-TV-Kanäle betrieben werden, ist das letztlich nur eine Fortführung dieser Idee in interaktivem Gewand.

*Die Grenzen zwischen den Medien und ihren Zulieferern in den Pressestellen und Agenturen lösen sich auf, die Glaubwürdigkeit der Medien geht verloren, der Öffentlichkeitsarbeit kommt ihr bisher entscheidender Partner abhanden: Welche Folgen hat das für die PR-Arbeit?*

MALTE HASSE: Für die Öffentlichkeitsarbeit bietet das Social Web ganz neue Kanäle. Erstmals ist es möglich, direkt und ungefiltert zu kommunizieren und in einen echten Dialog mit den Konsumenten einzutreten – wenn die Öffentlichkeitsarbeit dies richtig angeht. Das erfordert natürlich neue Kompetenzen im Umgang mit Formaten und Sprache im Netz. Wenn die herkömmlichen Medien als Partner der Öffentlichkeitsarbeit ausfallen, bedeutet das nicht den Verlust der Kommunikationsfähigkeit.

CHRISTIAN ANDEREGG: Ich erinnere an die Materndienste und ähnliche Erscheinungen in den achtziger und neunziger Jahren. Und ich denke an die kurze Phase, in der die Werbung in ihren Spots die Nachrichtenstudios kopiert hat – als ob die Leute darauf hereinfallen würden, dass plötzlich Tütensuppen und Kosmetikartikel den Rang von Nachrichten bekommen.

RENÉE HANSEN: Das Ungemach fängt schon früher an: Wenn die Verlage Zentralredaktionen und Newsdesks für ganz unterschiedliche Medientypen aufbauen, stehen den PR-Schaffenden erheblich weniger Ansprechpartner zur Verfügung, die noch dazu ganz unterschiedliche Aufgaben haben. Und Gefälligkeitsartikel oder gleich die Übernahme von PR-Aufträgen durch Presseleute führen nachhaltig zu einem Verlust an Glaubwürdigkeit, der den Medien vermutlich ebenso schaden wird wie den Unternehmen.

JÖRG SCHILLINGER: In einigen Regionen Deutschlands kann man inzwischen ohne „Druck- oder Sendekostenzuschuss" überhaupt keine Themen mehr in die Redaktionen bringen, was budgetschwachen Pressestellen die Arbeit nahezu unmöglich macht. Andersherum: Wer Geld zum Zahlen hat, hat einen verlässlichen, weil gekauften Partner. Langfristig viel schlimmer aber wiegt der potentielle Verlust der Glaubwürdigkeit von Medien mit der Folge, dass Leser, wenn sie denn schon mit gefühlten Unwahrheiten konfrontiert werden, diese lieber im kostenlosen Internet als über bezahlte Medien beziehen.

WOLFGANG KREUTER: Kooperationen zwischen Medien und Unternehmen gab es immer, und sie sind nicht durch die Wettbewerbssituation mit dem Internet verstärkt worden. Allenfalls müssen sich jetzt Medien immer mehr fragen, wie sie ihre Relevanz als Werbeplattform noch erhalten können? Die Glaubwürdigkeit der Medien wird dadurch nicht beeinträchtigt, eher im Gegenteil: Die Medien, deren Zweck die Unterhaltung ist, werden auch als solche gekauft. Die Medien, die der seriösen Information halber erworben werden, stehen nach wie vor in ihrer Glaubwürdigkeit hoch über allem, was da sonst sich als Medium geriert.

MARTINA RUDY: Bei den anerkannten Qualitätsmedien sind nach wie vor die Journalisten die Gatekeeper, die über die kommunizierten Inhalte entscheiden. Und genau auf diese Inhalte kommt es letztendlich an. Wer sich in den Grauzonen der Medienarbeit bewegt, stolpert hingegen früher oder später ohnehin über seine eigenen Füße.

*Die schrankenlose Ausbreitung von Informationen über die neuen Netztools und der „Long-Tail"-Effekt macht alle Grenzen zwischen Zielgruppen durchlässig. Müssen sich die professionellen Kommunikatoren von der Vorstellung lösen, die Meinungsbildung oder den Grad an Informiertheit in klar definierten Teilöffentlichkeiten steuern und kontrollieren zu können?*

CHRISTIAN ANDEREGG: Die Schwierigkeit zeigte sich schon vor Jahren, als die Zeitschriften- und Sendervielfalt rasch wuchs. Wer heute daran glaubt, den Informationsfluss und Kommunikationsvorgänge kontrollieren zu können, der wird sein blaues Wunder erleben. Es ist allenfalls möglich, Anstöße zu geben und Themen vorzuschlagen.

DIETRICH BOELTER: Die Atomisierung der Zielgruppen erfordert technisch ausgereifte Monitoringinstrumente, damit eine Marke oder auch ein Unternehmen weiß, wer was im Netz über eine Marke oder ein Unternehmen „erzählt". Gleichzeitig hat man mit diesen Instrumenten die Möglichkeit, dem vielfältigen Dialog im Netz zuzuhören. Diese technischen Grundlagen sind neu in der Kommunikationsberatung zu etablieren, wenn man die Chance zum Dialog mit den kleinteilig definierten Teilöffentlichkeiten wieder ergreifen möchte – mit dieser neuen Unübersichtlichkeit im Netz professionell umzugehen, erfordert mehr Mühe und neues Know-How, aber es ist möglich und führt auch wieder zurück zu anderen Möglichkeiten der Meinungsbildung.

RENÉE HANSEN: Die Vorstellung, jeder könne sein Kommunikationsgärtchen nach seinen Vorlieben bepflanzen, ist irrig. In der neuen medialen Wirklichkeit rankt und wuchert so viel, das macht nicht vor der Gartenmauer halt. International aufgestellte Unternehmen arbeiten unter anderem deshalb mit Netzwerkagenturen zusammen, weil sie Entwicklungen irgendwo in der Welt erkennen und ihnen gegensteuern, bevor sie Deutschland erreicht haben.

MALTE HASSE: Steuern und kontrollieren in dem Sinne, wie man es bisher gekannt hat, wird in der Tat nicht mehr möglich sein. Die Kommunikatoren müssen sich auf die neuen Kanäle und die neuen Möglichkeiten einlassen, und lernen, diese zu nutzen. Wer sich das Social Web zunutze macht, hat nach wie vor Möglichkeiten der Meinungsführung, lediglich in einer anderen Ausprägung, als dies bisher der Fall war. Grundlage dafür sind Transparenz und die Fähigkeit zur One-to-One-Kommunikation.

MARTINA RUDY: Zwar ermöglicht das Internet den Zugriff auf Informationen für jedermann. Die strategische Unternehmenskommunikation muss sich auf den veränderten Selektionsprozess einstellen. Umso wichtiger ist eine gezielte Anpassung der kommunizierten Inhalte an die Zielgruppen, die jeweils erreicht werden sollen.

JÖRG SCHILLINGER: Professionelle Kommunikatoren müssen durchaus weiterhin ihre Zielgruppen ansteuern. Aber in der Tat sollten sich die Absender damit arrangieren, dass ihre Botschaften unglaublich streuen können und sie daher keinesfalls die Meinungsbildung der Web-User exakt steuern und schon gar nicht kontrollieren können.

*Multimediale Angebote werden zum Standard im Web. Wir meinen, PR-Schaffende werden künftig professionelle Audio- und TV-Qualität anbieten müssen. Wie sehen Sie das?*

DIETRICH BOELTER: Dazu wird wesentlich mehr Personal benötigt werden. Und ob diese Wertschöpfung immer direkt in den Agenturen stattfindet, möchte ich in Frage stellen. Mir erscheint ein vernetztes Arbeiten mit spezialisierten und kreativen Produktionsfirmen attraktiver. Kleinteilige, vernetzte Kreativität passt auch besser in den Kommunikationsraum Internet als einfaches Insourcing. Agenturen und die Verantwortlichen in den Kommunikationszentralen der Unternehmen stehen vor großen Herausforderungen.

MARTINA RUDY: Dass sich die Grenzen zwischen den Medien mehr und mehr auflösen, ist nicht neu. Sie hat aber durch die Entwicklung des Web 2.0 eine Dynamik bekommen, die neue Anforderungen an die Unternehmenskommunikation stellt: PR-Schaffende müssen zumindest lernen, multimedial zu „denken". Das wird genauso zum Standard werden wie die Fähigkeit, schreiben und Texte beurteilen zu können.

ANSGAR ZERFAß: Absolut richtig, aber nicht nur das. Über das Handwerkszeug für Web-TV und Audio hinaus muss man auch wissen, was wie von den Rezipienten genutzt wird und wie sich Kommunikationswirkung medienübergreifend evaluieren lässt. Nur dann kann man auch crossmedial planen und budgetieren. Hier ist noch viel zu tun.

*Die Öffentlichkeit will Personen sehen, nicht anonyme Organisationen: Geschäftsführer und Vorstände, Verbands- und Verwaltungslenker, Forscher und Verantwortliche – sofort, kompetent und eloquent. Wird die Kommunikationspraxis zur Chefsache?*

RENÉE HANSEN: Von Robert Bosch ist das Zitat überliefert: „Ein guter Unternehmer will nur zwei Mal in seinem Leben in der Zeitung stehen – mit der Geburts- und mit der Todesanzeige." Dann wuchs langsam aber stetig die Akzeptanz, dass die Medien ein Recht auch auf Informationen aus erster Hand haben, und heute ist zu beobachten, dass immer häufiger die Macher selbst vor die Kameras gebeten werden. Ein gutes Beispiel ist Martin Blessing, der Vorstandsvorsitzende der Commerzbank AG, der während der schwierigen Monate rund um die Übernahme der Dresdner Bank mitten in der Finanzkrise ständig in allen Medien präsent war. Viele Mittelständler, Verbandschefs und Kommunalpolitiker haben aber gerade erst die Notwendigkeit von Public Relations akzeptieren gelernt.

CHRISTIAN ANDEREGG: Das ist heute schon so, in den großen Unternehmen und Organisationen wie auch in der Politik. Pressesprecher und PR-Chefs müssen ihre Vorzeigeleute gut beraten, im Zweifel auch trainieren. Wenn eine Bundeskanzlerin sich wöchentlich per Podcast selbst ans Volk wendet, welche Bedeutung hat dann noch der Regierungssprecher?

JÖRG SCHILLINGER: Nicht jeder Topmanager ist ein guter Kommunikator. Aber er kann anstreben, einer zu sein. Dabei können professionell ausgebildete Kommunikationstrainer erheblich behilflich sein. Wer immer in die Medienöffentlichkeit geraten könnte oder möchte, sollte sich dafür in Medientrainings fit machen beziehungsweise halten!

MALTE HASSE: Die grundsätzlichen Anforderungen an die Medienkompetenz steigen. Nicht nur der Umgang mit audiovisuellen Medien, auch die Nutzung des Social Webs stellt zusätzliche Anforderungen an Führungskräfte. Das Überlassen der Social-Web-Kommunikation an Statthalter ist keine tragbare und dauerhafte Lösung – hier muss genau wie im Umgang mit audiovisuellen Medien eigene Kompetenz aufgebaut werden. Je stärker Web-Formate individuell bedient werden müssen, desto weniger können die Akteure mit den üblichen Floskeln arbeiten.

MARTINA RUDY: Entscheider und Toprepräsentanten müssen erkennen, dass ihr kommunikativer Beitrag erfolgskritisch für den Unternehmenserfolg ist. Sie müssen akzeptieren, dass Kommunikation Zeit kostet, sich dieses Investment aber lohnt. Und: Eine enge Vernetzung von Kommunikationsverantwortlichen und Unternehmensspitze ist mehr denn je geboten.

ANSGAR ZERFAß: Die Bereitschaft der Chefs, selbst in Rampenlicht zu gehen, wächst. Das ist in erster Linie eine Generationenfrage. Medientrainings auf oberster Ebene können das Problem aber nur kurzfristig lösen. Unternehmen müssen früher ansetzen und durch Auswahl- und Förderprozesse mehr Menschen in Verantwortung bringen, die mit den Medien umgehen und auch persönlich kommunizieren können. In der Politik ist das schon weit fortgeschritten – die Wirtschaft wird hier nachziehen müssen.

*Wer in der Zeit von Blogs, „Twitter" und Communities Kommunikation plant, muss vor allem lernen, zuzuhören und bei Bedarf flexibel zu reagieren. Wie müssen künftige PR-Konzeptionen unter diesen Prämissen aussehen?*

DIETRICH BOELTER: Bis heute ist die Blogosphäre ein zusätzliches Medium, das eine immer noch steigende Zahl von Menschen interessant findet. Auch wenn viel Unsinn in den Blogs steht – es gibt eben auch die gut gemachten und seriösen Beispiele. Und ein erheblicher Teil der Blogger sind Journalisten der etablierten Medien. Man wird am Ball bleiben und abwarten müssen – heute ist bloggen ja für einige schon wieder out, twittern ist angesagt. Und Twitter hat sich mittlerweile zu einem ernstzunehmenden „Echtzeit-Kommunikationskanal" entwickelt. Dabei gilt aber weiterhin: Eine gute Strategie sucht sich jeweils die passenden Instrumente und Kommunikationskanäle.

RENÉE HANSEN: In der strategischen Planung müssen von vornherein Elemente berücksichtigt werden, die in irgendeiner Weise Einfluss auf die Inhalte, den Kommunikationsfluss etc. nehmen könnten. Die Analyse von Kommunikationssituationen wird deutlich komplexer; zum Beispiel wird es wichtig zu wissen, aus welchen Richtungen mit Unterstützung oder mit Kritik zu rechnen ist. Der Anteil der Risikoabschätzung wird größer. Und wenn Gegenwind kommt, wird auch die Selbstkontrolle wichtiger.

WOLFGANG KREUTER: Was das Internet an Überraschungen bereithalten kann, ist bei einer exakten Kommunikations- und Risikoanalyse überschaubar. Allerdings muss die Analyse auch wirklich exakt sein, das heißt, sie darf keine Tabus kennen.

MARTINA RUDY: Mit den Web-2.0-Instrumenten können Community-Netzwerke gezielt aufgebaut und kontinuierlich mit unternehmensstrategisch ausgerichteten Informationen versorgt werden. Kommunikationskonzepte müssen diese Tools ergänzend einsetzen und sich auf diese Formen der Online-Kommunikation ausrichten. Unternehmen müssen lernen, sich in der digitalisierten Medienwelt zu bewegen und neu zu agieren.

JÖRG SCHILLINGER: Eigentlich ganz einfach und wie immer: Diese Konzepte müssen sich an den Spielregeln der Kommunikationswege beziehungsweise Medien orientieren. Das heißt, die Transportart der Botschaften muss dem jeweiligen Kanal angepasst werden, damit sie ankommt. Es gilt einfach die alte Regel: Mit den Augen des Fisches sehen, nicht mit denen des Anglers – dann klappt's, garantiert!

ANSGAR ZERFAß: Die Möglichkeiten, sich über ein Weblog als Unternehmen darzustellen, sind begrenzt. Eine gekonnt gemachte Internetpräsenz kann häufig mehr leisten. Auch dort kann man dialogisch kommunizieren – und wenn man die Vorteile von automatischer Vernetzung und Trackbacks nicht benötigt, ist das häufig besser in interne Prozesse integrierbar als der spezifische Workflow eines Blogs, der häufig hohe Personalkosten verursacht.

## 3 Erfolgskontrolle in den Zeiten des Social Web

„Wer nicht weiß, wohin er will, für den ist jeder Weg der richtige", lautet ein arabisches Sprichwort. Kommunikationsmanager sollten ihre Ziele kennen – realistisch, hierarchisch sortiert und messbar. Wer wissen will, welcher Weg gangbar ist, benötigt Informationen – wie sonst wäre Alexander von Humboldt wohl zum Gipfel des Chimborazo gelangt? Er hat sich von den Indios der Gegend unter dem Äquator führen lassen, sie kannten die Wege. Immer deutlicher zeigt sich, dass ein Zugehen auf die Menschen und ein sensibles Hinhören, auf das, was sie sagen, die wichtigsten Voraussetzungen für erfolgreiche Kommunikation sind. Der Weg zum Erfolg sollte also noch vor der Strategiefindung, nämlich bei der Planung, bei der Analyse der Ausgangssituation gesucht werden.

> Eine Behörde in Nordrhein-Westfalen war eigens geschaffen worden, um Flüsse und Bäche im Ruhrgebiet, die jahrzehntelang zu Abwasserkloaken der Industrie herabgewürdigt worden waren, in einen naturnahen Zustand zurückzuführen. Überraschenderweise war das gar nicht so einfach. Viele Anwohner der Gewässer protestierten, weil sie Nachteile für sich fürchteten: Die geplante Verbuschung der Ufer hätte mehr Schatten und reichlich Laubfall für ihre Gärten zur Folge, die Wiederansiedlung von Wieseln und Füchsen bedeutete Gefahr für Tauben- und Kaninchenzüchter. Während sich in Kneipengesprächen und Online-Foren bereits der Widerstand formierte, stellte sich die Behörde taub und ließ Prospekte drucken, die den geplanten neuen Lebensraum für Stichling und Laubfrosch, Iltis und Libelle bejubelten. Seit etlichen Jahren tobt nun der Kampf für die Idylle, die keiner will ...

Das Verhältnis der Ausgaben der deutschen Wirtschaft für Werbung auf der einen und Public Relations auf der anderen Seite liegt etwa bei 10:1, seit Jahren gleichbleibend: 30,8 Milliarden Euro (2007)[176] gegenüber schätzungsweise 3,2 Milliarden Euro. Etwa ein Fünftel der Werbeausgaben fließt in die Wirkungskontrolle – für die PR-Branche liegen darüber nicht einmal Angaben vor. Der Vergleich bebildert ein Dilemma: Der Erfolg von PR besteht in gewachsenem Vertrauen, veränderten Einstellungen, Imagewandel, anderem Verhalten oder erhöhtem Bekanntheitsgrad – in erster Linie Folgen von vermehrter Information. Exakt messbar waren solche abstrakten Werte bisher jedoch nur mit erheblichem Aufwand, mit Methoden der Markt-, Meinungs- und Trendforschung. Die Etats der Unternehmen, Verbände und Institutionen für Öffentlichkeitsarbeit machen solchen Aufwand in der Regel unmöglich. „Erfolg" der Öffentlichkeitsarbeit bemisst sich in aller Regel an Oberflächlichkeiten.

## Die Zahl der Veröffentlichungen besagt nicht viel

Wenn Zeitungen, Magazine, Radio oder Fernsehen die Informationen aus der Pressestelle übernehmen, ist das ein leicht feststellbarer „Erfolg". Zeitungs- und Magazinausschnitte können eine eindrucksvolle Menge erreichen. Hinzu können Mitschnitte von Fernseh- und Radiosendungen kommen; auch Screenshots, welche die Aufnahme von Firmeninformationen durch Online-Redaktionen belegen. Wer überprüfen will, wie viele Veröffentlichungen jeglicher Art eine Pressemitteilung, ein Medien-Event oder eine Veranstaltung erzielt haben, kann dafür eine ganze Phalanx von Dienstleistern zur Medienbeobachtung in Anspruch nehmen. Sie liefern Belege, in welchen Medien Artikel erschienen sind beziehungsweise Beiträge zum Thema gesendet wurden. Der Kunde bekommt die Ausschnitte mit exakten Angaben über Medientitel und -auflage, Seite der Veröffentlichung, Ressort/Rubrik und Erscheinungsdatum. Das heißt aber lediglich, dass jeder Nutzer dieser Medien die prinzipielle Gelegenheit hatte, die Veröffentlichung wahrzunehmen – mehr nicht. Ob ein individueller Medienkunde die spezifische Information tatsächlich wahrgenommen, gelesen, verstanden oder sogar Schlüsse für sich daraus gezogen hat, ob eine Information also Wirkungen zur Folge hat, bleibt im Dunkeln. Das gleiche gilt für Hörer- oder Zuschauerquoten in Radio und Fernsehen: Der Fernsehapparat lief – mehr weiß man nicht.

Auch die Nutzung von Internetauftritten ist quantitativ messbar: Es gibt unterschiedliche Zählvarianten, wie „Visits“ und „Page Impressions“: „Visits“ messen die Zahl der Interessenten, die eine Seite anklicken, „Page Impressions“ (PI, auch „Clicks“ genannt) erfassen die Zahl auch mehrfacher Besuche einer Website durch dieselbe Person. Das Problem: Ein Angebot wie „Spiegel Online“ klickt der gleiche User mehrmals täglich an, weil sich tatsächlich das Nachrichtenangebot schnell erneuert und er sich dafür interessiert. Online-Medien haben eine Fülle von Tricks entwickelt, um die Zahl der PI künstlich in die Höhe zu treiben. Die Homepage eines Modehauses stellt zum Beispiel eine Galerie mit 50 Fotos seiner Frühjahrskollektion ins Netz, jedes Mal auf einer neuen Seite. Die Click-Zahlen vergleichen Äpfel mit Birnen und bleiben darum belanglos.

Es ist noch nicht allzu lang her, dass „Ausschnittdienste“ ihre Lesefrüchte per Post zum Kunden schickten – in der guten alten Zeit, vor vielleicht 15 Jahren. Mit dem Aufkommen von Online-Redaktionen und parallel des E-Mail-Versands war es sinnvoller, die gesamte Dokumentation von Medienveröffentlichungen elektronisch zu handhaben. Nicht nur die Marktführer „Cision“ (früher „Argus Observer“), „Landau Media“ oder „Ausschnitt“ – alle, auch einige spezialisierte PR-Agenturen, haben sich auf elektronische Verfahren umgestellt. Mit Instrumenten wie „elektronischen Pressespiegeln“, „Web-Crawlern“, „Web-Monitoring“ oder „semantischen Suchmaschinen“ – kann man aber nicht nur die Resonanz auf die eigenen PR-Maßnahmen im Blick behalten. Die Medienerfolge oder -misserfolge der gesamten Branche einschließlich der Wettbewerber werden sichtbar.

Moderne Clipping-Services bieten eine schnelle und zuverlässige Möglichkeit der Erfolgskontrolle. Sie beobachten Medien jeglicher Art und analysieren, was über das Unternehmen, die Produkte und Marken, über Wettbewerber, Partner und Umfeld veröffentlicht wurde und wird. Ohne Zeitverlust können 24 Stunden am Tag aktuell Informationen darüber abgerufen werden – per E-Mail, RSS-Feed oder sogar SMS. Der Marktführer „pressrelations“ (www.pressrelations.de) erfasst mit seinem Instrument „NewsRadar“

- über 8.500 Online-Medien,
- fast 1.000 Printmedien,
- 130 Radio- und 22 TV-Sender inklusive ihrer Videotextkanäle,
- 10 führende Nachrichtenagenturen,
- über 4.000 Blogs, Vlogs, Foren und Communities im Web.

Das hat seinen Preis – den kleine und mittelständische Unternehmen oder Non-Profit-Organisationen oft nicht aufbringen können. Abhilfe bieten hier kostenlose Suchmaschinen wie „www.paperazzi.de“. Mit Hilfe ausgewählter Suchwörter durchforstet ein News-Crawler zahlreiche Online-Publikationen; der Interessent erfährt per E-Mail, ob und wann zu diesen Begriffen etwas erschienen ist. Noch effizienter ist ein kostenloser Service von „Google“: Wer auf der Startseite „News“ ansteuert, kann in einem Nachrichtenportal Neuigkeiten aus über 700 deutschsprachigen Quellen studieren, nach Relevanz sortiert und alle fünfzehn Minuten aktualisiert. Der Witz bei der Sache: Wenn die Google-Technologie eine Nachricht als relevant einstuft, muss sie eine gewisse Bedeutung haben, denn sie ist dann bereits auf vielen Kanälen gelaufen. „Google-News“ sind darum eine Art Trend-Barometer, das erkennen lässt, wie wichtig andere Medien eine Nachricht nehmen. Wer möchte, kann bei Google kostenlos einen Benachrichtigungs-Service (Google Alerts) per E-Mail nach selbst definierten Stichworten einrichten. Der Crawler durchsucht den Informationsmarkt nach den eingegebenen Stichworten. Sobald eine Nachricht als relevant erkannt wurde, bekommt der Kunde eine E-Mail über den Fund.

Solche kostenfreien Lösungen können nicht die Fülle abdecken, die zum Beispiel „pressrelations“ liefert, weil nur kostenlose Quellen genutzt werden. Andererseits werden die Tendenzen der Berichterstattung auch durch diese Auswahl ausreichend sichtbar, so dass jedes Unternehmen erkennen kann, welche Informationen, Interpretationen oder auch Falschmeldungen im Umlauf sind.

## Auf die inhaltliche Komponente kommt es an

Sinnvoll ist Medienbeobachtung zur Messung von PR-Erfolgen nur, wenn sie Aussagen inhaltlicher Art über die Rezeption ermöglicht. Seit mehr als zwei Jahrzehnten erweist sich die Medienresonanzanalyse (MRA) als dafür gut geeignetes Instrument. Sie erfasst die Rahmenbedingungen, unter denen eine Organisation kommuniziert, bezieht die Unternehmensphilosophie ebenso mit ein wie Einflussfaktoren aus dem Wettbewerb oder in den Medien selbst, und misst erst dann das Echo einer Information, und zwar quantitativ wie inhaltlich: Welche Medien, welche Platzierung, wer ist die Quelle der Information, Tenor des Berichts, Wiedergabe der Kerninformation, Meinungstendenz, Namensnennungen etc. Mit diesen Daten ist es möglich, auf die Kommunikation eines Unternehmens zurückzuwirken.

> Angenommen, die finanzielle Lage des Unternehmens wird in der Mehrzahl der Veröffentlichungen negativ, die Produktpalette hingegen positiv beschrieben: Für den Erfolg der weiteren Medienarbeit wäre es wichtig, an einer Verbesserung der Finanzkommunikation zu arbeiten, während die Produkte in der Kommunikationsstrategie einen größeren Stellenwert erhalten sollten. Außerdem ist es interessant zu wissen, wer die Wertung in den Artikeln verursacht: Ist es der Autor, sind es Marktbeobachter oder stammen die unvorteilhaften Äußerungen über das Finanzgebaren aus dem Unternehmen selbst? Abhängig vom Ergebnis sind unterschiedliche Lösungsansätze erfolgversprechend: Sei es, Journalisten mit den konkreten Zahlen zu überzeugen, oder die Gerüchtequelle zu finden und stillzulegen.

Die MRA eignet sich dazu, den Status quo in der Berichterstattung zu ermitteln, eine abgeschlossene Aktion auszuwerten oder eine laufende Kampagne langfristig zu beobachten. Dabei ist es möglich, sie über Feedback von Signalen aus der Analyse zu steuern und so zu verändern, dass sie mit möglichst größter Wirkung weiterlaufen kann. Eine MRA ist universell einsetzbar und lässt mehr erkennen als reine Veröffentlichungszahlen. Wenn die Kriterien richtig angelegt sind, erlaubt sie Aussagen darüber, ob Medien die erwünschten Botschaften im Sinne der Kommunikationsstrategie verbreitet haben. Der „Erfolg" bezieht sich aber immer noch auf die Veröffentlichung, auf den „Output": Inwieweit ist es gelungen, Informationen auf die Medien zu übertragen?[177]

Sämtliche bekannten Medienbeobachtungsdienste haben in letzter Zeit ihren Beobachtungshorizont auf das Web 2.0 ausgedehnt. Dessen interaktive Medienwelt macht es erstmals möglich, direkt zu erfahren, wie eine Information auf das Denken und Handeln von Menschen wirkt. Wer eine Nachricht als Anlass nimmt, sie in sein Blog aufzunehmen und weiterzureichen, oder Kommentare von lobend über spöttisch bis ärgerlich dazu zu verfassen, macht durch seine Reaktion das Ausmaß seines Interesses oder seiner Betroffenheit öffentlich. Das geht über die bisherigen Möglichkeiten der Erfolgsmessung durch Medienbeobachtung weit hinaus: Wir können nicht nur erfahren, ob eine Information die Zielgruppen erreicht hat (Outgrowth), sondern aus deren Reaktionen können wir ableiten, welche Wirkungen sie auf das Denken, Fühlen und Handeln hat (Outcome).

Einzelmeinungen können rasch zu Trends heranwachsen, wenn sich Menschen austauschen und feststellen, dass andere ihre Meinung teilen. Blogs – und auch solche Kleinformen wie Twitter – sind zu nichts anderem da, als solchen Austausch zu fördern. Durch ihren hohen Grad an Vernetzung und die Geschwindigkeit ihrer Verbreitung können sie ein wichtiges Frühwarnsystem sein: Welche Themen sind gerade aktuell, was äußern Web-Nutzer über Produkte, Personen, Images von Unternehmen, an welcher Stelle baut sich Unmut auf?

> Wenn annähernd zwei Dutzend Blogs sich mit den negativen Erfahrungen befassen, die Kunden der Deutschen Bahn machen, deutet das Signal eindeutig auf Rot: Stopp, so geht das nicht weiter. Viele Bahn-Kunden machen sich offenkundig eigene Gedanken und lassen sich nicht einreden, Verspätungen, schmutzigen Waggons und undurchsichtigen Preisen sei nicht abzuhelfen. Auch wenn sie es scheinbar mit Humor nehmen[178], künden die zahlreichen Beiträge von großem Ärger.

## Web-Monitoring kann vor Überraschungen schützen

Eine aktuelle Studie zeigt: Es sind die Unternehmensführer, die als Bremser in Erscheinung treten. Obwohl zwei Drittel von ihnen das Image ihrer Unternehmen durch die Weltfinanzkrise und ihren Folgen in großer Gefahr sehen, unterschätzen sie das Risiko, das von negativen Äußerungen der eigenen Mitarbeiter oder von versehentlich ins Web gelangten Informationen ausgehen kann.[179] Nur jeder Fünfte von weltweit über 700 befragten Vorständen erkannte das Gefährdungspotential; zwei Drittel zeigten sich entweder ahnungslos oder wollten nicht wahrhaben, dass Mitarbeiter in privaten Blogs kritische Inhalte im Netz verbreiten können. Unterhalb der Ebene der Topentscheider sieht das Management dagegen ganz realistisch, welche Folgen breit gestreutes Insiderwissen von entlassenen Mitarbeitern, unterbezahlten Zulieferern, Gläubigern oder enttäuschten Geschäftspartnern haben kann.

> Unter die Einträge von „Facebook“ mischen Scherzbolde immer häufiger gefälschte Seiten. Betroffen sind bislang vor allem Prominente aus dem Showgeschäft – mit 21 Fakes führt die Oscar-Preisträgerin Kate Winslet zurzeit knapp vor US-Popsängerin Britney Spears. Aber auch Unternehmenslenker und Politiker in den USA wurden bereits Opfer von Fälschern.

Tatsächlich gehört ein unablässiges Web-Monitoring heute zum Pflichtprogramm für Kommunikationsmanager. Äußerungen auf Weblogs und auch ihre Variante im Kleinformat, Twitter-Mitteilungen, müssen systematisch und professionell in die Medienbeobachtung einbezogen werden, um schnell zu erfahren, wie über das eigene Produkt und die Konkurrenz diskutiert wird. So lassen sich Gerüchte und Meinungen frühzeitig identifizieren, um darauf angemessen zu reagieren. Das ist gar nicht so schwer: Relevante Blogs lassen sich über Suchmaschinen recht einfach identifizieren. Es ist auch nicht nötig, ständig selbst nachzuschauen, wer da was schreibt. Über ein RSS-Feed kommt ohne Zeitverlust ins Haus, was an Neuem auf dem Blog passiert. So hat der Finanzdienstleister MLP AG sicherlich die Einträge auf „mlpwatchblog.com“ abonniert – und die Deutsche Bahn AG hoffentlich wenigstens einige der kritischen Blogsites. Wer die Mittel dazu hat, lässt sich darüber hinaus von einem Medienbeobachter unterstützen.

Beim Hinhören auf „Bloggers Stimme“ ist größte Sensibilität und Ernsthaftigkeit gefragt. Viel zu leicht tun PR- und andere Verantwortliche die Bloggerei oder das Geschnatter in Kurzmitteilungen mit einer wegwerfenden Handbewegung ab. Dabei signalisiert auch manches dumme Wort: Da beschäftigt sich jemand mit meiner Sache. Wem es in den Fingern juckt, so dass er in die Tasten greift und ein paar Zeilen oder gar einen langen Text öffentlich macht – dem ist eine Sache zumindest nicht gleichgültig. Und das wiederum sollte einem PR-Schaffenden nicht egal sein, denn er hat es mit einem potentiellen Multiplikator zu tun, vielleicht einem Freund – oder einem Gegner.

Das Tückische an Weblog-Einträgen ist: Sie sind mit einer permanenten URL versehen und jeder einzelne Beitrag bleibt daher dauerhaft im Internet verfügbar – der berüchtigte Long-Tail-Effekt. Gerät ein Unternehmen erst in eine Online-Krise, ist es fast unmöglich, die Negativschlagzeilen wieder in den Hintergrund zu drängen. Während ein ärgerlicher Beitrag in einer Tageszeitung, im Radio oder TV schnell wieder vergessen ist, bleibt er im Internet auch nach Jahren präsent und leicht auffindbar. Wie aber als Unternehmen auf kritische Beiträge in Weblogs reagieren? Abmahnungen oder Klagen lassen die Wellen noch höher steigen und führen nur zu weiteren Einträgen und Verlinkungen.

> Für den Betreiber des Weblogs „Netzpolitik.org" war es eine klare Sache: Als Markus Beckedahl das interne Memo des Berliner Datenschutzbeauftragten zur Bespitzelungsaffäre bei der Deutschen Bahn zugespielt bekam, veröffentlichte er das Dokument in seinem Blog. Daraufhin schickte ihm die Rechtsabteilung des Unternehmens eine Abmahnung: Dieser „Verrat von Betriebs- und Geschäftsgeheimnissen" müsse sofort ein Ende haben, andernfalls drohten die Hausjuristen der Bahn mit dem Strafrichter. Innerhalb weniger Tage machte das Thema Schlagzeilen in der gesamten Medienbreite.

Ein typisches Beispiel dafür, wie sehr die Macht dieser vernetzten neuen Multiplikatoren noch immer unterschätzt wird. Häufig ist es besser, nichts zu tun, um die Verbreitung der negativen Inhalte nicht noch selbst zu fördern. Wer gute Argumente ins Feld führen kann, sollte dagegen das Gespräch suchen. Unter der Voraussetzung, dass der Absender transparent ist, können Unternehmen durchaus in einen Dialog mit Bloggern treten und in einem sachlich gehaltenen Kommentar ihre Sicht der Dinge schildern.

## Raffinierte Werkzeuge für die Strategie-Optimierung

Neue Instrumente zur Blog-Beobachtung und -überwachung liefern mit Statistiken und Analysen zusätzliche Informationen und Hinweise, wie intensiv und von wem Blogs genutzt werden. Damit lassen sich die eigene Wirkung in fremden Blogs oder die Relevanz des eigenen Blogs überwachen. Spezielle Werkzeuge erlauben, die Analyse von Blog-Inhalten auf verschiedene Kriterien, zum Beispiel die Wortwahl oder den Grad der Übernahme von Begrifflichkeiten zu stützen. Es ist möglich, die Analyse auf aktuelle Seiten zu beschränken oder auf das historische Geschehen auszudehnen. Bei allen lässt sich ohne großen Aufwand feststellen, was momentan über das Unternehmen und die Branche gebloggt wird beziehungsweise wie das Unternehmen oder seine Produkte in der Vergangenheit in den Blogs beurteilt wurden. Das Ergebnis ist ein genauer und filterloser Spiegel von aufgefundenen Äußerungen und Meinungen.

Als führende Blog-Suchmaschine mit weltweit 133 Millionen Adressen gilt „Technorati.com". Weblogs werden nach vorgegebenen Begriffen wie Namen, Firmen, Marken und Produkten durchsucht. Darüber hinaus kann „Technorati" eine hilfreiche Momentaufnahme bieten, wie sichtbar das eigene Blog ist. Wichtig für die Verbreitung von Informationen in der Blogosphäre ist die Anzahl der Verlinkungen; „Technorati" liefert eine Rangfolge der gefundenen Einträge nach solchen „authorities". In diesem Ranking steht ein Blog in der Rangordnung umso höher, je mehr Links auf es verweisen, dadurch ist es von größerer Bedeutung. Das alles wird in Echtzeit dargestellt und spiegelt damit die gegenwärtige Situation und Position innerhalb der Blogosphäre wider. Klassische Suchmaschinen wie „Google" oder „Yahoo" beantworten die Suchanfragen stets aus ihrer eigenen Datenbank: Dadurch können Seiten auf die ersten Positionen geraten, die irgendwann einmal häufig aufgesucht wurden, inzwischen aber recht angestaubt sind.

Ein anderes Monitoring-System nutzt die RSS-Funktionen und orientiert sich an den Feeds, die von den Bloglesern abonniert werden. Wer sich über „www.feedster.com" Feeds mit Themen der eigenen Wahl zusammenstellen lässt – zum Beispiel bezogen auf wichtige Personen im Unternehmen, Marken, Produkte, Wettbewerber, Branche etc. –, erhält Bescheid, sobald ein neues Dokument den eingegebenen Kriterien entspricht. Zusätzlich lassen sich mit diesem Instrument auch Podcasts durchsuchen und analysieren. In Echtzeit erhält der Nutzer den Sachstand der aktuellen Diskussionen, er kann spontan durch einen erklärenden oder richtigstellenden Kommentar auf eine Falschmeldung oder eine Entstellung reagieren, kaum dass sie im Blog veröffentlicht ist.

Trendsuchmaschinen wie „www.blogpulse.com" leisten noch mehr. Das kostenlose Instrument verfolgt Themen von ihrem ersten Auftreten in der Blogosphäre bis zum aktuellen Zeitpunkt. Dadurch werden Entwicklungen und Trends sichtbar, die genutzt werden können – um sie zu verstärken oder um ihnen entgegenzuwirken, je nachdem. „BlogPulse" stellt eine Reihe von Trendinformationen und Statistiken zur Verfügung. So lassen sich Blogs ebenso wie Websites hinsichtlich ihrer Bekanntheit in Sekundenschnelle vergleichen. Grafiken zeigen an, wie sich das eigene Ranking im Vergleich zu Wettbewerbern entwickelt hat.

> Ein Test im März 2009 lässt nach dem Begriffspaar „Mehdorn + Rücktritt" im Zeitraum der letzten sechs Monate suchen. Die Suchmaschine zeigt an, dass in den untersuchten Seiten etwa im Monatsabstand Rücktrittsforderungen an den Bahn-Chef laut geworden sind – und zwar mit stetig zunehmender Häufigkeit. Die jüngste Spitze am 4. Februar fällt zusammen mit einem Auftritt Mehdorns vor laufender Kamera, in dem er die Bespitzelung der Bahn-Mitarbeiter rundweg abstritt, obwohl bereits Beweise vorlagen.[180]

Über eine solche Darstellung lässt sich beispielsweise genau verfolgen, wie wichtige Unternehmensnachrichten in Blogs Erwähnung fanden, wie die Blogger-Gemeinde auf die Lancierung neuer Produkte reagierte, wie sich die Veröffentlichung einer Pressemitteilung niederschlug. Ein weiteres Feature macht „BlogPulse" interessant für Organisationen oder Unternehmen, die selbst Blogs einrichten: Unter „www.blogpulse.com/profile" lässt sich in Sekundenschnelle alles Wissenswerte über das eigene Weblog erfahren – Bekanntheit, Ranking-Trend, Häufigkeit und Orte der Zitierung durch andere Blogger, Trendverläufe oder ähnliche Diskussionsthemen in anderen Blogs. Damit lässt sich die Wirkung eines Corporate Blogs zum Beispiel kontinuierlich messen. Wertvoll ist zudem die Möglichkeit, die Online-Informationspolitik von Wettbewerbern einer vergleichenden Analyse zu unterziehen. Die Beobachtung im Web vermittelt unmittelbare Einblicke und zuverlässige Informationen über deren Akzeptanz, und dies ermöglicht wiederum Rückschlüsse auf die Qualität der eigenen Kommunikationsstrategie.

Entscheidend ist hier wie bei der gesamten Erfolgsmessung von Web-2.0-Aktivitäten, die Ergebnisse als Feedback unmittelbar in die strategischen Überlegungen einfließen zu lassen. Der Reiz des Web 2.0 liegt gerade in seiner „demokratischen" Komponente – die Stimme des Kunden, des Handelspartners, des Betroffenen etc. ist unmittelbar zu vernehmen. Diese Gelegenheit zum Dialog bietet eine Chance, die Kommunikation einer Organisation laufend zu optimieren. Wenn dies gelingt, wird auch eine vierte Komponente der Kommunikationswirkungen neben „Output", „Outgrowth" und „Outcome" leichter zu messen sein: der „Outflow", der Anteil, den die Kommunikation an der Wertschöpfung hat.

## Alles unter Kontrolle – Tipps zum Web-Monitoring

1. Identifizieren Sie relevante Blogs über Suchmaschinen. „Technorati" liefert eine Rangfolge der gefundenen Einträge nach dem Grad der Verlinkung.
2. Abonnieren sie dort ein RSS-Feed – so kommt ohne Zeitverlust ins Haus, was auf dem Blog passiert.
3. Stellen Sie sich über „www.feedster.com" Feeds mit Themen der eigenen Wahl zusammen – zum Beispiel bezogen auf Personen im Unternehmen, Marken, Produkte, Wettbewerber, Branche etc. Sie erhalten Bescheid, sobald ein neues Dokument den eingegebenen Kriterien entspricht.
4. Verfolgen Sie mit „www.blogpulse.com" die Entwicklung von Themen von ihrem ersten Auftreten in der Blogosphäre bis zum aktuellen Zeitpunkt.
5. Nutzen Sie auch die Möglichkeiten der Suchmaschinen, die Wirkung des eigenen Blogs zu kontrollieren: „www.blogpulse.com/profile" liefert Ihnen Informationen über Bekanntheit, Ranking-Trend, Häufigkeit und Orte der Zitierung durch andere Blogger, Trendverläufe oder ähnliche Diskussionsthemen in anderen Blogs.
6. Wenn Sie die Mittel dazu haben, lassen Sie sich von einem Medienbeobachter unterstützen.

Die hier aufgeführten Tipps gelten nicht nur sinngemäß auch für andere Erscheinungsformen des Web 2.0: Wer Technorati oder Feedster mit seinen Suchkriterien füttert, bekommt auch die Ergebnisse vieler Foren, Newsgroups oder Fanseiten geliefert. Darüber hinaus empfiehlt sich, Namen von Personen, Marken oder Firmen regelmäßig zu googlen – allein der Befund, dass innerhalb kurzer Zeit die Zahl der Einträge nach oben geschnellt ist, lohnt eine tiefer reichende Prüfung.

## 4 Die neue Medienrealität kann jeder mitgestalten

Medienarbeit ist bisher ein wichtiger, wenn nicht der zentrale Teil von Public Relations. Das wird wohl auch noch eine Weile so bleiben – allerdings nur, wenn wir unseren Medienbegriff den veränderten Verhältnissen anpassen. In dieser neuen Medienwelt gewinnen neben den kommerziellen und professionell gestalteten Medien solche nichtkommerziellen Charakters und von Amateuren gemachte an Bedeutung. Die künftige Medienlandschaft mitzugestalten ist eine Aufgabe, der sich keine Organisation entziehen sollte, die in der Öffentlichkeit steht und auf den Dialog mit ihrer Umwelt Wert legt. Logisch lassen sich drei Handlungsoptionen unterscheiden, auch wenn diese Unterscheidung ein wenig künstlich ist und den neuen Realitäten nicht ganz gerecht wird: Es geht darum, die klassischen Medien weiter zu nutzen und zu stützen, eigene Medien für die interne und externe Kommunikation zu entwickeln und die neuen Kommunikationskanäle im Netz zu nutzen.

Für alle drei Felder gilt gleichermaßen, dass sie ohne virtuosen Umgang mit dem Internet nicht beackert werden können.

Die klassischen Medien bleiben trotz ihrer sinkenden Reichweiten und ihres Glaubwürdigkeitsverlustes auf mittlere Sicht wichtig; so wichtig, dass der Umgang mit ihnen über den Tag und kurzfristige Interessen hinaus gedacht werden sollte. Dass unser Mediensystem akut gefährdet ist, wurde ausführlich dargelegt. Die Trennung von Berichterstattung und Werbung, so schrieben wir oben, existiert vielfach nur noch als Fassade, etliche Printmedien und Sender machen immer weniger einen Hehl daraus, dass sie alles Erwünschte veröffentlichen – gegen einen „Druckkosten-“ oder „Produktionszuschuss“. Betriebswirtschaftlich ist es womöglich sinnvoll, den Verlockungen nachzugeben. Der willfährige, werbliche Artikel als Zugabe zu einer Anzeige, die unkritisch abgedruckte Pressemitteilung mit der Produktinformation, das bereitwillig abgeholte Gefälligkeitsinterview – alles das nützt dem Auftraggeber nicht viel, weil die Menschen den werblichen Charakter erkennen. Und solche Geschäfte schaden den Medien, weil ihre Glaubwürdigkeit weiter schwindet.

### Punkten mit Offenheit und Transparenz

Die „Qualitätsmedien“ werden das Fähnlein des aufrechten Journalismus ohnehin weiter hoch halten, sie können sich das bisher leisten. Und niemand wird von Unternehmen und anderen Organisationen verlangen, die kritischen Berichte über sich selbst in die Medien zu tragen. Immerhin aber kann eine professionelle Zuarbeit die Medien wenigstens ein Stück weit vor sich selber schützen. Auch wo die Redaktion es nicht mehr zu fordern wagt, kann der Pressetext anerkannte journalistische Qualitätsstandards einhalten. Die Regeln sind uralt, einfach und nicht schwer zu handhaben:

- Wer in seinen Texten an die Presse auf den Nachrichtenwert achtet,
- wer auf eine allzu werbliche Sprache verzichtet,
- wer die Sachinformation und ihren Nutzwert für den Leser in den Vordergrund stellt und nicht das eigene Unternehmen,
- wer auf platte Kommentierung verzichtet und wertende Aussagen als Zitate mit Quellenangabe unterbringt,

der fördert nicht nur die Glaubwürdigkeit seiner eigenen Informationen in den Medien, sondern hilft auch der Glaubwürdigkeit dieser Medien auf die Sprünge. Gleiches gilt für den Umgang mit journalistischen Interviews – sie umzuschreiben, bis jedes Wort in den Kram passt, gewährt ein kurzfristiges Erfolgerlebnis, ist aber langfristig kontraproduktiv für beide Seiten.

Nützlich für alle Beteiligten wäre auch, wenn sich die Verantwortlichen zu ehrlichen, nach journalistischen Qualitätsmaßstäben gestalteten „Anwenderberichten" durchringen könnten – die übrigens heutzutage keineswegs mehr ausschließlich Printberichte sein müssen. Hilfreich ist ein Anwenderbericht dann, wenn er ein Implementierungsprojekt beim Kunden neutral und kritisch beschreibt und nicht zu einer Success-Story samt Marketing-Eloge an das Unternehmen verkommt. Von solchen Texten, die leider die Regel sind, hat niemand etwas: Der Leser nicht, weil er nicht erfährt, wo im Praxiseinsatz die problematischen Punkte sind, die Redaktion nicht, weil viele Leser den Text als die platte Werbung erkennen, die sie auch ist, und das Unternehmen nicht, weil es Geld für eine solche Geschichte zum Fenster hinausgeworfen hat. Platte Werbung bringt wenig, auch wenn sie sich als Information tarnt.

Damit es besser wird, braucht es bei den Verantwortlichen nur ein wenig Einsicht in die Realitäten der Medienwirklichkeit und den Mut zu der Offenheit, die im Internetzeitalter ohnehin alternativlos ist. Hier sind die PR-Fachleute als Berater gefragt. Mehr denn je gilt: Es kommt ohnehin alles ans Licht, und da ist es allemal besser, Problematisches und Kritisches rechtzeitig auf den Tisch zu legen und mit Transparenz und Dialogbereitschaft zu punkten.

## Der Bedarf an audiovisuellem Material wächst

Die Medien als wichtige Partner stützen heißt: ihnen vernünftig nach journalistischen Regeln zuarbeiten und dabei auf den sich ändernden Bedarf achten. Die Printmedien, vor allem die Tageszeitungen, suchen in der derzeitigen Krise massenweise ihr Heil verstärkt im Internet – in Crossmedia-Lösungen. „Dabei muss die Qualität des Printmediums ins Online-Medium transferiert werden", betont Raimondo Sanna[181], Geschäftsführer der „munich online GmbH", die zur Mediengruppe Münchner Merkur/tz gehört. Es sei aber nicht möglich, dazu eigene Online-Redaktionen aufzubauen. „Wir müssen es schaffen, diese Crossmedial hinzubekommen, indem die Journalisten künftig multimedial arbeiten." Dabei helfe es, dass sich die Wege der Informationszulieferung über das Internet beschleunigen. „Früher haben wir, wenn große Kulturereignisse in München stattfanden, vorher ein dickes Heftchen bekommen – Hochglanz mit bunten Bildern", beschreibt Sanna die Entwicklung. „Mittlerweile bekommen wir von manchen Veranstaltern Zugang zu einer Bilddatenbank, wo wir uns Bildmaterial herunterziehen können. Die stellen schon im Vorfeld Videos ein, fertig bearbeitet. Das ist eine Form der Information, die wir früher nicht hatten."

Auch die Münchner Medienexpertin Katja Riefler ist sich sicher: „Wenn es eine Nachfrage für PR-Videos oder PR-Radioreportagen gibt, wird der Markt sich entwickeln. Im Radio gibt es ihn zum Teil schon – da gibt es fertig produzierte, sendefähige Beiträge, und auch die können online verwendet werden."[182] Das ist für die Medien tatsächlich eine Existenzfrage: Ebenso wie die Printredaktionen schon bisher ohne die Flut der vorproduzierten journalistischen Fertig- und Halbfertigprodukte keine Zeitung machen konnten, können die neuen Crossmedia-Redaktionen ohne vorproduziertes Multimedia-Material kein attraktives Online-Produkt auf die Beine stellen. Wer da als Informationsanbieter die Nachfrage bedienen kann, hat schon heute einen klaren Wettbewerbsvorteil. In wenigen Jahren wird wahrscheinlich gnadenlos enttäuscht, wer seine Information noch auf Altväterart per Pressetext an Redaktionen zu bringen sucht.

Warum also nicht die Information über den bevorstehenden Wechsel in der Führung des Unternehmens, die bedeutsame Produktinnovation oder die Sanierung eines altgedienten Kraftwerks gleich auch als 1:30-Video für die Online-Präsenz der Zeitung – als „NIF“ oder auch als etwas aufwendiger geschnittener Filmbericht? Viel zu teuer? Genau das haben die meisten Zeitungsverleger bis vor kurzem auch gesagt. Inzwischen sind die „VJs“ – wie die Videojournalisten abgekürzt werden – bei einigen Zeitungsverlagen schon fleißig unterwegs. Das Equipment kostet nicht mehr die Welt, freie Videojournalisten ebenfalls nicht – es gibt sie schon in großer Zahl. Warum sollten Unternehmen und andere Organisationen mindestens bei besonderen Anlässen nicht von dieser Möglichkeit Gebrauch machen?

## Vielfalt ist gefragt

Mit Filmen wie „Malcolm X“ hatte er die Helden des antirassistischen Kampfes der sechziger und siebziger Jahre gefeiert und das New Black Cinema geschaffen. So gelang dem Regisseur Spike Lee der Durchbruch in Hollywood. Bei den Filmfestspielen in Cannes 2005 stellte der Kultregisseur „einen ästhetisch wunderbaren Kurzfilm“ („Die Zeit“) vor. Ein Making-of des Films wurde anlässlich des 58. Film-Festivals in Cannes 2005 gezeigt, im September des Jahres begleitete der Streifen die Markteinführung des „BMW 3er Touring“ in Italien. „So entsteht eine Welt“, konstatierte damals indigniert die „Zeit“, „in der Reklame nicht mehr störendes Beiwerk ist, sondern pure Unterhaltung – und Schöpfungen der Kulturindustrie pure Reklame sind.“ Markenhersteller verbandeln sich mit den Stars der Popkultur: mit Sängern, mit Darstellern erfolgreicher Fernsehserien, mit Starregisseuren. Die Gründe nannte damals BMW-Marketingchef Torsten Müller-Ötvös ungeniert: „Die Entertainmentindustrie war schon immer die größte Marketingmaschine der Welt. Das werden wir uns zunutze machen.“

Werbung, die nicht nur amüsiert, sondern richtig fesselt? Diese optimale Verbindung aus kommerziellen Zielen und bester Unterhaltung erlebt der Kunde beim „Branded Entertainment“. Und niemand findet mehr etwas dabei. Wir schreiben eben nicht mehr das Jahr 1980, und auch die Jahrtausendwende ist nun eine Weile her. Die Medienwelt hat eine rasante Entwicklung durchgemacht, die auch vielen anderen Branchen nicht fremd ist. Diese mussten in ihren Märkten ebenfalls erleben, wie ihre Kundschaft immer differenzierter und anspruchsvoller wurde.

Bis in die sechziger Jahre hinein baute VW ein einziges Modell, große Ausstattungsvarianten gab es nicht. Heute verlangen die Käufer Modellvielfalt ohne Ende. Bei Mercedes-Benz ist das Angebot an Karosserievarianten seit 1990 von 8 auf 20 Modelle gewachsen. Die kann der Kunde in unterschiedlichster Motorisierung und Ausstattung bestellen – kaum ein Auto, das in einer Schicht vom Band läuft, gleicht exakt dem anderen.

Die Medienlandschaft als exaktes Spiegelbild der in eine Unzahl von Milieus, Subkulturen, Interessengruppen usw. zerfallenden Gesellschaft hat eine unvergleichlich viel stärkere Fragmentierung durchgemacht. Zahl und Art der Medien ist explodiert, Ansprüche und Nutzungsgewohnheiten haben sich verändert. Auch die Zahl der verwendeten Endgeräte nimmt weiter zu. Neben die kommerziellen Medienunternehmen treten neue Anbieter, nicht zuletzt die Unternehmen und Marken bauen eigene Medien auf. Am Ende, und dieses Stadium ist bereits erreicht, kann jeder Mensch ohne große Mühe und Kosten publizieren und sein ganz persönliches Publikum suchen.

Für die Öffentlichkeitsarbeit bietet das Web 2.0 tatsächlich jede Menge Möglichkeiten: vom persönlichen Reputations-Management in unzähligen Social Networks über Corporate Blogging bis hin zur Verwendung von Social Media in der internen Kommunikation und – warum nicht irgendwann? – Engagements in einer weiterentwickelten Virtual Reality. Aber wer von der traditionell-schulmäßigen Medienarbeit her kommt, sollte sich vielleicht klarmachen, wie sich die herkömmliche Medienwelt verändert und sich durch neue Anforderungen weiterentwickelt.

## In die Lücken stoßen

Die Veränderung, die in Gang gekommen, aber bei weitem noch nicht abgeschlossen ist, läuft unter dem Schlagwort „Crossmedia“. Will heißen: alle Printmedien – von den Tageszeitungen über die Nachrichtenmagazine bis hin zu den Zielgruppenmagazinen –, ebenso die meisten Fernseh- und Radioanbieter, suchen ihr wirtschaftliches Überleben durch die Verbindung ihres Mediums mit einer Online-Plattform abzusichern. Die crossmedialen Konzepte sind unterschiedlich weit ausgereift:

- Am Anfang steht meist der Versuch, die Inhalte des herkömmlichen Mediums online abzubilden und durch zusätzliche Angebote und Services zu ergänzen.
- Bald setzt sich die Erkenntnis durch, dass sich die Prinzipien „Redaktionsschluss", „Erscheinungstermin" oder „Sendezeit" nicht auf Online-Medien übertragen lassen, dass man Nachrichten gerade in einer Konkurrenzsituation nicht zurückhalten kann. Der Zwang zu ständiger Aktualisierung führt dann – zu beobachten bei den Tageszeitungen – allmählich dazu, dass die Redaktion das Online-Medium vorrangig bedienen muss.
- Parallel dazu wächst die Einsicht, dass jedes Medium seine ganz eigenen Gesetzmäßigkeiten für die Aufarbeitung der Inhalte entwickelt. Die Online-Plattform wird durch Videos nicht zum Fernsehen, durch Audio-Files nicht zum Hörfunk und durch Lesetexte nicht zum Printmedium. Neu und charakteristisch ist gerade die Multimedialität, die Möglichkeit, alle diese Dinge zusammen einzusetzen, um dem Nutzer ein Optimum an Eindruck, Einsicht und Lerneffekt zu ermöglichen.
- Schließlich – und das ist die größte Hürde – setzt sich die Einsicht durch, dass sich Mediennutzer heute nicht mehr ohne weiteres als „Publikum" behandeln lassen. Sie bringen die Web-2.0-Erfahrung mit und erheben den Anspruch, mitreden und mitgestalten zu können. Journalisten, Redakteure müssen – wie alle anderen – mit ihrem Tun und ihren Angeboten in den seriösen Dialog eintreten.

Das lässt sich leicht abgewandelt auf andere Sektoren übertragen: Die neuen „Online-Fachmedien" beispielsweise erfordern eine andere Art der Ansprache als die bisherigen Printmedien, da redaktionelle Inhalte hier meist knapper und serviceorientierter präsentiert werden. Sie stehen aber grundsätzlich vor den gleichen Problemen wie andere Printmedien – Aktualitätsdruck, verstärkter Zwang zur Multimedialität, Notwendigkeit von interaktiven Angeboten. Sie ermöglichen ihren Lesern einen schnellen Zugriff, sind meist kostenlos und rund um die Uhr verfügbar. Wahrscheinlich wird die Not hier wegen der traditionellen Schwäche und geringeren journalistischen Professionalität dieser Redaktionen noch größer sein.

Wer sich die innere Logik dieses Prozesses anschaut, sieht ganz klar, dass es mit der Medienarbeit wie bisher nicht weitergehen kann. Denn das Mediensystem geht wirtschaftlich nicht gestärkt, sondern geschwächt aus dieser Metamorphose hervor. Personell und materiell ausgehungerte Redaktionen werden nicht besser. Im Gegenteil, sie werden immer weniger in der Lage sein, die Fülle anspruchsvoller, komplexer Themen qualitativ hochwertig so aufzuarbeiten, wie es heutige Medien und heutige Mediennutzer erwarten – multimedial, inhaltlich seriös und gleichzeitig unterhaltend. Bisher schon hingen viele Medien in erheblichem Umfang am Tropf der PR, ohne den ständigen Strom an mehr oder weniger gut aufbereiteten Pressematerialien ist schon lange die Tageszeitung kaum noch vorstellbar. Noch weniger ist vorstellbar, dass die gleichen – nicht oder nur unwesentlich verstärkten – Redaktionen in auch nur halbwegs vertretbarer Qualität crossmedial unterschiedliche Kanäle bedienen können. PR-Manager müssen sich Gedanken machen, wie Sie unter diesen Bedingungen ihre Medienarbeit optimieren und erfolgreich gestalten können. Und das ergibt sich spiegelbildlich aus der obigen Zustandsbeschreibung: Es gilt, in die Lücken zu stoßen, welche die neuen Zwänge bei den Medien aufreißen.

### Themenpräsentation – Vielfältig, bunt, unterhaltsam

1. PR-Manager müssen sich künftig stärker darum kümmern, wie die Umsetzungsvariationen für ihre Themen in den unterschiedlichen Medien aussehen können. Wenn die Produktvorzüge eines Kürbiskernöls aus der Steiermark für Genießer in seinem unvergleichlichen Geschmack, für nicht mehr ganz junge Männer in der vorbeugenden Verhütung von Prostata-Leiden und für die sowieso gesundheitsbewusste Frau in ihrer Cholesterin senkenden Wirkung bestehen – dann müssen Varianten her, die unterschiedliche Medien und ihre Zielgruppen präzise ansprechen.
2. PR-Fachleute müssen sich stärker darum bemühen, überforderten Redakteuren den Nutzwert „Unterhaltung" in ihren Angeboten deutlich zu machen. Neben der sachorientierten Pressemitteilung wird die Technik des Features stärker zu Geltung kommen müssen – Unterhaltung durch erzählerische Sprache, durch Stories, durch Reportageelemente.

3. PR-Leute müssen sich nach Kräften darum bemühen, das multimediale Element ihrer Botschaften zu betonen – hier wird voraussichtlich die Not am größten sein. Wer es versteht, den emotionalen Gehalt seiner Botschaft durch gut gestaltete, witzige, anrührende Bilder und Videos zu unterstreichen, hat schon gewonnen.

Wer aus diesem Geist heraus seine Angebote für die traditionellen Medien entwickelt, ist auf dem besten Wege, damit auch für die neuen Online-Magazine und -Plattformen hilfreiche Zuarbeit zu leisten.

## Ohne Infotainment geht nicht mehr viel

Diese Anforderungen sind so neu nicht, wie sie klingen: Der Begriff „Branded Entertainment" oder die in den vergangenen Jahren verstärkt propagierte Methode der „Corporate Story" haben ihre tiefere Begründung (ohne dass dies immer so klar herausgearbeitet wurde) in den Entwicklungstrends der Medien und ihrer Nutzer. Die Idee, Philosophie und Leistungswerte einer Firma in Geschichten zu vermitteln, die Corporate Story als Grundlage der Kommunikation zu instrumentalisieren, als Drehbuch für die Erzeugung eines eindeutigen Profils, eines positiven Images, des Vertrauens in die Handlungsfähigkeit und Leistungskraft eines Unternehmens – das alles geht genau in die richtige Richtung. Ziel ist das Verknüpfen von Kommunikationszielen mit Geschichten. Geht es doch um die gewachsenen Beziehungen eines Unternehmens zu seinem Umfeld, auch um die Erwartungen aller Stakeholder einschließlich der Mitarbeiter an das Unternehmen. Dazu gehört auch die Unternehmensgeschichte.

Nicht viel geht heute mehr ohne den Blick auf möglichen Unterhaltungswert: Ob es um ein bevorstehendes Jubiläum geht, um die Markteinführung eines neuen Produkts oder um eine zeitlich begrenzte Promotion – die Medien und die Menschen wollen eine Story. Nur damit lässt sich Lese- und Erlebnisbindung im Sinne von Branded Entertainment erreichen. Die Geschichten für Pressetexte, Broschüren, Online-Aktionen oder Beipackzettel müssen individuell konzipiert und angepasst sein. Je nach Situation darf es ein Krimi sein, die Erlebnisse eines Maskottchens oder eine Serie mit Anekdoten aus der Weltgeschichte – Hauptsache, die Geschichten passen zum Kommunikationsziel und sind keine bloßen Märchen, sondern verankert in der Wirklichkeit. Nur wenn sie glaubwürdig aus dem Markenkern abgeleitet sind und einen realen (Unterhaltungs-)Mehrwert für die Zielgruppe bieten, kann Branded Entertainment seine Ziele erreichen: aus emanzipierten und werbeüberdrüssigen Rezipienten treue Kunden und begeisterte Markenbotschafter zu machen.

Vielfalt in der Ausformung ist gefragt, um der Vielfalt der Medien zu begegnen – jedes Thema, jeder Anlass sollte in einer Vielzahl von Varianten aufgearbeitet sein, um in möglichst vielen Medien Wirkung zu entfalten. Noch stärker als bisher schon muss dazu journalistische Kompetenz, die im Mediensystem eher abgebaut wird, ins PR-Medienmanagement übergehen. Heerscharen von freigesetzten Journalisten aus den Redaktionen warten nur darauf, in diesem Sinne eingesetzt zu werden. Natürlich – auch freie Mitarbeiter kosten Geld: Mehr Aufwand wird nötig sein, den (zumal in Krisenzeiten) nicht jeder bezahlen mag oder kann. Wer die neuen Möglichkeiten und Chancen nutzt, wird die Ernte einfahren und mehr Erfolg haben können.

## Noch mehr Vielfalt durch Web 2.0

Das gilt auch für die Zuarbeit fürs Web 2.0 im engeren Sinne. Redaktionen, Journalisten der klassischen Medien sind nach wie vor eine wichtige Multiplikatorengruppe, aber eben nur noch eine unter anderen. Die neuen Kanäle des Web 2.0, die zwar nicht leichter, aber kostengünstiger zu bedienen sind, sind kein Ersatz für die alten Medien. Sie werden aber unaufhaltsam an Bedeutung zunehmen, weil immer größere Menschengruppen über die klassischen Medien nicht mehr hinreichend ansprechbar sind. In welchem Umfang die eigenen Zielgruppen schon im Web 2.0 angekommen sind, ist bei der Entscheidung für oder gegen Engagement sicherlich eine spannende Überlegung. Sie sollte aber nicht alleine den Ausschlag geben, denn das ist nur eine Frage der Zeit, und mit dem Sammeln von Erfahrung kann man nicht früh genug anfangen. Außerdem: Wenn etwa die Baubranche bisher im Web 2.0 noch kaum zu finden ist, kann ein Unternehmen dort trotzdem zum Beispiel mit einem Fachblog potentielle Kunden von seiner Expertise begeistern und überzeugen. Bei diesen neuen Kanälen darf, wie oben dargelegt, nicht der Reichweiten-Maßstab eines Massenmediums angelegt werden. Der Fokus muss darauf liegen, bestimmte Geschäftspartner beziehungsweise Interessenten über das Blog, über ein Wiki und so weiter an das eigene Unternehmen zu binden.

Während die Werbung ihre Zielgruppen heute recht genau kennt und längst nicht mehr mit Schrot schießt, sind die meisten Websites weiterhin nach dem Prinzip konzipiert: Wer vielerlei bringt, wird jedem etwas bringen. Genau das funktioniert aber nicht. Jeder Versicherungsmakler hat längst begriffen, dass sich eine Anzeige im Vereinsblättchen oft um ein Vielfaches mehr lohnt als die teure Anzeige in der Tageszeitung mit einer Auflage, die in die Hunderttausende geht. Kleine, themenzentrierte Web-Angebote mit entsprechend niedrigen Klickzahlen gelten dennoch den meisten heutigen PR-Managern als kaum der Mühe wert. Dabei könnten dort spezialisierte Blogs eine Zielgruppenabdeckung erreichen, von der jeder Direktvermarkter nur träumen kann.

Die Vielfalt der benötigten Themenumsetzungen steigt damit weiter. An die Stelle der Pressemitteilung tritt hier der Social Media Release – gewissermaßen die Verbreitung des Informations-Rohmaterials (Kurzinformation, Zitate, Links zu multimedialen Zusatzangeboten) über die Social-Web-Kanäle. Man kann auch sagen als Gesprächsangebot, denn Rückkanäle in welcher Form auch immer, die Bereitschaft, sich auf Dialog und Auseinandersetzung einzulassen, sind unverzichtbar.

Generell gelten für die Verbreitung über Web-2.0-Kanäle ganz ähnliche Überlegungen: Unterhaltsam sollte es sein und je multimedialer, desto besser. Nur gut gemachte, witzige und nutzwertige Videos können sich über Social-Media-Plattformen eigenständig verbreiten. Wer ansonsten etwas von den Web-Nutzern will, muss seine Absichten oder Meinungen offen zur Diskussion stellen. Dialog ist angesagt – auf allen Kanälen und so authentisch wie möglich. Wer von den Leuten etwas will, muss es ganz einfach sagen.

> So schaffte es Polaroid beispielsweise, mit einem wenige Zeilen umfassenden Text auf „Facebook“, eine große Zahl von iPhone-Besitzern für eine Petition gegen Apple zu aktiveren. Das Unternehmen wollte seinen mobilen Fotodrucker auch für dieses Handy anbieten. Ohne Zugang zur Bluetooth-Funkschnittstelle, den Apple nicht für Drittanbieter freischalten mochte, ging aber gar nichts. Seine eigenen Kunden sollten Apple zur Einsicht bekehren.

Und die ließen sich darauf ein, denn wer für Transparenz und Offenheit eintritt, hat im Netz die Sympathien auf seiner Seite, egal ob er Obama oder Polaroid heißt. Und dazu kam noch der David-gegen-Goliath-Effekt.

Entscheidend für den Erfolg auf diesen Kanälen ist also nicht der Einsatz bestimmter Texte oder Medienformen – es geht in vielen Fällen um direkten Dialog, um das persönliche Gespräch zwischen zwei Menschen, die ihre Interessen auf den Tisch legen, die für etwas einstehen und sich um Redlichkeit bemühen. In solcher Art Gegenüber erkennen sich Blogger und Co. selber wieder; so entsteht die Ebene, auf der dann vielfältige Zusammenarbeit möglich wird. Wie jede Kommunikation funktioniert aber auch das nur, wenn beide Seiten davon profitieren. Statt eines bemühten Corporate Blog eine Plattform für Themen-bezogene Blogs anzubieten – das kann dann funktionieren, wenn die Blogger angemessen an den erzielten Gewinnen beteiligt sind. Sonst wird das Erfolgsrezept schnell zu Pleite auf der ganzen Linie.

Zielgenau zu kommunizieren ist durch diese neuen Kanäle auf vielen Gebieten sogar einfacher geworden: Je schärfer umrissen die Zielgruppe und je spezifischer und begrenzter das Kommunikationsanliegen, desto einfacher macht es uns das hochdifferenzierte Mediensystem unserer Tage.

> So ziemlich jeder Mensch, der sich in Deutschland für Robotik interessiert, wird sich früher oder später auf mindestens einer der überschaubaren Zahl von Plattformseiten einfinden – auf „http://www.roboter.com/" – dem offenen Portal der Roboter-Community, auf „http://www.roboternetz.de/" – dem großen Portal für Robotik, Elektronik und Microcontroller oder auf „http://roboter.weltdergadgets.de/" Roboter – Welt der Gadgets. News und Informationen rund um Roboter. Dazu gibt es noch das eine oder andere Blog wie „http://android-ticker.de/2009/02/hallo-roboter-welt/" oder „http://phlow.net/mag/pda/pda_001286.php". Ein Unternehmen wie die „KUKA AG", einer der wichtigsten Roboterbauer der Welt mit Sitz in Augsburg, fände hier sicherlich interessante Dialogpartner.

Ganz anders, wenn es um ein Querschnittsthema geht, das viele Menschen, große soziale Gruppen angeht: Die Zielgruppen sind mehrkanalig auf unterschiedlichen Medienplattformen unterwegs, und dementsprechend muss sich der Medienmix dem veränderten Verhalten der Zielgruppen anpassen. Die Werbung hat das längst erkannt: Durch Crossmedia – die kreative, inhaltliche und formale Vernetzung unterschiedlicher Werbeträger – kann das Potential verschiedener Medienkanäle optimal genutzt werden. Und fast alle Fachleute sagen heute: Vom Internet ausgehend sollte eine Kampagne geplant werden – zumal vor dem Hintergrund sinkender Budgets und der Transparenz, die das

Medium bietet. Viele Studien bestätigen den Erfolg mehrkanaliger Kampagnen.

Im Grunde lassen sich diese Aussagen eins zu eins auf Kommunikationsziele übertragen, die nicht auf pures Marketing aus sind, sondern sich mit den Instrumenten der Medienarbeit in den gesellschaftlichen Dialog einschalten. Das Zauberwort heißt aber Konvergenz! Alle Kommunikationsmaßnahmen müssen inhaltlich an einem Strang ziehen. Die medienübergreifende Kommunikation und die daraus resultierenden Mehrfachkontakte erhöhen die Kommunikationswirkung. Alle Kanäle und Instrumente einer Kampagne müssen widerspruchsfrei die gleiche Botschaft transportieren, wenn auch in verschiedener Ausgestaltung.

> Es kann sinnvoll sein, neben der eigentlichen Unternehmens-Website eine oder mehrere zusätzliche Internetseiten zu unterhalten. Ein Beispiel bietet die Seite „www.zahngesundheit-aktuell.de" der GABA GmbH (Marken: Aronal, Elmex, Meridol). Unterschiedliche Aspekte der Zahnpflege werden auf verlinkten Seiten ausführlich beschrieben. Ein dreidimensionales Gebissmodell oder kleine Videos machen die geballte Information unterhaltsam und leicht verdaulich. Parallel erscheinen Artikel in Publikumsmagazinen, die auf die Seiten aufmerksam machen – und kreativ ging es auch zu: So wurden zu Beginn der Schulferien im Juni 2007 Mini-Sprachführer für den Notfall-Zahnarztbesuch im Ausland in Französisch, Italienisch, Türkisch und Spanisch als PDF-Dokument zum Herunterladen bereitgestellt. Wichtig war schließlich auch die Erkenntnis, nach welchen Wörtern die Nutzer suchen. Eine unerwartet große Rolle spielt zum Beispiel der Begriff „Parodontose". Diese Erkenntnis hatte umgehend eine weitere Seite über diese Zahnerkrankung zur Folge.

Man kann als PR-Manager gerade auf dem Gebiet Web 2.0 kaum alles wissen und ständig auf dem aktuellsten Wissenstand sein. Umso wichtiger ist es, auf Experten zu setzen, die eigene Defizite ausgleichen. Die zu finden ist leider nicht ganz einfach. Leute, die sich mit Social Media auskennen, sind nicht daran zu erkennen, dass sie die Technik erklären können, die dahinter steht – im Gegenteil. „Leider lieben wir das Tool mehr als die Dinge, die wir mit ihm bewegen können", schrieb Web-2.0-Experte Mark Pohlmann der Web-Gemeinde ins Stammbuch.[183] Wer Social Media versteht, so fährt er fort, wird vielmehr erklären, wie von Fall zu Fall Zielgruppen im Netz zu identifizieren und zu erreichen sind: Eventuell nur über Monitoring, eventuell über eine große Kampagne, eventuell auch nur über ganz kleine Maßnahmen, in denen Kunden dem Unternehmen oder anderen Kunden von ihrem Markenerlebnis, zum Beispiel mit einem Produkt oder dem Service, erzählen.

## Kommunikation als Basis aller Unternehmensprozesse

Die Medienarbeit im Zeichen des Web 2.0 erfährt eine deutliche Entgrenzung: Die Zeiten, in denen sich Öffentlichkeitsarbeit auf das Kerngeschäft des Zulieferns in ein stabiles Mediensystem auf der einen und auf die Verantwortlichkeit für eigene Medien andererseits zurückziehen konnte, gehen dem Ende zu. Die Kommunikation muss sich einlassen auf das Web. Sie muss nicht nur die ganze Palette der neuen Kommunikationskanäle im Blick haben und auf dieser sich schnell ändernden Klaviatur spielen lernen. Sie wird eine neue Rolle einnehmen müssen durch die Begegnung mit neuen, schwer berechenbaren Multiplikatoren und direkten Kontakt mit individuellen Persönlichkeiten – Kunden, Fans und Kritikern. Die praktisch schon lange nicht mehr geübte Abgrenzung zu Marketing und Werbung verwischt sich weiter. Auch die interne Kommunikation ist kein Geschäft auf Distanz mehr, und erst recht funktioniert das klassische Top-down nicht mehr. Zuhören und sich auf echten Dialog einlassen, das ist die Herausforderung, nach innen wie nach außen.

Entgrenzung bedeutet auch: Die Zeit geht zu Ende, in der „Medienarbeit", die Kommunikation mit Hilfe externer oder interner Medien, an Spezialisten delegiert wurde. Wo wahrhaftiger und qualifizierter Dialog gefordert ist, müssen die Verantwortungsträger selbst an die Front. Eine Organisation kann nicht im eigentlichen Sinne „reden" – kann im Grunde gar nicht glaubwürdig kommunizieren. Das können nur Menschen aus Fleisch und Blut. Bisher haben das weitgehend Spezialisten erledigt, die Aufgabe war an eine Abteilung delegiert. Das wird so nicht mehr funktionieren. Zum einen, weil die Masse der kommunikativen Aufgaben zunimmt und auf mehr Schultern in der Organisation verteilt werden muss. Zum anderen aber (und wichtiger!), weil im Zeitalter der audiovisuellen Kommunikation die Authentizität und Glaubwürdigkeit von Persönlichkeiten ein entscheidendes Gewicht hat. Die Menschen geben sich ungern mit subalternen „Sprechern" zufrieden – sie wollen sich ein Bild machen von denjenigen, die Verantwortung tragen oder Sachkompetenz repräsentieren.

Der Umgang mit neuen Medien greift tief in das bisher verbreitete PR-Geschehen ein: Es geht nicht mehr um die „Bewältigung" einer Kommunikationsaufgabe, sondern um den authentischen Dialog. Gefordert ist eine persönlichere und intensivere Kultur des Zuhörens, die nicht bei einem bestimmten Stichwort aussetzt, weil das Hirn schon mit „Maßnahmen" beschäftigt ist, die ein „Missverständnis" beseitigen könnten. Wer so reagiert, geht zunächst einmal davon aus, alles richtig gemacht zu haben, nur wurde er leider nicht richtig verstanden. Es geht aber gerade um die Notwendigkeit, offen für den Dialog zu sein und souverän mit öffentlicher Kritik umzugehen. Die Social-Media-Realität ändert die Art, wie Unternehmen ihre Kommunikation organisieren, ziemlich radikal, weil die Kommunikation unmittelbarer wird, und nicht alles von einer Pressestelle freigegeben werden kann.

### Es wird ernst mit Corporate Social Responsibility

Noch ein Grund kommt speziell in der Wirtschaft hinzu: Seit Jahr und Tag reden die Unternehmenslenker davon, dass Unternehmen eine gesellschaftliche Verantwortung tragen und deshalb Transparenz und Offenheit in einer offenen demokratischen Gesellschaft notwendig sind. Die Praxis ist bekanntlich meistens eine andere, doch nun müssen den Sonntagsreden auch Taten folgen. Denn die kritischen Fragen an Unternehmenslenker werden immer drängender – sie müssen sich rechtfertigen, nicht nur für ihre hohen Vergütungen, nicht nur für mögliche Umwelt- und Klimafolgen ihres Handelns. Sie müssen sich sogar dreinreden lassen in Feldern, wo sie sich allein für kompetent halten, zum Beispiel ob sie mit ihrer Produktpolitik oder Preisgestaltung auf einem sinnvollen Weg sind. Die Öffentlichkeit diskutiert darüber, ob Unternehmensstrategien in der Lage sind, Arbeitsplätze und das wirtschaftliche Wohlergehen einer Region zu sichern, ob Unternehmen mit ihren Mitarbeitern anständig umgehen und vieles andere mehr. Und anders als früher gilt: Es kommt alles raus, früher oder später. Für jeden Mitarbeiter ist es ja ein Kinderspiel, anonym im Web Missverhalten anzuprangern.

Die Schlussfolgerung liegt auf der Hand: Wenn gelungene Kommunikation – zumal unter diesen neuen Bedingungen – das A und O jedes unternehmerischen Erfolges ist, dann handelt es sich um eine Schlüsselaufgabe für die gesamte Organisation. Praktisch bedeutet das: aller Menschen, die in diesem Unternehmen Verantwortung tragen. Da muss der

Vorstandsvorsitzende geradestehen, wenn es um Grundsatzentscheidungen geht, der Entwicklungschef, wo es sich um technische Fragen dreht, und der Personalchef, wo Mitarbeiterbelange zur Debatte stehen. Noch der letzte Mitarbeiter an der Produktionslinie kann zum medialen Botschafter werden, wenn er überzeugend seine Meinung zu Stärken und Schwächen des Unternehmens in eine Kamera sagt.

Die neuen medialen Möglichkeiten führen an dieser Stelle zu einem echten Paradigmenwechsel: „Professionalisierung der Kommunikation" kann darum nicht mehr nur Professionalisierung der Fachberater bedeuten, sie darf nicht nur die Mitarbeiter in den PR-Stäben von Unternehmen und in den Kommunikationsagenturen erfassen. Darunter zu verstehen ist künftig die Professionalisierung der gesamten Organisation, eine systematische Weiterentwicklung der Kommunikationskultur auf allen Ebenen – nach innen wie nach außen. Das gesamte Unternehmen muss seine Kommunikationskultur als eine entscheidende Grundlage für das Gelingen von Unternehmensprozessen begreifen lernen. Ideales Ziel: Die Verantwortungsträger aller Ebenen werden verpflichtet und in die Lage versetzt, professionell im Kommunikationsmanagement mitzuwirken. Das umfasst durchaus auch handwerkliche Schulungen wie Kommunikations- und Kameratrainings, vor allem geht es aber um eine andere Haltung gegenüber der Öffentlichkeit. Und zwar als „strategisch notwendig" verinnerlicht und nicht als taktisch verstandene Attitüde.

### Kommunikationsmanagement ist Teil des Qualitätsmanagements

Es handelt sich also um eine Querschnittsaufgabe von strategischer Bedeutung für den Erfolg einer Organisation. Und deshalb ist es auch notwendig, das Management der Kommunikation im Qualitätsmanagement zu verankern. Im Grunde ist das keine neue Erkenntnis. In der Managementtheorie ist sie grundsätzlich längst anerkannt. Mehrere ISO-9000-Normen beschreiben beispielsweise genau, was unter „Kundenorientierung" verstanden werden sollte.

Auch die Bedürfnisse anderer „interessierter Parteien" wie Mitarbeiter, Eigentümer, Investoren, Lieferanten, Partner sowie der Gesellschaft, heißt es, sind zu ermitteln und in den Zielen der Organisation zu berücksichtigen. Dieser Punkt wird bislang zu wenig reflektiert: Hier geht es immerhin um nicht mehr und nicht weniger als um die Rückkoppelung der „Öffentlichkeit“ auf die Organisation. Ob Interessenten zu Kunden werden und Kapitalbesitzer zu Investoren, darüber entscheidet nicht zuletzt der komplexe Prozess des gesellschaftlichen Diskurses über die Organisation und ihre Leistungen. Auf diesen Diskurs wirken nicht mehr allein, wie früher, die Medien ein, sondern auch der Kunde über Erfahrungsberichte in Verbraucherportalen, der Mitarbeiter über seine sozialen Netzwerke. Diesen Prozess hat das Unternehmen niemals völlig unter Kontrolle. Das ändert aber nichts daran, dass es ihn beobachten muss und durch Kommunikationsmaßnahmen an verschiedenen Stellen zu beeinflussen versuchen kann.

An anderer Stelle beschreiben die ISO-Normen, wie die „Ermittlung der Anforderungen in Bezug auf das Produkt“ zu erfolgen hat oder wie mit Kundenbeschwerden umzugehen ist. Das neue Instrument des Web-Monitorings führt einen Schritt weiter. Dort stößt das Unternehmen auf Kundenbeschwerden, die nicht gegenüber dem Unternehmen formuliert werden, sondern – viel schlimmer – an andere Verbraucher und die Öffentlichkeit gerichtet sind. Im Total Quality Management (TQM), das noch sehr viel umfassender auf die permanente Ausrichtung des Unternehmens auf Kundenbedürfnisse eingeht und um ständige Bemühungen um bessere Produkte, Dienstleistungen und Prozesse bemüht ist, finden sich alle diese Punkte in ähnlicher Weise.

Was die interne Kommunikation angeht, gibt es bereits recht konkrete Gedanken. Denn wenn das Betriebsklima stimmt, wenn durch klare Aussagen häufige Rückfragen unter den Mitarbeitern vermieden werden und die gesamte Kommunikation zielorientiert ist, vermeidet das hohe wirtschaftliche Verluste und spart viel Zeit. So kam der Gedanke auf, das Kommunikationsverhalten in einem Unternehmen ebenfalls einer Normierung zu unterwerfen. Seit September 2007 gibt es mit der PAS 1072 „Kriterien zur Bestimmung der Qualität der Zwischenmenschlichen Kommunikation (ZMK) sowie deren Mess- und Bewertungsverfahren“ ein objektives Evaluierungs-Tool, das es Unternehmen ermöglichen soll, die Qualität seiner Kommunikationsstrukturen sinnvoll zu bewerten und zu verbessern. Es soll damit ein Fundament geschaffen werden, das eine konstruktive Verständigung zwischen Menschen ermöglicht und den Informationsfluss im Unternehmen verbessert. Die zentralen Kommunikationsprozesse nach innen und nach außen sind zu beschreiben, zu optimieren und dann „regelmäßigen Audits“ sowie einem kontinuierlichen Verbesserungsprozess zu unterwerfen.

## Kommunikationskompetenz gehört in die Vorstandsebene

Hier liegt die zentrale Verantwortung der PR-Spezialisten. Sie müssen als „Unternehmensberater in Kommunikationsfragen" die Verantwortung für die Qualität der gesamten Kommunikationsprozesse der Organisation übernehmen – im Inneren wie nach außen. Die Aufgabe, „Sprecher" zu sein, tritt in den Hintergrund – sprechen werden die Vorstandschefs zunehmend selbst. Sie werden an erster Stelle zu den „Kommunikationsstrategen" ihrer Organisation und aller ihrer Teile. Sie müssen die Entwicklungen der Medienwelt und deren gesellschaftliche Folgen in ihrer Gesamtheit erkennen. Sie müssen verfolgen, wie sich das Bild des Unternehmens, die Wertschätzung seiner Produkte und Dienstleistungen in der Öffentlichkeit entwickeln, diese Erkenntnisse in die Entscheidungsprozesse einbringen und gemeinsam mit der Unternehmensleitung strategische Weichenstellungen und kommunikative Maßnahmen durchsetzen. Erst danach sind sie es, die auch Kompetenzen für die Umsetzung von Maßnahmen mitbringen oder diese Umsetzung an entsprechende Spezialisten beauftragen.

Dieses neue Berufsbild erfordert offenkundig neue Qualifikationen und Befähigungen. Wo die hergebrachten Medien als Partner der PR-Gilde nur noch eine von vielen Möglichkeiten zur Kommunikation bieten, tritt das hiermit verbundene Know-how ein Stück weit in den Hintergrund. Gewiss bleibt es wichtig, die journalistischen Standards zu beherrschen, auf Augenhöhe mit journalistischen Redaktionen arbeiten zu können und gleichwertige Medienprodukte für das Unternehmen zu erstellen. Das können aber in der praktischen Umsetzung auch eingekaufte Spezialisten erledigen.

In den Vordergrund tritt für PR-Leute beispielsweise die Offenheit für direkte Kommunikation mit der Öffentlichkeit, mit allen Stakeholdern auf den neuen Kanälen. Sie müssen sich öffnen gegenüber den Kunden und allen interessierten Teilen der Gesellschaft und sie müssen diese Haltung in der Organisation verbreiten. Denn sie alleine werden es künftig nicht mehr richten: Kommunikation muss sich stützen auf viele Mitarbeiter im Vertrieb und Marketing, in den Fachabteilungen, im Personalmanagement, im Außendienst etc., die entsprechend vorbereitet und angeleitet werden müssen.

Dazu gehört andererseits aber auch, dass die Kommunikationsmanager mehr wissen müssen über Betriebswirtschaft und Unternehmensführung, über Personalentwicklung und Ressourcenbewirtschaftung etc. Anders gesagt heißt das, eine Führungsrolle im Kommunikationsmanagement setzt voraus, den vollständigen Blick auf eine Organisation zu beherrschen. Es geht um strategisches Kommunikationsmanagement – und das bedeutet mehr, als allein die richtigen Kommunikationsziele und den Weg dorthin zu bestimmen. Die Analyse und Konzeption der Kommunikationsbedürfnisse von Unternehmen und Organisationen nach innen und außen wird zur Kernkompetenz. Dazu gehört die Einbindung in Leitungsstrukturen.

Der PR-Arbeiter neuen Typs muss tatsächlich Organisationsleiter in Sachen Kommunikation sein. Seine Aufgabe besteht nicht mehr darin, ein gefragter Recherchepartner für Journalisten zu sein oder Veranstaltungen zu konzipieren, die ein freundliches Echo in der Öffentlichkeit finden. Und schon gar nicht darf seine Arbeit eine Hilfsdienstleistung für Marketing und Verkaufsförderung sein.

Hier wären vor allem die Ausbildungsinstitute und die Berufsverbände gefordert. Angesichts des Zustandes dieser verklüngelten, notorisch zerstrittenen Organisationen ist aus dieser Richtung allerdings nicht viel Innovation zu erwarten. Wer seinen Verband „Bundesverband der Pressesprecher“ nennt oder wie die DPRG den Jahrestag ihres 50-jährigen Bestehens unter das hilflose Motto stellt „Kommunikation geht weiter“, verkennt die Größe der Aufgabe: Kommunikationsberater sollten den gleichen Rang haben wie Unternehmensberater à la McKinsey – vor denen hat mancher Vorstand einen Heidenrespekt. Sie sollten auch genauso selbstverständlich in die Toppositionen der Wirtschaft wechseln können wie ihre Kollegen in der Beratungsbranche, die virtuos mit Zahlen und Controllinginstrumenten umgehen können. Kommunikationskompetenz gehört in die Vorstandsebene. Wer das erreichen will, darf nicht zulassen, dass Schmalspur-Ausbildungen zum Beruf führen, sondern muss für konsequente Professionalisierung auf höchstem Niveau eintreten.

169 Die Heilige Ursula ist Patronin der Stadt Köln. Elf schwarze Flammen im Stadtwappen erinnern an die Legende, wonach Ursula während einer Pilgerreise nach Rom mit einer Schar von zehn Gefährtinnen und weiteren 11.000 Jungfrauen von den Hunnen in Köln getötet wurde. – Im Hohen Dom zu Köln werden seit Kaiser Barbarossa die Reliquien der Heiligen Drei Könige verehrt, im Stadtwappen durch drei Kronen symbolisiert. Sie folgten dem Stern von Bethlehem zum neugeborenen Christus.

170 So eine Prognos-Studie, zitiert in: http://www.stadt-koeln.de/mediaasset/content/pdf01/leitbild/koeln-analyse.pdf.

171 Renée Hansen, Stephanie Schmidt: Konzeptionspraxis, Frankfurt a.M. 2009 (4. Aufl.), S. 108.

172 Dies ergab eine Branchenstudie des Marktforschungsinstitutes CHD Expert GmbH. http://www.chd-expert.de/pm_37_hotelbewertungsportale.php.

173 http://www.manager-magazin.de/harvard/0,2828,483894-2,00.html.

174 Renée Hansen, Stephanie Schmidt: „Konzeptionspraxis. Eine Einführung für PR- und Kommunikationsfachleute“, Frankfurt a.M. 2009 (4. Aufl.).

175 „The Blair Witch Project“ ist ein 1999 gedrehter amerikanischer Horror-Spielfilm in der Form einer Pseudo-Doku. Bereits vor seinem Kinostart wurde der Film durch das Internet populär, wo – aufgrund absichtlich verbreiteter irreführender Informationen des Filmstudios – diskutiert wurde, ob es sich um eine tatsächliche Dokumentation oder einen Spielfilm handelte (http://de.wikipedia.org/wiki/Blair_Witch_Project).

176 Zentralverband der deutschen Werbewirtschaft ZAW. e.V., www.zaw.de/index.php?menuid=33.

177 Der Amerikaner Walter K. Lindemann hat im Auftrag der Agentur Ketchum 1997 eine Systematik entwickelt, die zwischen „Output“, „Outgrowth“ und „Outcome“ von PR-Maßnahmen und -Kampagnen unterscheidet.

178 Zum Beispiel, wenn jemand die Ausreden zitiert, mit denen die Bahn AG die Verspätungen ihrer Züge begründet und dadurch ein hinreißendes Stück Realsatire abliefert: www.bahn-spass.de/sonstiges-und-gimmicks/ausredenkatalog/.

179 „Risky Business: Reputations Online“, Weber-Shandwick in Zusammenarbeit mit der Economist Intelligence Unit, http://www.online-reputations.com/index.html.

180 Der wachsende Mediendruck veranlasste Mehdorn am 30. März 2009 tatsächlich, seinen Rücktritt anzubieten; Einen Monat später verließ er die Deutsche Bahn AG.

181 Interview am Rande der Tagung „Zeitung macht Zukunft – Print x Online = Qualität$^2$“ der Bundeszentrale für politische Bildung/bpb vom 21. bis 23. Januar 2009 in Schwerin.

182 Interview am Rande der Tagung „Zeitung macht Zukunft – Print x Online = Qualität$^2$“ der Bundeszentrale für politische Bildung/bpb vom 21. bis 23. Januar 2009 in Schwerin.

183 http://www.ethority.de/weblog/2009/01/25/mark-pohlmann-die-social-media-liebe-und-der-zwang-zu-mehr-professionalitat/.

# DIE AUTOREN

*Norbert Schulz-Bruhdoel,* Inhaber der Agentur Punktum PR + Dialog, arbeitet als PR-Berater, Autor und Kommunikationstrainer. Der studierte Jurist und Historiker war u.a. als Wissenschaftsjournalist tätig, später Pressesprecher von Hochschulen und Verbänden und ist einer der Initiatoren des Heidelberger PR-Ausbildungsmodells „oeffentlichkeitsarbeit.de“. Er ist Autor des Standardwerks „Die PR- und Pressefibel“.

*Michael Bechtel* war viele Jahre Mitglied der Bundespressekonferenz in Bonn. Heute hat sich der Freie Journalist auf Themenfelder der Wirtschaft verlagert und arbeitet für aktuelle Medien sowie im Auftrag von Unternehmen, Verbänden und Institutionen. Seit zwanzig Jahren engagiert er sich auch in der Weiterbildung von Journalisten und PR-Verantwortlichen.

Rainer Hank Hg.
### Erklär' mir die Welt
Was Sie schon immer über Wirtschaft wissen wollten
*336 Seiten. Hardcover mit Schutzumschlag. 24,90 € (D)*, 44,00 CHF*
*ISBN 978-3-89981-156-8*

Hanno Beck
### Die Logik des Irrtums
Wie uns das Gehirn täglich ein Schnippchen schlägt
*208 Seiten. Hardcover mit Schutzumschlag. 24,90 € (D)*, 25,50 € (A)*
*ISBN 978-3-89981-157-5*

Sabine Strick Hg.
### Die Psyche des Patriarchen
*200 Seiten. Hardcover mit Schutzumschlag. 24,90 € (D)*, 44,00 CHF*
*ISBN 978-3-89981-172-8*

Gerald Braunberger,
Benedikt Fehr Hg.
### Crash
Finanzkrisen gestern und heute
*224 Seiten. Flexcover.*
*17,90 € (D)*, 31,70 CHF*
*ISBN 978-3-89981-177-3*

Hanno Beck
### Das kleine Wirtschafts-Heureka
Ökonomische Geistesblitze für zwischendurch
*224 Seiten. Flexcover.*
*17,90 € (D)**
*ISBN 978-3-89981-189-6*

Dirk Freytag
### Macht
Eine Gebrauchsanweisung für den Alltag
*232 Seiten. Hardcover mit Schutzumschlag. 17,90 € (D)*, 31,70 CHF*
*ISBN 978-3-89981-171-1*

Daniel Schäfer
### Die Wahrheit über die Heuschrecken
Wie Finanzinvestoren die Deutschland AG umbauen
*224 Seiten. 2., akt. Auflage. Hardcover mit Schutzumschlag.*
*24,90 € (D)*, 44,00 CHF*
*ISBN 978-3-89981-119-3*

Hans Kammerlander, Rainer Kurek
### Direttissima zum Erfolg
Was (Automobil-) Manager vom Höhenbergsteigen lernen können
*192 Seiten. Mit zahlreichen Farbbildern. Hardcover mit Schutzumschlag.*
*24,90 € (D)*, 44,00 CHF*
*ISBN 978-3-89981-158-2*

Daniel F. Pinnow
### Elite ohne Ethik?
Die Macht von Werten und Selbstrespekt
*196 Seiten. Hardcover mit Schutzumschlag. 24,90 € (D)*, 44,00 CHF*
*ISBN 978-3-89981-137-7*

** zzgl. ca. 3,– € Versandkosten bei Einzelversand im Inland. Sämtliche Titel auch im Buchhandel erhältlich.*

Frankfurter Allgemeine Buch